陕西师范大学优秀学术著作出版基金资助出版
陕西师范大学人文社会科学高等研究院资助出版

华夏文脉：《诗》《易》《书》

田文棠　著

陕西师范大学出版总社

图书代号：ZZ22N0186

图书在版编目（CIP）数据

华夏文脉：《诗》《易》《书》／田文棠著. —西安：
陕西师范大学出版总社有限公司，2022.1（2023.4重印）
ISBN 978-7-5695-2824-4

Ⅰ.①华…　Ⅱ.①田…　Ⅲ.①中华文化—文集
Ⅳ.①K203-53

中国版本图书馆 CIP 数据核字（2022）第 030331 号

华夏文脉：《诗》《易》《书》

HUAXIA WENMAI：《SHI》《YI》《SHU》

田文棠　著

责任编辑	邱水鱼	
责任校对	冯新宏	
封面设计	金定华	
出版发行	陕西师范大学出版总社	
	（西安市长安南路 199 号　邮编 710062）	
网　　址	http://www.snupg.com	
经　　销	新华书店	
印　　刷	西安日报社印务中心	
开　　本	787 mm×1092 mm　1/16	
印　　张	18.5	
字　　数	294 千	
版　　次	2022 年 1 月第 1 版	
印　　次	2023 年 4 月第 2 次印刷	
书　　号	ISBN 978-7-5695-2824-4	
定　　价	68.00 元	

读者购书、书店添货若发现印装质量问题，请与本社高教出版中心联系调换。
电　话：(029) 85307864　85303622（传真）

给华夏文化一个完整的定义

为了坚持文化自觉和文化自信，复兴华夏文化和振奋民族精神，传承华夏文脉，并使其不断创新发展，我们必须对华夏文化有一个清晰而完整的定义。那么如何定义华夏文化？

华夏文化，就是早在 3000 年前，西周先民为了赓续传承炎黄文明，延伸夏商文化，到中原地区"肇造我区夏"，形成的以国家、族群、政权、天下、制度、思想"六位一体"的农耕实体文化。这一文化不但在《诗经》《周易》中可以随处看到它的真实身影，而且也能在《尚书》《逸周书》《周礼》《仪礼》《礼记》及有关考古发掘的历史文物与文献中得到明证。这里所说的"六位一体"，就是华夏农耕实体文化的根本属性。

第一，在国家层面，1963 年陕西宝鸡贾村出土的青铜礼器何尊的底部铭文有"宅兹中国"四个字，原本是指今河南洛阳地处整个国家的中心，但却成为东方大国"中国"的名称首次在考古文物上出现。西周建国初期，周武王执政不久就罹病去世，周文王的第四个儿子周公姬旦，作为周成王的叔父与辅佐大臣，按照周武王的心愿，积极筹划并于洛阳建立新都"成周"，使其成为新生的西周王权的政治中心，这样西周王朝原在陕西"丰""镐"等地建立的都城就称为"宗周"。

第二，在族群层面，是指华夏民族群体或华夏族体。周公在《尚书·周书·康诰》中，告诉他的九弟卫康叔"用肇造我区夏"，即到卫地开创我们的活动区域时，一定要谨慎严明。因为那里是殷商王畿旧地，居住着殷商贵族的遗老遗少。这里是第一次用"华夏"称谓中华民族的族体。孔子在担任鲁国的"相礼"时，针对外族侵扰，曾明确提出"裔不谋夏，夷不乱华"。是说边远的东夷不能图谋中原大地，也不能搅乱华夏礼仪秩序。后人便以此解释华夏文化："中国有礼仪之大，故称夏；有服章之美，谓之华。"

第三，在政权层面，周公在《尚书·周书·立政》中，告诉成王要建官立政，掌管政权，就要选贤任能，重用那些有"九德之行"的"吉士""才俊"，以确保新生的西周宗法政权能够长治久安。《诗经·大雅·文王》中也这样说："周虽旧邦，其命惟新。"说明西周政权的历史使命，正在于推动社会历史的变革更新和创新发展。

第四，在天下层面，是指西周政权统辖下的土地与百姓。《诗经·小雅·北山》曰："溥天之下，莫非王土；率土之滨，莫非王臣。"说明西周王朝已经形成天下一统的政治局面。在这种宗法一统、国泰民安的形势下，就要着手"统承先王，修其礼物"，使国家得到发展，使社会获得进步，从而使百姓能够安居乐业，不断改善其生活状况。

第五，在制度层面，是指西周王朝实施的礼仪制度。《礼记·表记》曰："殷人尊神，率民以事神，先鬼而后礼""周人尊礼尚施，事鬼敬神而远之，近人而忠焉"。说明周人"尊礼尚施"，忠于人事与世俗生活，并在"尊礼尚施""祀德纯礼"的思想基础上，依据礼法道德和行为准则，制定了"礼仪三百，威仪三千""经礼三百，曲礼三千"，完善了各种典章制度。所以，人们称中国为"礼仪之邦"，就是指西周最早实施了礼仪制度。我国南宋学者王应麟也在《三字经》中说："我周公，作周礼。著六官，存治体。"是说周公制定了西周六官分职的礼仪制度，使西周王朝的奴隶社会有了比较完整的政治体制。

第六，在思想层面，是指西周王朝的执政理念与意识形态。《诗经》《周易》《尚书·周书》《周礼》《礼记》及《逸周书》等有关文献，对周公提出的以"道德天命""敬天保民"为核心命题的民本主义与文德礼仪思想体系，做出全面深入的阐发，从而使周公"敬畏天地""敬畏自然""爱民保民""教民化民"的以民为本与文德礼仪思想，成为西周王朝建国理政的思想理论基础与华夏农耕实体文化的意识形态。《诗经》中多次提出"天命靡常""其命匪谌"的天命思想，据学者统计，在《尚书·周书》的周诰十三篇中，

"命"字就出现过104次，其中73次是指天命或上帝之命，而"殷革夏命""周改殷命"均是提到天命时常见的词语。《尚书·周书·蔡仲之命》则对周公这一"道德天命"思想做了全面概括。他说："皇天无亲，惟德是辅；民心无常，惟惠之怀。为善不同，同归于治；为恶不同，同归于乱。"是说天辅贤德与民心所向有着同样的价值，所以贤明的君主，只有勤奋于人事，尽心于世俗，并以此认识天命，把握天命，利用天命，方能获得天命的眷顾与保佑。周公这一"道德天命""敬天保民"的以民为本与文德礼仪思想，不仅贯穿渗透在《诗经》《周易》《尚书》等著述中，而且表现反映在华夏农耕实体文化的方方面面，是周公留给我们的最宝贵的精神遗产。

可以看出，上述诸多层面大都是围绕独特的农耕实体文化，做出相应的论断与对策，它的主旨是"祀德纯礼""敬天保民"，即"敬畏天地""敬畏自然""爱民保民""教民化民"。是说执政者一方面要关注民生、抚慰民生，另一方面也要教化民生、启迪民生，使人民的物质生活与精神生活都能得到提升和发展。春秋早期的所谓"天道远，人道迩"的说法，正是"敬天保民"这一思想的延伸与拓展。但"天道"与"人道"的互动互补、互黜互联，却成为儒家学派与道家学派形成发展的思想依据，同时也成为华夏文化于分分合合、合合分分中生成"天人合一，民胞物与""天下一家，济物养生"的"天人基因"，更是华夏文化在汉唐时期形成的"儒道相须"（即天人互动）二元生命主线，与魏晋以降至宋明时期形成的"儒释道"（三教合一）三元生命副线，相互纽结整合而成的结构模式特征的思想理论基础。对此，笔者在本书中有详细的说明，这里不再赘述。

接下来，要着重谈谈华夏农耕实体文化，它在1000多年的历史发展长河中，积累沉淀了丰厚的文化底蕴与宝贵的精神财产。我们正是依靠农耕文化的优势力量，才使华夏民族和华夏文化能够绵延长存而不曾被打断过，特别是在近代遭受异族侵扰和列强侵略时，其图谋亡我之心不但未曾得逞，反而在1921年诞生了中国共产党。中国共产党不忘初心，牢记使命，带领全国人民进行了艰苦卓绝的斗争，推倒了压在中国人民头上的三座大山（帝国主义、封建主义、官僚资本主义），挽狂澜于既倒，救黎民于水火，使民族与国家几次起死回生并且急速崛起。特别是1978年改革开放以来的40多年，我们始终坚持勤劳勇敢、艰苦奋斗、自力更生、自立自强的顽强拼搏精神，并且紧跟世界第四次工业革命的潮流，踔厉奋进，攀登高峰，建立了完备的工业化体系，构筑了以"一带一路"为起点的人类命运共同体，成为人类文明新形态的倡导者与引领者。

要特别指出的是，农耕实体文化所传承发展的强大精神遗产和传统美德，大都是在"大智慧""大爱心""大慈悲"的大视野下形成的。诸如"己所不欲，勿施于人""己欲立而立人，己欲达而达人"的以人为本思想，"国以民为本，民以食为天""一切为民，亲民近民"的民贵君轻思想，"天人合一，民胞物与""天下一家，济物养生"的天人合一思想，"一方有难，八方支援""周而不比，和而不同"的团结御敌思想，"勤奋努力，节俭无逸""自力更生，丰衣足食"的自食其力思想，"天下兴亡，匹夫有责""舍生取义，杀身成仁"的爱国爱民思想，"天涯比邻，四海兄弟""以邻为善，诚信包容"的和平共悦思想，"人不犯我，我不犯人""人若犯我，我必犯人"的尚武止战思想，等等。

由此可以看出，华夏民族始终以"自立自强"为立身立国之本，从不欺凌他人。在历史上，虽然曾经有过"孟姜女哭长城"的故事，对劳民伤财进行了血泪控诉，但我国古代修筑万里长城的终极目的却在于"御敌于国门之外""以保国家社稷之长治久安"，并未侵占他国一寸土地。明代永乐、宣德年间，郑和曾率领船队七次下西洋，历时28年，途经30多个国家，远去亚洲、非洲等地，用我国的丝绸、瓷器等物品与沿岸国家进行商贸交流，以结交朋友，从未有过任何侵占他国领土的行为与要求。

当今世界，已是百年未有之大变局，国际社会也发生了天翻地覆的变化，唯独华夏农耕实体文化所积累沉淀的"和平、和谐、合作、发展"的思想精髓与宏大精神，依然是维护国际新秩序、制定国际新规则的重要依据和坚实基础。

写于 2022 年 1 月 8 日西安防疫封城期间

目　　录

第一章 上古礼仪文化之典：《诗经》新解

《诗经》是我国最早的一部诗歌总集，也是西周礼乐文明或礼仪文化的艺术体现，但就其原创形态而言，却是既连续不断又各自独立的诗歌乐舞，由于周幽王的昏庸无道，致使平王东迁洛邑成周，礼崩乐坏，战乱多年，许多乐舞曲调散落失传，至今我们只能看到仅有歌辞流传下来的《诗经》。其共收集诗歌305篇，分为"风、雅、颂"三个部分。其中"风"有160篇；"雅"有《小雅》74篇，《大雅》31篇，共105篇；"颂"分《周颂》《鲁颂》《商颂》，有诗40篇。它是我国古代人民智慧和经验的结晶，在我国文化史和文学史上都产生了深远的影响。《诗经》是我国西周初年至春秋中叶（前11世纪至前6世纪）约500年间社会生活的一面镜子，是我们了解当时的政治、经济、文化、历史和社会生活的珍贵资料。现代人阅读《诗经》，多把它看成一部经典的文学作品，并多从它的艺术价值方面去加以欣赏和考量。但在古人看来，《诗经》的政治意义及其思想内涵则更为重要，这就是说古人多从它的文献学价值，即从它的史料意义方面来研究它，并确定它在历史上的存在价值。

一、从礼仪有夏说起

这里所谓的"礼仪"，就是指中国历史上最早出现的一种比较完备的文化形态，即礼仪文化。《诗经·鄘风·相鼠》曰："相鼠有皮，人而无仪！人而无仪，不死何为？……相鼠有体，人而无礼！人而无礼，胡不遄死？"鄘地，即今河南新乡一带，曾为蔡叔居地，"三监"虽满口尊卑礼仪，背地却做出许多卑劣勾当，因此该诗骂他们何不赶快去死。他们背叛西周王朝，为恶作乱，不遵守礼仪制度。可见，讲礼仪、讲文明、讲等级、讲秩序，已成为当时西周社会的底色与基调。所谓"有夏"是指3000年前的西周。这还要从"华夏"一词的来历说起，"华夏"一词来自《左传》，鲁定公十年（前500），孔子以"相礼"身份陪同鲁定公会见齐侯时说："裔不谋夏，夷不乱华"，意思是说边远的东夷不能图谋中原大地，也不能搅乱华夏的礼仪秩序。后来，人们即以此解释华夏礼乐文明："中国有礼仪之大，故称夏；有服章之美，谓之华。"而这里的"夏"又来自《诗经》《尚书》等典籍。大家知道，《诗经》有三种艺术形式，即"风、雅、颂"，其中的"雅"和"颂"都是西周初年早已出现的乐舞歌曲，而这里的"雅"乐歌舞，就是西周王畿之地所产生的诗歌乐舞曲调。由于"雅"是"夏"的同音字，所以，梁启超先生在其《释四诗名义》中说："风雅之雅，其本字当作夏。"因为西周的国域和王畿之地曾是夏人居住的地方，故有夏的称谓，西周人也自称本国为夏。《尚书·康诰》有云："文王……用肇造我区夏。"《尚书·君奭》也说："惟文王尚克修和我有夏。"《尚书·立政》又说："乃伻我有夏，式商受命。"《诗经·周颂·时迈》也有"肆于时夏"等。上述说法都是西周人自称本国为夏的明证。

"雅"又有"二雅"或"大夏"与"小夏"之称，朱熹说："小雅为燕飨之乐，大雅为朝会之乐。"这就是说"小雅""大雅"为朝廷燕飨或朝会之乐舞。比如《诗经·小雅·鹿鸣》中的"呦呦鹿鸣，食野之苹。……我有旨酒，以燕乐嘉宾之心"，就是描述有关君王在宴请群臣时演奏乐舞的盛况，后来这种燕飨乐舞也在民间推广开来，在乡人举行的宴会上也可常常听到此曲。

《诗经》中的"颂"则是在宗庙里祭祀祖先时必须演奏的一种乐舞，为"宗庙祭祀所用"。这就是说"颂"既是朝廷的祭歌，又是朝廷的赞歌，但绝对没有讽刺的意味。《周颂》则是周王朝的祭歌，《鲁颂》是鲁公朝的祭歌，《商颂》是宋公朝的祭歌。比如，《诗经·周颂·清庙》有云："於穆清庙，肃雍显相。济济多士，秉文之德。"西周王朝用于宗庙祭祀的乐曲歌舞，是为了赞颂周文王姬昌的丰功伟绩。因为他在世时，周人还没有完成灭商立周、统一中原的大业，但他奠定了周部族攻取天下的基础。周文王在位期间，广招贤士、延揽人才；又先后伐犬戎、密须、邗国、崇国、黎国，迁都丰邑，为周人灭商立周奠定了雄厚的基础。周人将文王与武王看成是开国的两大贤君明主，并赞美有加，为此他们在庄严静穆的文王庙里，神情庄重而恭敬地缅怀这两位伟人，并表示要继承和发扬他们的美德。

《诗经》中的"风"则是"乐调的一般名称"，即声调、曲调，所谓的"国风"就是各国、各地域的不同曲调，北风就是北方的曲调，南风就是南方的曲调。《毛诗序》又说："风，风也，教也。风以动之，教以化之。"郑樵说："风土之音曰风。"是说"风"诗与教化、风俗有很大关系，所以朱熹在《诗经集传》中也说："风者，民俗歌谣之诗也。"这是说"风"诗多来自民间的民俗歌谣。这就引出了官府采风的话题，也引出了《诗经》是由何而来、怎样产生形成这个重要话题，我们后边将会谈到。这里还是继续就"风、雅、颂"三种艺术形式的含义与区别做一简要叙说。

至此，我们已经可以清楚地看出，《诗经》分为"风、雅、颂"三大部分，十五"国风"是诸侯国境内的诗歌乐舞，"大小二雅"是西周国域或王畿之地的诗歌乐舞，"三颂"则是周王与鲁、宋朝廷的祭歌乐舞。这三种艺术形式之间的区别，主要在于它们作为歌曲乐舞，其歌颂和赞美的对象是先祖先贤、王公贵胄，还是封疆大吏、有功之臣、士大夫或平民百姓？这些歌曲乐舞是否在宗庙、朝堂或是朝会、乡绅聚合等不同的礼仪场合中演奏？因为乐随礼行，有什么等级的礼，就应该配之以同样等级的乐，这才是礼乐相配的礼仪文化或礼乐文明。所以，《荀子·礼论》中这样说："礼有三本：天地者，生之本也；先祖者，类之本也；君帅者，治之本也。……故礼，上事天下事地，尊先祖而隆君师。"《荀子·乐论》又说乐有三和，"故乐在宗庙之中，君臣上下同听之，则莫不和敬；闺门之内，父母兄弟同听之，则莫不和亲；乡里族长之中，长少同听之，则莫不和顺。故乐者，审一以定和者也"。这就是礼乐相互配合的重要作用和意义。

2019 年 1 月 15 日的《西安晚报》刊登了这样一条消息：我国著名作曲家

赵季平的最新力作《风雅颂之交响》(以下简称《风雅颂》),亮相国家大剧院,并开启欧洲七城巡演。《风雅颂》是作者怀着对中华传统文化的敬慕之情,从我国最早的诗歌总集《诗经》与《唐诗》中选取具有代表性的诗歌,历经一年时间创作完成的大型民族管弦乐。作品分"序—颂""关雎""玄鸟""幽兰操""国风"等五个乐章,时而如黄钟大吕振聋发聩,时而如淙淙清泉沁润心脾。

笔者认为,文艺工作者应把握时代脉搏,承担时代使命,以中国人独特的思想、情感、审美不断创作出具有鲜明中国风格的优秀作品。《风雅颂》就是从中华优秀传统文化中选取经久不衰的故事,幻化成动人的音符,以表达当代中国的民族精神、民族气概、人文情怀与高尚儒雅的精神追求。应该说,《风雅颂》在中国人民庆祝改革开放 40 周年,以及中国不断崛起的历史背景下出现,是振奋民族精神、复兴民族文化的一种更加具体、更加亲切的艺术表现。如果能够再配以婀娜多姿的舞蹈,那将是以新的《诗经》版本,再现社会主义道路自信和文化自信,颂扬我们强盛而伟大祖国的新的颂歌和赞歌!

二、"风、雅、颂"与"五礼之制"

"风、雅、颂"这种诗歌乐舞形式,只有为不同的社会政治和礼仪制度服务,才能产生真正的艺术价值,收到良好的效果。《诗经》中的"风、雅、颂"在西周初年,就是为了推动西周王朝的建立、巩固和发展,为了西周王朝的长治久安而出现的。那时,由于周武王建国不久即病逝,他的嫡长子周成王又很年幼,所以只好由周文王的儿子、周武王的四弟周公姬旦,以顾命和辅佐大臣的名义代为执掌大权,处理各种有关建国立政的军政事务。

据史书记载,周公摄政仅 7 年时间。《尚书大传》曰:"周公摄政,一年救乱,二年克殷,三年践奄,四年建侯卫,五年营成周,六年制礼作乐,七年致政成王。"这就是说,周公不但亲自参加了灭商的牧野大战,看到了商王朝的分崩离析,而且还经历了创建西周王朝、巩固西周政权的艰苦时期,平定了武庚与"三监"之乱,制定实施了以"嫡长子继承王位"为核心的封建"宗法制"和分封姬姓与异姓诸侯的"分封制"。

　　这期间，周公亲自主导谋划并具体操作的"制礼作乐"事宜，是一项具有国家战略意义的重要工程。它不但关系到西周政权的巩固发展和长治久安，而且也为后来的封建专制政体和礼仪制度的确立奠定了政治思想基础，是留给后世的一份宝贵的精神遗产。《左传·文公十八年》记载："先君周公制《周礼》曰：'则以观德，德以处事，事以度功，功以食民。'"这是有关周公"制礼作乐"的最早记载。《礼记·明堂位》载："武王崩，成王幼弱，周公践天子之位，以治天下。六年，朝诸侯于明堂，制礼作乐，颁度量，而天下大服。七年，致政于成王。"郑玄在《周礼·天官·冢宰》中注曰："周公居摄而作六典之职，谓之《周礼》。营邑于土中，七年，致政成王，以此礼授之，使居洛邑治天下。"因此，周公常来往于宗周与成周之间，并大力推动"制礼作乐"。

　　什么是"制礼作乐"？它与礼仪文化又是什么关系？其实，人们讲周公"制礼作乐"，就是讲周公在谋划制定周初的礼乐制度，亦即在确立以"嫡长子继承王位"为核心的"封建宗法制"与"诸侯分封制"等一系列的等级政治制度，以及人们所应该遵循的道德行为准则的同时，又要依照祖制和祖训，严格制定能够确保诸项礼仪制度顺利推行的诗歌乐舞等艺术形式，以教化人们，安定社会生活秩序。这正如《礼记·曲礼上》所说："夫礼者，所以定亲疏，决嫌疑，别同异，明是非也。"《左传·隐公十一年》则说得更加明白："礼，经国家，定社稷，序人民，利后嗣者也。"《国语·鲁语上》也直截了当地说："夫礼，所以正民也。"由此可以看出，礼有着极其宽泛的管理范围。

　　另外，由于中国历来被称为"礼仪之邦"，礼仪文化又是中国第一种比较完备的文化形态，所以，礼仪或礼的概念在中国早期社会的政治生活中有着极其重要和广泛的含义，大体和我们现代经常使用的"文化"一词的含义相当，即凡是人们参与创建和人化的一切事物（与自然相对应的一切东西），包括政治体制、朝廷法典、天地鬼神与祖先祭祀、天灾人祸与水旱虫害祈禳、学校科举建设、军队讨伐征战、行政区域划分、房舍陵墓营造，乃至衣食住行与婚丧嫁娶、言谈举止与行为道德规范等，无不与礼仪有关，它几乎是一个包括了国家政治、经济、军事、文化以及个人伦理道德修养、行为准则规范的庞大概念。直到近现代以后，礼仪和礼的概念范畴才逐渐缩小，才具有了现在我们所讲的礼节和仪式的意思。

据说在民国前后，西洋人翻译中国十三经之一的《礼记》时，用了 rite（仪式、典礼）一词来译"礼"，结果惹恼了精通八国语言、学贯中西又偏偏"穿旧马褂、破长袍，戴瓜皮小帽，编一条久不梳理的小辫子"的怪杰辜鸿铭。他拍案而起，怒不可遏，呵斥洋人不懂装懂，说"礼"怎么能是 rite，"礼"应当是 art（艺术、美术）！这说明礼仪或礼，在我国古代政治生活中的含义与现代的含义完全不同。因此，我们对礼仪文化的"礼"和制礼作乐的"礼"，应从古代的广泛含义层面去理解。

那么，周公"制礼作乐"的礼仪制度的基本内容又是什么呢？周公制定礼仪制度的具体内容，据《礼记·中庸》说："礼仪三百，威仪三千。"《礼记·礼器》也说："经礼三百，曲礼三千。"这里的具体数字虽有些夸张，但多是指大的礼制项目中所包含的系列性的礼仪规定或条款。实际而言，周公在西周政治生活中开创和践行的礼仪制度是"五礼之制"，而非"八礼之制"。

所谓"五礼之制"，就是指以五项大的礼仪制度，来涵盖统管国家对内立政、对外邦交和君臣上下、沟通联络等诸项事宜。据《周礼·春官·大宗伯》记载：由"大宗伯"掌管国家政治生活中的吉、凶、军、宾、嘉等"五礼"。具体而言：

其一，"以吉礼事邦国之鬼神示"，是说作为"五礼"之首的吉礼，通过祭祀天神地祇、山川河流、人鬼先祖以祈求保佑国泰民安、永久康宁。主要内容有：祀昊天上帝礼，祀日月星辰礼，祭社稷、五祀、五岳礼，裕祭先王、先祖礼，禘祭先王、先祖礼，登泰山封禅礼，籍田与享祀先农礼等。

其二，"以凶礼哀邦国之忧"，郑玄注云："哀"是"救患分灾"之意，是以实际的措施抗灾救患，不限于表达哀悯之情。凶礼的具体内容有：以丧礼哀死亡、以荒礼哀凶札、以吊礼哀祸灾、以禬礼哀围败、以恤礼哀寇乱。这里需要特别提出的是荒礼和札礼，所谓"荒礼"，是指由自然灾害引起歉收、损失和饥馑后，政府为救灾而采取的政治礼仪措施。西周作为以农立国的大国，最容易受自然灾害的影响，荒灾是统治者必须重视的一件大事。《礼记·曲礼下》就说："岁凶，年谷不登，君膳不祭肺，马不食谷，驰道不除，祭事不县，大夫不食粱，士饮酒不乐。"规定荒年要减损礼仪，节制饮食。所谓"札礼"，是指在疫疠疾病即流行性传染病发生时，要"移民、通财、舍禁、弛力、薄征、缓刑"等。

其三，"以军礼同邦国"，是指师旅操演、征伐之礼。对于那些反叛不驯的诸侯要用军礼使其服从和同，包括："大师之礼，用众也；大均之礼，恤众也；大田之礼，简众也；大役之礼，任众也；大封之礼，合众也。"这里所谓"大师之礼"，指军队的征伐行动；"大均之礼"，指均土地，征赋税；"大田之礼"，指定期狩猎；"大役之礼"和"大封之礼"，指营造修建土木工程和勘定封疆等。

其四，"以宾礼亲邦国"，是指天子与诸侯国及诸侯国之间往来交际之礼，包括："春见曰朝，夏见曰宗，秋见曰觐，冬见曰遇，时见曰会，殷见曰同，时聘曰问，殷眺曰视。"这里"时见"指有事而会见，"殷见"指众诸侯同聚，"时聘"指有事派使者存问看望，"殷眺"指多国使者同时聘问。

其五，"以嘉礼亲万民"，即和合上下左右人际关系，沟通联络相互之间感情之礼，包括饮食之礼、昏冠之礼、宾射之礼、飨燕之礼、脤（社稷祭肉）膰（宗庙祭肉）之礼。

在等级制度下，无论什么礼仪，都有尊卑贵贱之分，不可能对万民一视同仁。以上几方面的礼仪，均是在君王参与或政府官员参加下施行的。

从上面可以看出，"五礼"是将"吉礼"即祭祀天地山川人神先祖之礼，放在首要位置的。这说明周人对天地神明和农事先祖是非常重视和尊崇的，而且有一种敬畏之情。而后米的"八礼之制"，即《仪礼》一书中所讲的"八礼"，是由儒家二传或三传弟子编纂的，其礼仪项目的次序，则是按照儒家创始人孔子有关人的知识经验是随年龄的增长而增长的说法排列的；是儒家在西周奴隶制走向衰落而"礼崩乐坏"的情况下，提出"克己复礼以归仁"的举措之后，以复兴发展"礼乐文化"和创建"儒学文化"而重新排列的（后面我们将会专题谈及，这里不再多说）。

三、周公"道德天命论"是礼仪文化的思想基础

为什么周公要将祭祀天地、神明、先祖、社稷放在"五礼"之首呢？这就要从周公对殷商时期依然严重存在的"鬼神崇拜"和"命定天命论"进行大力改革谈起。《诗经·大雅·文王》曰："周虽旧邦，其命维新。"周公正是针对这种神权笼罩一切的原始宗教，进行了大刀阔斧的改革，他最早冲破神权束缚，大声疾呼"近人远神"，提出要关注人的德行智慧，要关注人的世俗生活，并以"敬天保民""明德慎刑"为核心的"道德天命论"，对殷纣王的"命定天命论"与"神谕天命论"进行了深刻的批判。因此，周公的"道德天命论"，不但是礼仪文化的政治思想基础，而且也是周公奋力进行原始宗教改革，在神权统治下高高举起的一面人文主义大旗。这是我国历史上最早将人从神权束缚下解放出来的伟大壮举，具有深远的历史意义与现实意义。中国历史与西方历史的不同之处，就在于西方有较长时间的神权统治，而中国人则很快就从神权束缚下解放出来；中国历史上虽曾发生过"三宗一武"那样的"灭佛"运动，但却没有西方那样长时间的大规模的宗教战争。这不能说不与周公的宗教改革及其"道德天命论"有着很大的关系。

周公在《尚书·周书》中提出"天不可信""惟命不于常"，并说："皇天无亲，惟德是辅；民心无常，惟惠之怀。为善不同，同归于治；为恶不同，同归于乱。"意思是说：上天不亲近谁，也不疏远谁，只辅佐那些贤德之人；老百姓的心目中没有常主，只归向他们所爱戴的君主。人们心目中的是非善恶标准都是相同的，所以，民心所向与天辅贤德之主有同样的价值取向，这是因为"天视自我民视，天听自我民听"，而"民之所欲，天必从之"。上天只听从民之所言所行，喜民之所喜，恶民之所恶。这就是说，君主只有勤奋于人事，尽心于世俗，施善政于百姓，做善事于民众，以此来认识天命，把握天命，体察天命，方能得到天命的眷顾和保佑。应该说，这就是周公提出并加以切实践行的"道德天命论"。

这种"道德天命论"与"敬天保民论""明德立政论""礼乐教化论""节俭无逸论"等共同构成西周以礼仪文化为主的意识形态。关于"道德天命

论"的上述种种说法，在《尚书》《诗经》《易经》《逸周书》，乃至失传的《乐经》中，都有不同程度的文字表达（在以下诸章中我们将分别予以阐述）。这里，我们主要将礼仪制度即"五礼"的基本内容加以简要概括。

周公制定的礼制，总的来说就是指其制定的礼仪典章制度，具体说来有下列诸项：一是嫡长子继承王位制，即《周易·蛊卦》所讲："干父之蛊，有子考"，意思是说能继承父业的儿子就是孝子，由此，继承王位者也应是嫡长子，无子继承者应遵循"兄终弟及"的基本原则；二是以授民、授封土、建立邦国为标志的分封制；三是小宗服从大宗的宗主、宗法制；四是中央与地方诸侯之间的畿辅制；五是作为西周社会结构的国野制；六是法制；七是井田制；八是策命礼仪制；等等。

周公作乐的详细情况，今天已很难知晓，但歌颂武王克商的丰功伟绩、显示西周开国盛况的《大武》却保留在了《诗经》中。《大武》为西周的一种乐舞，其舞姿、曲调均已失传，唯独歌辞保存在《诗经·周颂》里，它分为六章，所以，诗亦有六篇。学术界普遍认为，此六篇就是《诗经·周颂》中的《我将》《武》《赉》《般》《酌》《桓》。可见，《大武》乐舞的多篇歌辞和《诗经·大雅·文王》一样，均为周公所作。按《吕氏春秋》的说法，从此诗的内容与周公所作《尚书·周书》中周诰的思想高度一致来看，起着周王朝国歌作用的《文王》《大武》的作者非周公莫属。

四、《诗经》的产生形成与"王官采诗采风"

众所周知，周公制礼作乐，是将礼仪分成制礼与作乐两个既相互联系又有区别的组成部分。所以，郑樵《乐府总序》云："礼乐相须以为用，礼非乐不行，乐非礼不举。"从这个意义上讲，礼是思想内容，乐是艺术形式，具体到《诗经》本身，其歌辞主旨就是礼的含义和内容，而其曲调、乐舞是一种表演的艺术形式，是为礼的内容服务并从属于它的。那么，这些曲调、乐舞乃至歌辞等是从哪里来的呢？这就不能不从历史上官府的"采风"说起。

据史书记载，古代天子视察四方时，须由乐官大师或其属官采集各地诗歌献给天子，以便考察各地风俗民情，而这种采风活动一般是五年一次。《礼记·王制》云："天子五年一巡守，岁二月东巡守，……命太师陈诗以观民风。……五月南巡守……如东巡守之礼；八月西巡守，……如南巡守之礼；十有一月北巡守，……如西巡守之礼。"《汉书·艺文志》记载："故古有采诗之官，王者所以观风俗，知得失，自考正也。"《郑志·答张逸》云："国史采众诗时，明其好恶，令瞽矇歌之。"

由此可知，《诗经》也是由周王朝的乐官或其属下的政府官员到各地"采风"所得。他们为了全身心地服务西周王朝的王公贵族，尽到他们应有的责任，便留心搜集流传于民间的民歌，或士大夫所作的有褒有贬的诗篇，将这些通过"采风"得来的民歌与诗篇加以整理编辑，就成为今天我们所看到的仅有文字记载的《诗经》。但那时的所谓《诗三百》都是有乐舞的乐歌。

《左传·襄公二十九年》所记"吴公子札来聘所观周乐"，即他所看到的周乐都是乐歌。《古文观止》中的《季札观周乐》就原原本本地记载了季札观看周乐演奏的实际情况，他不但观看了周乐《周南》《召南》及十五"国风"的演奏，观看了"二雅"及"颂"诗的演奏，而且还观看了《大武》《象箾》《南籥》的舞蹈，并一一做出自己的评价。可见，季札不但是当时很懂音乐舞蹈的行家里手和乐官，而且很可能就是当时掌管诗歌、乐舞的王官。

《周礼·春官·大师》说："大师……教六诗，曰风，曰赋，曰比，曰兴，曰雅，曰颂。以六德为之本，以六律为之音。"《周礼·春官·瞽矇》又说："瞽矇……掌九德六诗之歌，以役大师。"这里所说的大师、瞽矇都是周王朝的乐官，因此他们既是《诗经》乐舞的汇总者，又是《诗经》乐舞的初步整理者和编辑者。

那么，周王朝的这些乐官又是根据什么样的思想理念和政治原则来确定编辑《诗经》乐舞的主旨呢？其所要编辑的诗歌、乐舞的素材又是来自哪里？这就涉及最后把关、最后定调的总设计师了。那必然就是为西周"制礼作乐"、掌握宣传舆论和意识形态大权的太傅与顾命大臣——周公其人了！

《诗经》共收入诗篇、民歌、乐舞300多篇，未曾被录用的也不计其数。如此多的素材，又是怎样聚集到周王朝乐官的手中的呢？据高亨先生《文史述林·诗经引论》记载，大体有以下六个来源：

其一，西周王朝乐官亲自搜集。据《礼记·王制》记载：上古王公贵胄定期到四方巡察，所到之处地方官员要展示当地流行的民歌作为述职的重要内容之一。王公贵胄通过考察民歌，即可了解地方官员是否为政以德，当地民风是否宽厚淳朴。并将这些民歌与诗作由政府随员"大司乐"记录下来，带回去加以整理，这就是所谓"采风"。《诗经》中的十五"国风"，大多是这样得来的。

其二，官吏献诗于朝廷然后转入乐官之手。《国语》载邵公谏周厉王的话："为民者宣之使言。故天子听政，使公卿至于列士献诗。"《左传·襄公十四年》载晋国乐官师旷的话："自王以下，各有父兄子弟，以补察其政。史为书，瞽为诗。"这里所谓"瞽为诗"即盲者不会自己写诗，便把"公卿至于列士"所写的诗谱成乐曲。"二雅"中有些诗歌乐曲应该就是这样来的。

其三，西周王朝的贵族为了祭祀或其他用途，特别撰写诗歌并经由乐官谱曲而成。《周颂》31篇大都是这样写成的。例如《大武》六章，《吕氏春秋·古乐》说："武王……乃命周公为作《大武》。"《庄子·天下》则认为："武王周公作《武》。"由此可知，《大武》乐歌是由西周王朝统治者所撰写的。

其四，诸侯向周王朝进献本国的乐歌。各诸侯国都有本国的乐歌，他们为了尊重周王朝而进行文化交流，便派人将本国乐歌献给周王朝。十五"国风"大都是各国的乐歌，除《王风》外，可能有些诗歌乐曲就是各国进献给周王朝的，比如《鲁颂》。据《国语·鲁语下》记载："昔正考父校商之名颂十二篇于周太师，以《那》为首。"意思是说，正考父将宋国的12篇乐诗献于周王朝的周太师。

其五，诸侯向周王朝进献乐人，因而随之将本国的诗歌乐舞带到周王朝。《左传》就记载了诸侯将本国的乐官或乐工赠送给别国的事。比如《左传·襄公十一年》记载：

> 诸侯之师观兵于郑东门，郑人使王子伯骈行成。……郑人赂晋侯以师悝、师触、师蠲，广车、軘车淳十五乘，甲兵备。凡兵车百乘，歌钟二肆，及其镈磬，女乐二八。晋侯以乐之半赐魏绛。

　　这里的"师悝、师触、师蠲"均为乐官，"女乐"就是乐工，郑国的乐官、乐工到晋国去，自然就把郑国的乐歌带到晋国。那么诸侯把本国的乐官、乐工献给周王朝，因而把本国的乐歌带到周王朝，恐怕就是常有的事情了。

　　其六，诸侯的乐官、乐工因故自己到别国或周王朝去，因而把本国的乐歌带到别国或周王朝去，这也是常有之事。《论语·微子》记载：

　　　　太师挚适齐，亚饭干适楚，三饭缭适蔡，四饭缺适秦，鼓方叔入于河，播鼗武入于汉，少师阳、击磬襄入于海。

　　这里写的是春秋时期"礼崩乐坏，乐人四散而去"的情景，像曾是鲁国的乐官——太师挚去了齐国，亚饭乐师干去了楚国，三饭乐师缭去了蔡国，四饭乐师缺去了秦国，打鼓的方叔去了黄河地区，摇小鼓的武去了汉水地区，少师阳和击磬的襄去了海滨。这些鲁国的乐师们因鲁王室日益衰微而流亡四方，他们之中必会有人将本国的乐歌带到别国或周王朝去，甚至可能献给东周朝廷。

　　总之，通过上述六个方面的原因，各国和各地域不同的诗歌乐舞都集中到周王朝乐官的手中，并逐渐增多，于是，乐官们根据"制礼作乐"的总设计师——周公"道德天命论"的思想及要求，对搜集或选送而来的诗歌乐舞加以整理编辑，经过长达500多年的时间，才基本完成了《诗经》一书的最后编辑定稿工作。所以说《诗经》是由周王朝各个时期的乐官所参与编辑撰著的，并经过了孔子的审阅修订。

　　这里应该说明的是，在乐官的编辑工作完成之前，《诗经》已经流传到各国去了。例如《诗经·陈风·株林》是讽刺陈国陈灵公与孔宁、仪行父三人和夏御叔的老婆夏姬行苟且通奸之事。据《左传》记载，陈灵公等与夏姬通奸始见于宣公九年，他们都把夏姬的汗衫贴身穿着，在朝堂之上当着众臣之面相互嬉闹开玩笑。而且，陈灵公还对仪行父说："徵舒（夏御叔的儿子）长得像你。"仪行父回答说："也像君王。"宣公十年，夏姬的儿子徵舒便杀死陈灵公、孔宁、仪行父逃到楚国。因此，《株林》当作于这两年间。历史上有人认为《株林》是《诗经》中最晚写成的一篇，实际上《诗经》中也许有比《株林》写得更晚的诗作与民歌。因为宣公十年以前，据《左传》《国语》所记,引用《诗经》的就大有人在,宣公时 4 人,文公时 7 人,僖公时 14 人,闵公、庄公、桓公时各 1 人。而且,周、鲁、齐、晋、郑、宋、秦、楚、陈等各国人都有。由此可见,至晚是在鲁僖公时代,《诗经》已经成为各国贵族的教育课本,而《株林》及其他诗作可能是后来才编入的。

五、《诗经》乃西周社会礼仪生活的艺术再现

从《诗经》的主题和思想内容来看,它基本反映和体现了西周和周公以"道德天命论"为核心,包括"敬天保民""崇德尚礼""明德慎刑""贤能立政""勤俭无逸""以农立国""以民为本"等基本观念的礼仪思想文化,周公的礼仪思想文化像一条红线一样,贯穿于《诗经》乐歌的始终。

《诗经》这部中国最古老的诗歌总集,直接反映了我国西周初年至春秋中叶(前 11 世纪至前 6 世纪)约 500 年的周代社会生活,几乎完全是现实世界和日常生活、日常经验的体现。在这里,不存在凭借幻想而虚构出来的超越人间世界的神话世界,也不存在诸神和英雄们之特异形象和特异经历,有的只是关于社会生活、政治风波、悲壮历史、春种秋收、男女爱情的悲喜哀乐。它在中国文学史上有着极其重要的地位,对古代诗歌的发展起了巨大作用;同时又是先秦时期的重要历史文献,对研究我国上古三代史特别是西周史,有着重要的史料价值。

《礼记·乐记》云:"王者功成作乐,治定制礼。其功大者其乐备,其治辩者其礼具。"在西周夺取全国政权之后,作为武王与成王的辅佐大臣,周公为了周王室的长治久安,便自觉将制礼作乐作为一项重要任务来完成,其中《诗经》就是周公制礼作乐的一个重要组成部分。周代的诗歌乐舞本身就属于大礼乐的范畴,而且周公就是《诗经》前期的重要参与者或主要作者之一。

另外,即使到了春秋前期,《诗经》中的诗依然都是配乐而歌而舞的歌辞,仍然保留着古代诗歌、音乐、舞蹈相结合的艺术形式,所以才有"吴公子札来聘。……请观于周乐"那样的乐舞演奏。孔子也在《论语·子罕》中说:"吾自卫反鲁,然后乐正,雅、颂各得其所。"《墨子·公孟》也说:"儒者诵诗三百,弦诗三百,歌诗三百,舞诗三百。"郑樵在《乐府总序》中又极

其清楚明白地说："古之达礼三：一曰燕，二曰享，三曰祀。所谓吉、凶、军、宾、嘉（即西周践行的'五礼之制'），皆主此三者以成礼。古之达乐三：一曰风，二曰雅，三曰颂。所谓金、石、丝、竹、匏、土、革、木，皆主此三者以成乐。礼乐相须以为用，礼非乐不行，乐非礼不举。"这都说明《诗经》中的三礼，即燕、享、祀，不但是五礼中的"达礼"；而且，《诗经》中的三乐，即风、雅、颂，也是六乐中的"达乐"。这就是说，《诗经》中的三礼配三乐，正是"达礼"配"达乐"，也是最典范、最完美、最精彩、最理想的礼乐思想文化。

六、祭颂始祖后稷与先贤创业开国的厚德伟绩

《诗经》分为"风、雅、颂"，其中作为"太庙祭祀先王先公"乐歌之颂，是西周初期就已出现的一种颂词赞歌，用以歌颂周人族群充满艰辛和苦难的光辉历程及其先祖的伟大业绩。学者多认为这类颂词主题宏大，结构单一，音韵板滞、沉重，相当一部分不大押韵，多是歌咏和朗诵的祝词，反映了先周时期诗歌的特色，纪实性较强，对周王朝来说，意义非凡。其中，《周颂》在庆典、祭祀、外交、宴乐等活动中是上演频率最高的乐歌，也为当政者所重视，因而其作者绝非一般人。以周公当时的地位和影响力，他有可能亲自参与此项重大工程，如果不是亲自创作，也应是经他修改加工和润色的。比较一致的观点认为，《清庙》《天作》《时迈》《思文》《酌》等为周公所作。《毛诗序》谓："《清庙》，祀文王也。周公既成洛邑，朝诸侯，率以祀文王也。"

这就是说，《周颂》和"雅"诗的大部分颂诗乐歌，是歌颂周人先祖的伟大业绩的。比如《生民》《公刘》《绵》《皇矣》《大明》等五首诗，就是以史实为依据，叙述了周族发展壮大的历史轨迹，讴歌了周族的英雄人物和开国创业的先祖，诸如后稷、公刘、古公亶父、文王姬昌等，可以看出：一部《诗经》，就是一部以周人为核心的华夏氏族发展壮大与开国创业的伟大史诗。

周族史诗之一就是《生民》。据史料记载，周人始祖后稷是发明种植谷物

的专家能手，是引领周人最早在邰地（今陕西武功）定居，并以务农为业的带头人。《生民》详细描述了后稷的出生身世和历史功德。《毛诗序》说："《生民》，尊祖也。后稷生于姜嫄，文武之功起于后稷，故推以配天焉。"此说基本符合诗意。《生民》就是一首"尊祖"的祭歌或赞歌，其主要描写姜嫄诞生后稷的传说，以及后稷发明种植谷物、定居有邰、开创祭祀的历史进程。其母姜嫄因"踩着上帝的脚印而怀孕生下后稷"，"他最初生下来就像羊胎"，但"三弃不死"，终于奇迹般地出现在关中平原上。他不但长于种植谷物，进行农业生产，而且亲手教民稼穑，被后世称为农神或谷神。在他的身上体现了古代劳动人民的聪明才智和勤劳苦干的精神。

《生民》也曲折地反映了历史的真实。姜嫄履迹而孕，无夫而生子，这正是母系氏族社会只知有母而不知有父的原始群婚制度的反映。在中国古代传说中，履迹而生者除了后稷之外，还有伏羲和帝喾。而商族的始祖和秦人的祖先，则是其母吞卵而生。《史记·殷本纪》记载："三人行浴，见玄鸟堕其卵，简狄取而吞之，因孕生契。"《史记·秦本纪》记载："女修织，玄鸟陨卵。女修吞之，生子大业。"这里的履迹也好，吞卵也好，说的都是不嫁而孕，无夫而生子。

《生民》又是中国最早的一首叙事诗，它有简单而奇异的情节，有半人半神的形象。既长于叙事，又善于描摹物态。构思相当严密，叙事有条不紊，层次井然，结构完整，语言质朴，确是一篇引人入胜的奇文。难怪《史记·周本纪》对后稷的事迹也做出详细的记载："周后稷，名弃。其母有邰氏女，曰姜原。姜原为帝喾元妃。姜原出野，见巨人迹，心忻然说，欲践之，践之而身动如孕者。居期而生子，以为不祥，弃之隘巷，马牛过者皆辟不践；徙置之林中，适会山林多人，迁之；而弃渠中冰上，飞鸟以其翼覆荐之。姜原以为神，遂收养长之。初欲弃之，因名曰弃。弃为儿时，屹如巨人之志。其游戏，好种树麻、菽，麻、菽美。及为成人，遂好耕农，相地之宜，宜谷者稼穑焉，民皆法则之。帝尧闻之，举弃为农师，天下得其利，有功。帝舜曰：'弃，黎民始饥，尔后稷播时百谷。'封弃于邰，号曰后稷，别姓姬氏。后稷之兴，在陶、唐、虞、夏之际，皆有令德。"

周族史诗之二《公刘》，则描写了周族第四代祖先公刘率领族人由邰迁至豳（今陕西彬州、长武、旬邑一带）的重大历史事件及其过程，歌颂了公刘领导族人奋发图强、艰苦创业的历史功绩。据《史记·周本纪》等文献记载，从后稷起周族就居住在有邰，后来为了避开夏桀的暴虐统治，也为了避开东方部落的侵扰，才迁移至豳地。当时，豳地周围都是戎狄部族。受人尊敬的"笃公刘"，"思辑用光"把族人团结起来，以光大家邦，真可谓是带领族人勇于开拓疆域的开拓者和创业者。

周族史诗之三《绵》描写古公亶父迁岐的事迹。据记载最为翔实的《孟子·梁惠王下》所述："昔者大王居邠，狄人侵之。事之以皮币，不得免焉；事之以犬马，不得免焉；事之以珠玉，不得免焉。乃属其耆老而告之曰：'狄人之所欲者，吾土地也。吾闻之也：君子不以其所以养人者害人。二三子何患乎无君？我将去之。'去邠，逾梁山，邑于岐山之下居焉。"

《绵》描述了周族第二次大迁徙，即古公率族由邠地迁至岐山周原，定居并建设周原的历史事件，也写了文王的业绩。朱熹《诗集传》说："此亦周公戒成王之诗。追述太王始迁岐周以开王业，而文王因之以受天命也。"周人迁至岐周，开始进入新的历史阶段。他们建立了国家机构，设置了官吏，建筑了都城、宫室和宗庙。这是周人初期的国家形式，是周族所建立的继殷商之后的又一个奴隶制国家，它是周族发展史上的一次大飞跃、大进步，标志着周族已经进入了人类文明的新时代。

周族迁居岐周，拥有了优越的自然环境。"周原膴膴，堇荼如饴。爰始爰谋，……筑室于兹。"周人正是在这样的自然生态和生产条件下，开始建设自己的家园。周原地处终南山北麓，关中平原西端，又是渭水的重要流域，其南有秦岭、太白山七十二峪流出的河溪入渭之水，北有汧河、泾河、洛河汇流入渭之水，土地肥沃，雨水充沛，气候湿润，灌溉便利，这对周族发展农业生产，积累物质财富，增强经济力量和军事实力，都极为有利。同时，由于经济基础日益巩固和物质财富日益增多，其社会上层建筑也逐步建立起来。随着财富的增多，族群中的自由人也逐步分化为不同的阶级，奴隶的人数也大大增加了，少数专门从事精神生产的仕人和依附于奴隶主阶级的贵族，为奴隶主阶级构想建立各种典章制度,以及哲学、艺术、思想、文化观念等意识形态,使周王朝得以长足发展。

经过古公亶父及太伯与季历的经营,到了周文王,岐周小邦已进入了兴盛时期。后来,文王战胜了昆夷,征服了一些属于殷商的方国部落,也有了一些盟国和附属国,国力和影响力大大增强。这正如《绵》最后一段所说:"虞芮息争结信盟,文王事业大振兴。我们有贤人归附,我们有忠臣辅助。我们有使者奔走,我们有武臣御侮。"① 这里的"虞芮息争",是指虞国与芮国(均在山西境内)之君因地畔争吵不息,竟要文王评判谁对谁错,但到了文王治理下的岐周,见其耕者让畔,行者让路。入其朝,又见其士让为大夫,大夫让为卿。于是二国之君感喟道:"我等小人,不可履君子之庭。"乃相让,以其所争之田为闲田而退。天下闻之而归者四十余国。可见岐周小邦影响力之大矣!

《绵》以"绵绵瓜瓞,民之初生",即大瓜小瓜连绵不断,周人初生代代相传之比兴句开篇,非常富有象征意义;最后以"予曰有疏附"等四个排比句收束,章法严整新奇。用赋法铺叙事件,层次分明,条理清晰,首尾呼应,构思严密。尤其高明的是,用渲染的手法塑造了古公形象。诗中对古公虽着墨不多,但通过迁岐、安民、垦田、筑城、造室等一系列描写,充分展示了古公的领导才华和组织才能。古公不愧是周族的一位英雄人物。

周族史诗之四《皇矣》叙述的是太王迁岐、太伯让位、王季为君和文王伐密伐崇的历史事件及其过程。它与前三篇史诗的不同之处,在于突出宣扬了周人进入奴隶社会以后所建立的新的意识形态。这就是"天命"思想与"明德"思想。

上帝、帝、天在《皇矣》中先后出现过 11 次,足见它在西周统治者心目中的重要地位。上帝是西周建立奴隶制国家之后所出现的有意志的天神。它主宰人间的一切,"监观四方,求民之莫""乃眷西顾,此维与宅",即频频

---

① 《诗经》中的注解译文皆来自陕西师范大学王守民教授所著的《诗经二雅选评》一书。王守民教授一生从事中国古典文学与《诗经》的研究,特别是对《诗经》的历史典故、诗词章句的考证,甚具功力。该书由陕西师范大学出版社 1989 年出版。

西望岐原，帮助建立西周王国，并向西周统治者赐命、赐福、赐土地、赐政权。总之，周国是上帝所创立的邦国，周王也是上帝所选立的明君。

西周统治者为什么要创造这样一个神通广大，又能主宰一切的上帝或天命呢？其实，道理也很简单，这是西周统治者为了使自己的统治合法化、神圣化而制造的一种理论和思想根据。后来，随着西周政权的逐步巩固，西周统治者也就把有意志的上帝或天命变为自然天命了，并直接提出"道德天命论"的思想理念。但这是后话，在有关《尚书·周书》的章节中还有所涉及。

有意志的上帝或天命，既然是西周统治者提出来的，那它就要按照西周统治者的意志和愿望去发号施令，于是，《皇矣》便以"帝谓文王"的方式宣告：伐密伐崇是上帝做出的决定，是对密崇二国进行的一种惩罚，也是为了拯救阮、共、莒三国。结果"密须之民，自缚其主而与文王"，这就从西边消除了西周的隐患；而伐崇又扫除了东去的障碍，为推翻殷商王朝提供了有利条件。因为殷商的统治者殷纣王"逆天命，施暴政"，鱼肉人民，暴虐无道，所以，周朝统治者便提出"敬天保民""明德勤政"的政治主张。敬天，就是恭顺天意；保民，就是顺从民心，因为"民之所欲，天必从之"，而按照上帝、天命办事的西周统治者，也理所当然地要顺从民心。

史诗一再颂扬的太王、王季和文王，都是"明德勤政"的卓越当政者，他们不但具有上帝赐予的"明德勤政"的先天品德，还有在后天实践中锻炼出来的善良德行。这是他们之所以能顺从天意、施行德政的根本保证，也是他们能按照世袭制度继承君位的先决条件。

史诗《皇矣》，以时间先后为序，顺次叙述了岐周三代国君的事迹。前两章写古公开辟岐山周原、建设家国的艰辛。三四两章写王季继位为君。后四章是全诗的重点，着重写文王伐密伐崇。诗以"皇矣上帝"开篇，立下主干，以下事件都是从上帝那里生发出来的。太王迁岐，太伯让位，王季受禄，文王伐密伐崇，无不出于上帝或天命之意。最后以"四方以无拂"结束，预示西周王朝将享有天下，四方之敌再也不敢来侵扰。

周族史诗之五《大明》所叙述的史实则是：王季娶太任，生文王；文王改国号为周，改都邑为京，娶太姒，生武王；武王联合诸侯讨伐殷纣王。作者在歌颂宣扬王季、文王、武王开国创业的历史过程中，依然不忘对"道德天命论"与"明德勤政论"的说教，认为他们都是有德之人，所以上天才赐命让他们相继为君，并为王季、文王选配有德之妃。最后命武王讨伐暴虐无道的殷纣王，使其成为天下的共主。从历史记载来看，以上三个周王对西周的兴起都做出了显著贡献，他们在政治上比较开明，具有创业兴国的坚强意志，对内能施行宽厚怀柔的德政以争取民心，对外又能联合那些反对殷商的方国部落及"四夷之人"，从而战胜殷商顽敌。

诗中以近乎白描的手法，甚为精练而又十分精彩地叙述了牧野之战，这是殷周之际进步力量与反动势力进行的一次大较量和大决战。对于这场战争，儒家曾给予很高评价。《周易·革卦·象辞》说它如同"汤武革命，顺乎天而应乎人"。对于武王伐纣，毛泽东同志也认为它是"武王领导的当时的人民解放战争"。

这首诗还为我们提供了一些珍贵的历史资料。比如王季的夫人太任，是殷商诸侯挚国之君的第二个女儿，所以称为"挚仲"。这与《周易·归妹卦》所说"帝乙归妹，其君之袂，不如其娣之袂良"一样，都是讲殷周联姻之事。但这里所讲的帝乙归妹，是指殷帝乙把女子嫁给周文王。当时是姊妹同嫁，而且妹妹的嫁妆比姊姊（君夫人）的还要漂亮。这可能是古代的一种婚俗，如《诗经·大雅·韩奕》说："韩侯娶妻，……诸娣从之，祁祁如云。""祁祁如云"，形容嫁妆之美盛，也就是说姊姊的嫁妆不如妹妹的好。

另外，这首诗还为我们描述了一个重要的历史史实，那就是古诸侯莘国（今陕西合阳东南）的国君，将其长女太姒嫁予了文王，并生下忠厚有德的周武王。文王的夫人太姒，与文王是"天作之合"，其娘家"在洽之阳，在渭之涘"，即在洽川之阳、渭水之滨。文王结婚时，不但"亲迎于渭"，而且"造舟为梁，不显其光"，可见结婚礼仪是很有光彩的，及至今日，合阳洽川已成为一个热门的旅游景点。

因此，有的学者认为，洽川绿洲就是《诗经·关雎》产生之地。这确是很有意思也很有可能发生的事情。因为从宝鸡到潼关的八百里关中川道平原，其南有巍巍绵延、郁郁葱葱的秦岭，北有逶迤多源、碧波荡漾的渭河，沿河两岸又有多条溪流河汊汇流入渭，加之气候湿润，雨量充沛，水草丰盛，环境优美。这里是西周前后，周人以农立基、开国创业、繁衍生息的重要根据地；也是西周建国初期，周公、召公以郁郁文德分治陕东陕西的繁荣发展之地。因此，据有的学者研究和统计，《诗经》中像《关雎》《蒹葭》这样赞美人伦之始的爱情诗，属于周代陕西地域的就多达161篇，而且大多产生于渭水两岸。

七、宴享君臣上下朝野嘉宾齐心协力政通人和

周人所践行的"五礼"中的嘉礼与宾礼（即燕礼与享礼），包括多种礼仪项目，它们和《诗经》中所描写的诸如农事诗、丰收诗、籍田诗、婚恋诗、政治赞美诗、祝颂诗、宴享诗、田猎诗、礼俗诗、亲情诗、思友诗、怨妇诗、弃妇诗、庆贺诗、游苑诗、会宾诗、觐见诗、述职诗、造访诗、馈赠诗等，基本上是相对应的。

比如《鹿鸣》是宴享诗的代表。它是西周国君宴会群臣嘉宾时必须演奏的一首著名乐歌。"人之好我，示我周行""我有嘉宾，德音孔昭""我有旨酒，以燕乐嘉宾之心"，充分表达了宴会的主人国君礼敬群臣，并对群臣效力国君的真挚感情表示赞美，说他们都是"德音"美名皆甚昭彰的赤子忠臣，勉励他们"鼓瑟鼓琴，和乐且湛"，尽心尽力地协助国君，以巩固发展西周王朝，使之长治久安。《鹿鸣》一诗流传时间很久，直到后来的科举时代，在乡试发榜的第二天，主持乡试的官方必须宴请主考、同考、执事各民及乡贡士，并美其名曰"鹿鸣宴"，与此同时，在宴会过程中也要演奏《鹿鸣》乐歌，可见其气氛是何等热烈浓重。

再如《湛露》一诗，是天子宴会诸侯时演奏之乐歌，或由乐师直接宣读朗诵。《左传·文公四年》中宁武子曰："昔诸侯朝正于王，王宴乐之，于是乎赋《湛露》。"这里的赋就是朗诵而不是作诗。《湛露》共四章，每章均以兴句起头，前两章描述贵族诸侯夜饮的情景，后两章赞扬贵族诸侯都有"令德"与"令仪"。"不醉无归"，不醉不散，乐歌着意美化贵族诸侯，宣扬礼制，是典型的宾礼乐歌，所以被周天子选为宴会诸侯时必然演奏的乐章。

另如《常棣》本是宴享兄弟之诗，但因诗中着力宣扬"家庭和顺，妻儿安乐""妻子好合，如鼓瑟琴。兄弟既翕，和乐且湛"的浓郁亲情，是表达西周统治阶级内部"亲亲"与"尊尊"思想的典范，所以就成为贵族家宴上经常演奏的一首乐歌。正由于它的内容是对贵族进行道德教育的好教材，因而受到春秋时期贵族思想家、周襄王时的富辰与汉代儒家学者的推崇。此外，诸如《伐木》《鱼丽》《南有嘉鱼》《彤弓》《四牡》等，虽对象有所不同，但均为宴请嘉宾之作。

《七月》等一类农事诗，则为赞美和庆贺农事及五谷丰登的乐歌。周人始祖后稷，是长于稼穑、以农立基、教民学习种植五谷的专家能手，在他的影响下，他的后代诸如公刘、古公与王季、文王都终生以农为荣，并成为勤劳厚德、以农立国的领袖人物。这也使周人特别重视农业，发展农业，从而使农耕文化成为华夏族群的主流文化。

《七月》一诗，产生于今陕西彬州，即关中产粮区一带，是一首信息量非常大的农事诗。它基本上按照时序依次叙事，类似民歌中以四季或十二个月来描绘农事活动。它反映了周人一年四季的劳动生活，涉及衣食住行各个方面。该诗的作者，对农事活动有着亲身体验，不然怎么会如数家珍似的如此精准地进行描写。全诗共八章，第一章直接把读者带进那个凄苦艰辛的岁月，以辛劳艰苦为基调。所以，朱熹《诗集传》云："此章前段言衣之始，后段言食之始。二章至五章，终前段之意。六章至八章，终后段之意。"意思是说先写制衣、采桑、纺织，后写狩猎、修房、副业、祝寿等。

"七月流火，九月授衣"，转眼天就要变冷了，但"无衣无褐，何以卒岁"，怎么才能挨过这寒冷的冬天？等到冬去春来、鸟语花香的时节，又要"女执懿筐，遵彼微行，爰求柔桑"，妇女们提筐出行，采摘养蚕之桑叶，需要长时间的辛勤劳动。进入三月，人们就要早早地修剪桑枝，砍去高枝长条，才能采摘柔嫩的桑叶。待将桑棉做成衣料，因为是给贵族公子穿的，所以"我朱孔阳，为公子裳"，还要将亲手纺织的布染成黑红色、黄色或朱红色，这样贵族公子才会满意。所以，宋人张俞《蚕妇》曰："昨日入城市，归来泪满巾。遍身罗绮者，不是养蚕人。"可见，劳动人民的疾苦都是相似的。

农事既毕，他们还要为统治者去猎取野兽。"一之日于貉，取彼狐狸，为公子裘"，他们打下野猪、狐狸，要献给豳地的贵族公子做裘衣。再次显示老百姓过的是艰苦日子，贵族却不劳而获。

五月蚱蜢齐鸣，六月纺织娘娘鼓翅发声。天又愈来愈冷，"穹室熏鼠，塞向墐户"，用烟熏老鼠，把它赶出屋里，堵住北窗，用泥把门缝封上，这样可以御寒过冬。一年辛苦忙碌，实在让人辛酸。除了上面的农事，还要为贵族人家做一些副业。七月里烹煮葵菜，八月里打枣，九月里收取芝麻，十月里割稻。"食我农夫"，农民却食不果腹啊！农民不但要种田织布，还要为贵族人家修盖房屋，自己却住着破烂不堪的简陋茅草房。一年到头，辛辛苦苦，仍缺衣少食，却要举杯向贵族老爷"贺岁祝寿"。

总之，《七月》一诗以叙事为主，采用赋的手法，按一年十二个月的顺序，为读者展开了一幅幅生动的农事图，"敷陈其事""随物赋形"，在图景中始终穿插着阶级关系，在叙事中流露出强烈的爱憎情感，表达了对劳动人民的深切关怀和同情。

另外，还有《楚茨》《信南山》《甫田》《大田》等农事诗。而且在与《诗经》同时代产生的另一部著述《易经》中，记述农事的卦辞也不在少数。这是因为农业很早就成为周人经济的主要部门，讲农业的有四五个专卦，反映了当时农业生产的发展已甚为可观，也说明了农民的艰辛劳动是社会物质生活的主要来源。所以，周公在《尚书·周书·无逸》中，一再要求各级官员不可贪图安逸享乐，而要无逸以"知稼穑之艰难""知小人之依（痛苦）"，即知晓农民耕种收获的艰难和老百姓的痛苦。

其实，《无逸》一文是周公还政于成王，退居二线之后，怕成王贪图享乐，荒废政事，对成王不可逸乐的告诫。史官记录了周公的诰文，名之曰《无逸》。《无逸》云：

> 君子所，其无逸。先知稼穑之艰难，乃逸，则知小人之依。相小人，厥父母勤劳稼穑，厥子乃不知稼穑之艰难，乃逸乃谚。既诞，否则侮厥父母曰："昔之人无闻知。"

意思是说，君子做官不可贪图安逸享乐。首先要了解农民耕种收获的艰难, 然后再享受安逸, 就会知道老百姓的艰难和痛苦。看那些老百姓, 他们的父母勤劳地耕种收获, 他们的儿子却不知道耕种收获的艰难, 贪图安逸享乐。时间久了, 就轻视侮慢他们的父母, 竟说 "老人没有知识"。

这里, 周公实际上是在告诫成王自己也是农民的儿子, 不要忘记农民的本色, 应该像太王、王季那样谦逊谨慎、敬畏天命, 同时也要像文王那样穿着平民的衣服, 在田野里勤劳地耕种, 丝毫也不敢嬉游田猎, 只有这样才能够勤于政事, 克己奉公。由此可以看出, 周公对农民辛勤劳动的无比同情和对发展农业生产的重视。

除了《七月》等一类农事诗之外, 有关男女婚姻爱情及反映地方婚恋习俗的诗歌乐舞, 也是嘉礼中的一项重要内容。因为婚姻爱情是人伦之始, 而成家立业、生儿育女、传宗接代, 乃至修齐治平, 才是封建士大夫和仕人的终身追求。所以, 孔子在修订《诗经》时, 特意将《关雎》《葛覃》《菁菁者莪》这样一些男欢女笑、脍炙人口的诗篇佳作, 排列在重要位置。

八、庆武王灭纣、周公东征、宣王北伐猃狁完胜

周人之所以把军礼纳入五礼之中, 与他们所处的地理环境有着很大关系。据《史记》《汉书》《后汉书》记载, 西周的主要外患是戎狄猃狁。"古公亶父复修后稷、公刘之业, ……薰育戎狄攻之。""戎狄攻大王亶父, 亶父亡走岐下, 豳人悉从亶父而邑焉, 作周。""周西伯昌伐畎夷氏。后十有余年, 武王伐纣而营洛邑, 复居于酆鄗, 放逐戎夷泾、洛之北, 以时入贡, 名曰'荒服'。……至穆王之孙懿王时, 王室遂衰, 戎狄交侵, 暴虐中国。"其中猃狁最强, 即今之匈奴, 至宣王而伐之。方玉润《诗经原始》说:"周之世武功最著者二:口武王, 曰宣王。"

以颂歌雅词、宫廷乐舞, 欢庆歌颂西周王朝建国前后, 文、武特别是周公等人在讨伐殷纣王、平叛 "三监之乱" 中的重要贡献和功绩, 以及后来的周宣王与多位封疆大吏、名将名臣率军征战以讨伐猃狁的赫赫战功。前边所说的周族史诗《大明》, 已经极其生动地描写了周武王率领各路诸侯进军朝歌的牧野之战, 一举推翻了殷纣王暴虐无道的残酷统治, 迎来了西周王朝的开

国立政。这既是西周王朝在政治上的一次伟大胜利，也是他们在军事战略或义兵义战上的一次重大胜利，《诗经·周颂·大武》等诗篇，就是歌颂这一伟大胜利的凯歌。

在西周领导集团之中，有人怀疑周公在建国初期对"三监之乱"所采取的武力行动，甚至散布流言蜚语以中伤周公本人。正是在这样的历史背景下，周公挺身而出，亲率六军东征三年，杀了殷纣王的儿子武庚及管叔，才取得平定东方奄、徐、淮、夷等四国叛乱的伟大胜利。这对于巩固发展西周王权有着极其重要的意义。而且，更重要的是，在坚持"明德治国"的同时，应有"义兵武备"，勿忘五礼中的"军礼"，这是周公治国理政思想理念中的一个重要组成部分，也是一项具有远见卓识的政治举措。

在《尚书·立政》中，周公就告诫成王，作为先王的贤明子孙，不能在各种狱讼案中犯错，一定要让主管官员认真办理。同时要求成王"诘尔戎兵"，亲自管理并治理好军队，"以陟禹之迹，方行天下，至于海表，罔有不服"。意思是要循着大禹的足迹，遍行天下，直至海外，使普天之下没有不臣服的。可见"文治武备"的思想观点，不但是周公军事战略思想的重要组成部分，而且也是周公治国理政思想理念的主要内容之一。周公将"军礼"作为五礼之一，纳入礼仪制度之内，也是周公礼仪思想趋于成熟的一种表现。

对于周公东征三年的伟大胜利，《破斧》《鸱鸮》等诗，都以凯歌颂词的艺术形式给予赞扬和褒奖。《破斧》云："周公东征，四国是皇（胆战心惊）。哀我人斯（怜我平民），亦孔之将（这是多么仁慈贤良）。"这既是平民百姓对周公"救乱"的热情歌颂，也表达了人民群众对和平生活的追求和向往。

《诗经·小雅》中的《出车》《六月》《采薇》等诗，则热情讴歌了周宣王在周室衰微而实施"新政中兴"的历史背景下，领军北伐，抵御猃狁和西戎的侵扰，并连连取得胜利的事迹。

据《汉书·匈奴传》载："至穆王之孙懿王时，王室遂衰，戎狄交侵，暴虐中国。中国被其苦，诗人始作，疾而歌之，曰：'靡室靡家，猃狁之故'；'岂不日戒，猃狁孔棘'。至懿王曾孙宣王，兴师命将以征伐之，诗人美大其功，曰：'薄伐猃狁，至于太原'；'出车彭彭，城彼朔方'。是时四夷宾服，

24

称为中兴。"这里说的就是周宣王讨伐猃狁并取得胜利的历史事实及其前后经过。

《后汉书·西羌传》也曾记载:"夷王衰弱,荒服不朝,乃命虢公率六师伐太原之戎,至于俞泉,获马千匹。厉王无道,戎狄寇掠,乃入犬丘,杀秦仲之族。王命伐戎,不克。及宣王立四年,使秦仲伐戎,为戎所杀。王乃召秦仲子庄公,与兵七千人伐戎,破之,由是少却。……明年,王征申戎,破之。"

这说明《采薇》与《出车》等诗,确是宣王时期讨伐猃狁战事的真实反映。如果说《采薇》是一首从征战士之歌,那么《出车》则是一首出征将帅之歌,它们各从不同的角度描写了周宣王时期讨伐猃狁的正义战争,也集中反映了西周王朝与猃狁族群之间长期存在的种族矛盾。

《采薇》这首战士之歌,一方面描写了出征战士在大敌当前之时,能顾大局识大体,同仇敌忾,共赴国难,具有保家卫国的坚强意志和无畏的牺牲精神;另一方面也诉说了他内心存在的矛盾心情与心态。他远离家乡,眷念亲人,思念故土,久役而不归使他更加忧伤。让他忧心如焚的是,军中生活艰辛困苦,食无保证,经常挨饿。虽获胜归来,却深知自己不是胜利的享有者,且对未来深怀忧虑,对自己的前途命运更加担心。《采薇》在揭示周宣王时期面临的种族斗争的同时,也反映了那个时代的阶级矛盾。

该诗前五章,写戍边战士长期守边征战的情景。作者借薇菜的生长过程,写戍边战士服役时间之长,从他应征写起,直到思归、爱国、恋家、征战等,多种情景交织在一起。最后一章着重写征战者归途中的心情:"昔我往矣,杨柳依依。今我来思,雨雪霏霏。行道迟迟,载渴载饥。我心伤悲,莫知我哀!"这段借自然景物来表达征战者的深忧隐痛,甚为含蓄,将征人悲凉凄苦的心情写得淋漓尽致,不禁使人深深思索这样一个问题:戍边征人既已凯歌生还,为何还如此凄苦悲伤?

《出车》一诗,则歌颂了大将南仲的武功和谋略:驾起战车,竖起战旗,南仲统兵,朔方筑城,攘除猃狁,平定西戎,保家卫国,凯歌飞扬!"王事多难,不遑启居。岂不怀归?畏此简书。"南仲将军正是怀着无暇安居、怕误了军令的赤胆忠心，来为国征战，以平定西戎的啊！

在北伐的同时，周宣王又派大将方叔远征战荆蛮，《采芑》一诗就是南征荆蛮的写照。周宣王还亲自率军远征徐国，《江汉》《常武》《鸿雁》等诗，就是征战徐国、再次平定淮夷之战的真实写照。

九、悲天灾"高岸为谷"，叹人祸祸国殃民

以凶礼中应有的悲歌哀词，对西周末年厉王、幽王时期出现的种种凶灾人祸与专权暴政，以及"四国无政，不用其良"、人道无常、天道反常的凶异现象所造成的种种祸害，表示哀伤怜悯之外，也对厉王、幽王的暴虐无道、背德弃礼、倒行逆施，进行了辛辣的讽刺揭露与严厉的挞伐声讨。幽王时期，连续发生月食、日食与地震等自然灾害。据《国语·周语上》记载："幽王二年，西周三川（泾、渭、洛）皆震。……是岁也，三川竭，岐山崩。"与此同时，又先有厉王暴政，逞凶害民；后有幽王昏庸无能，喜听谗言，宠爱褒姒，遂被犬戎杀死在骊山之下，以至西周灭亡，平王东迁洛邑成周，随之历史便进入春秋时代。

《诗经》中的政治讽谕诗，不但是"雅"诗的一个组成部分，而且是整个《诗经》的一个重要方面。由于它所反映的历史事实，正好是西周王朝由盛而衰、由兴旺走向败落的历史过程，所以特别引人关注，发人深思。人们对于统治者昏庸暴虐、重用小人、贬斥忠良、贪得无厌、掠夺民财、颠倒是非、滥施刑网、迫害贤良、镇压民众等桩桩罪行，无不予以严厉谴责；对于他们所造成的社会动乱、外患严重、人民遭受苦难、国家濒于灭亡、先王之道被毁、"殷商之鉴在前"等严重后果，无不忧心忡忡，充满着悲伤、怨恨、愤慨之情和深沉的忧患意识。

这些政治讽谕诗大多出于厉王与幽王时期，而且就其主题思想来说，都非常真实深刻，鞭辟入微，并多从国家前途命运和人民正常生活的角度出发，对厉王、幽王的残暴统治和倒行逆施，所造成的极其严重的阶级对立与"戎成不退，饥成不遂"的重重外患，以致发生国人驱逐厉王的大起义等重大事件，进行了比较深入的揭露批判和辛辣讽刺。这些诗歌的作者，大都很有思

想，很有眼光，因而所作之诗歌，也很有深度与广度。

正如郑玄在《诗谱序》中所说："厉也，幽也，政教尤衰，周室大坏。《十月之交》《民劳》《板》《荡》，勃尔俱作，众国纷然，刺怨相寻。"《毛诗序》也说："乱世之音怨以怒，其政乖。"又说："至于王道衰，礼义废，政教失，国异政，家殊俗，而变风、变雅作矣。"这就是说西周衰败时期，约占八分之一篇幅的"雅"诗，都是讥讽厉王、幽王有悖于西周礼乐文化的乱世之音。

下面，我们就《诗经》中所谓"乱世之音"的著名诗篇加以简要介绍。谴责周厉王与周幽王的政治讽谕诗，在《大雅》里有《民劳》《板》《荡》《抑》《桑柔》《瞻卬》《召旻》等篇，《小雅》中则有《节南山》《正月》《十月之交》《雨无正》《小旻》等篇。这些政治讽谕诗，所揭露和所反映的多为西周末年的政治状况与社会现实。

我们首先要提到的是《十月之交》这首讽刺周幽王卿士皇父的诗。皇父是幽王周围存在的小人集团的首要人物，他为了保存自己的财富，竟到向邑建造自己的都城，为此便强征民夫，强迫居民拆房毁屋，并为自己安排后退之路。就像幽王的叔父郑桓公那样，见西周王朝大势已去，暗中把家属、财物送到虢、郐两地一样，也搬进新建都城。这位身为周幽王卿士的皇父，因褒姒而受宠专权，以势压人，在他的卵翼下一群朝臣都是小人，比如司徒番氏、太宰家伯、膳夫仲允、内史氏、趣马蹶氏，包括他的艳妻同列朝廷。他们一个个"噂沓背憎""谗口嚣嚣"，即当面笑语背后恨，众口相谗把人毁。对于他们这种既害良臣又害民众的霸道行为，诗人不但深恶痛绝，给予深刻揭露，而且把这一极端严重的人祸事件，同十月之交连续发生的月食、日食、川溢、山崩等自然灾害连在一起，认为大道无常是由人道反常引发的，由此告诫统治者应该停止一切暴虐残酷的恶政。

要特别指出的是，《十月之交》的作者在诗中所讲的"高岸为谷，深谷为陵"，既是对地震所造成的自然现象的真切描述，也是对西周末年社会现实发生天翻地覆变化的高度概括，说明西周王朝因为周幽王的暴虐无道而由兴盛走向衰落。这是一切事物内部所包含的对立转化的矛盾运动规律的必然反映。

　　《周易》的作者，也正是运用《十月之交》这一"高岸为谷，深谷为陵"，即物极必反、对立转化的哲学观点，组织了三对卦，即泰与否、损与益、既济与未济，用以说明好与坏、得与失、盛与衰、强与弱、喜与悲、大与小、多与少等都是可以相互转化的，所谓"无平不陂，无往不复"，说的正是这个对立转化的道理。这种认识是由西周初年周公提出的"天命靡常，惟德是辅"的"道德天命"观念发展来的。《周易》和《诗经》的作者，都是根据这一观念做出判断：西周王朝即将变易和衰败，应当告诫最高当权者引起警惕。

　　另外，《民劳》也是讽谕诗中的名篇佳作，我们应该予以关注。《毛诗序》说："《民劳》，召穆公刺厉王也。"郑玄笺："厉王，成王七世之孙也。时赋敛重数，徭役繁多，人民劳苦，轻为奸宄，强陵弱，众暴寡，作寇害，故穆公以刺之。"

　　《民劳》是一首规劝厉王防奸禁暴、安民息民的政治讽谕诗。其特点是：重章叠句，反复吟咏，因而很像"国风"里的诗篇。作者是采用民歌形式来写"雅"诗的。每章词句略有变化，以复唱形式，表达恳切叮咛之意。全诗共五章，每章都从民劳写起："民亦劳止，汔可小康。惠此中国，以绥四方"，是说民众劳苦不堪，要求稍稍安康，爱护京师丰镐人，四方诸侯方抚安。这里首先提出民劳问题，可见它已成为一个严重的政治问题了。尤其是在一个以民为本、以农立国的国家，若民众苦不堪言，京师又得不到爱护，这个国家必然陷入危险境地。而造成民劳的根本原因，在于厉王重用奸佞小人，施行暴政，赋敛频繁，徭役繁重。

　　只有除掉奸佞小人，重用贤良，才能解除民众的疾苦，真正做到使民"小康""小休""小息""小安"，即既能使"中国"民众得到安康，达到"小康"，又能使之有合理的休息。这正是作者之所以用诗来大谏的真正目的。这里，《诗经》最早同时使用"中国""小康"这样的词语，当然它们的含义和现在有所不同。

　　另外，从认识论上来讲，西周末年，人们将自然发生的"天灾"与人事造成的"人祸"联系起来认识，认为"人祸"是"天灾"的原因，而"天灾" 是 "人事" 的结果。由此又将 "天道" 与 "人道" 联系起来，认为 "人道反常" 造成了 "天道无常"，并从这种极其朴素的自然认识中，演绎出 "天灾" 与 "人祸"、"天道" 与 "人道" 似乎有某种必然联系的简单结论和人生智慧。这种将天灾、天道的自然法则和规律与人祸、人道的社会法则和规律连接起来的观念，对《周易》将天、地、人 "三才" 连接起来，并形成基本的 "变易" 观点，有很大影响。

十、周代陕地关中《诗经》乐歌的 "三本" 特色

《诗经》最早出现于西周王朝，而西周王朝的都城又在丰镐，即今陕西西安，所以《诗经》中反映陕西关中各地域社会生活和民俗风情的诗篇，不但在数量上居多，而且在思想内容的丰富性与深刻性上也极具代表性。陕西师范大学文学院刘生良教授在其《〈诗经〉中的周代陕西诗歌考论》一文中考证，《诗经》305 篇中，属于周代陕西地域的诗歌就多达 161 篇，占到《诗经》的一大半，更重要的是，这些诗篇在思想内容、艺术成就、文化特色等方面，具有西周礼仪文化敬畏自然、敬畏先祖、敬畏君师的 "三本" 特色。

经过周密考察，刘生良教授认为：《诗经》中除《商颂》等少数诗篇可能产生较早外，基本上就是一部周诗。就其产生地域而言，主要为黄河中下游地区，包括今陕西、山西、河北、河南、山东的大部或全部，少数诗篇涉及江汉江淮地区，即今湖北、安徽、江苏北部地区。"而总体看来，属于今陕西地域的诗歌数量最多，且以此为主体。"①

《诗经》中的周代陕西诗歌，包括《周颂》全部，共 31 篇，都为西周人所作的祭歌，为庙堂祭礼所用。

"二雅" 的大部分，都疑属于陕西诗歌。《大雅》31 篇，《小雅》74 篇，105 篇诗歌中有 100 篇属于陕西诗歌，只有 5 篇，如《大雅》中的《瞻卬》《抑》与《小雅》中的《宾之初筵》《大东》《鼓钟》因作者或地区以及所反

---

① 刘生良.《诗经》中的周代陕西诗歌考论 [J]. 陕西师范大学学报（哲学社会科学版），2012（6）：125-131.

映的非陕生活习俗等原因，不列入陕西诗歌之内。

在这 100 篇诗歌中，如《生民》《公刘》《绵》等是祭祀周族先祖及开国英雄的礼赞诗；《鹿鸣》《常棣》《伐木》《南有嘉鱼》等是以嘉礼、宾礼宴会君臣、诸侯的宴享诗；《破斧》《鸱鸮》《采薇》《江汉》《出车》《六月》等是赞美周公、宣王东征北伐战功的军礼诗；《民劳》《板》《节南山》《十月之交》《巷伯》等是悲悯哀叹厉王、幽王时期天灾人祸的政治讽谕诗；《南山有台》《蓼萧》《彤弓》《斯干》等是赞美贵族或有德之人的祝颂礼俗诗；《楚茨》《信南山》《甫田》《大田》等是赞美以民为本、以农立国的农事诗；还有一些爱情婚恋和思妇怨夫诗，都确定无疑属于陕西诗歌。

另外，不少诗篇还用了"南山"即终南山、秦岭这一地名，如《蓼莪》之"南山烈烈"，《斯干》之"悠悠南山"等。

十五"国风"中，《周南》1 篇，《召南》12 篇，《秦风》10 篇，《豳风》7 篇，共 30 篇，都属于周代陕西诗歌。这样《诗经》中周代陕西诗歌计有"风"诗 30 篇，"雅"诗 100 篇，"颂"诗 31 篇，共 161 篇。

这些周代陕西诗歌，思想内容极其丰富深刻，不但包括了西周"五礼之制"中的吉礼（即祭祀礼仪）、嘉礼、宾礼、军礼、凶礼等所涵盖的全部门类，而且像祭歌史诗、赞美农事诗、政治讽谕诗、宴享诸侯诗、凯旋战歌诗等内容，还为陕西诗歌所独有。《诗经》中许多门类诗歌的代表作也大都在陕西诗歌中。如《七月》为农事诗的代表，《鹿鸣》为宴享诗的代表，《清庙》为祭歌的代表，《关雎》为爱情诗的代表。这些诗歌，艺术成就也很杰出。无论是对现实主义创作方法和古朴自然艺术风格的把握与体现，还是对赋、比、兴等艺术手法的运用，都有其独到之处。

特别是文化特色的多重涵容性，更为突出、鲜明。《生民》《公刘》《绵》《皇矣》《大明》等五首周族史诗与《豳风》中的《七月》等诗，反映了先周时代邰、豳、丰、镐一带敬天、敬地、敬祖、重农、古朴、淳厚的传统文化特色；西周宣王时期的义兵征战诗，尤其是《秦风》诸诗，反映了周秦一带团结御敌、同仇敌忾、奋勇尚武、慷慨豪迈的秦人地方文化特色；《周颂》诸诗则反映了新生的西周王朝敬天尊祖、厚恩厚德、自豪自强、庄严虔诚的华夏政治文化特色;大小雅中诸多政治讽谕诗、宴享群臣诸侯诗、礼俗亲情颂德诗等,则反映了西周王朝关注崇德尚礼、重视联络感情、关心民生现实、针砭时弊人祸的礼仪思想文化特色。难怪当年吴公子季札入鲁观周乐,对乐工演奏的《周南》《召南》《豳风》《秦风》《小雅》《大雅》等乐歌,都给予了很高的评价。对于"颂"诗乐歌,季公子则特别感喟道:"至矣哉!直而不倨,……五声和,八风平,节有度,守有序,盛德之所同也。"这是他对西周和陕西独有的诗歌所体现的礼仪文化"三本"特色,极其诚恳而又非常热烈的赞美!

第二章　上古智慧文化之库：《易经》新解

《易经》是我国殷周时期产生的另一部伟大的文化元典。可以说它与《诗经》是同时代的经典著述，直接反映了西周的经济、政治、思想、文化、军事、社会等现实情况，广泛记录了西周社会生活的方方面面，包括祭祀、礼仪、战争、农事、商贸、行旅、联姻、治国、天灾、人祸等，并且从周人始祖后稷擅长稼穑、教民种植谷物、开始居邰创业谈起，中经远祖公刘举族徙豳，古公亶父迁岐建周，历太王、王季、文王三代苦苦经营，方有武王剪商灭纣、周公统率六军东征三年，遂促使西周王朝建立全国政权，得以长久安宁。但是，这一奴隶社会的帝国王朝，却在约100年之后，由于内部阶级矛盾逐渐尖锐而从极盛走向衰落，以至不得不把西周王室迁到洛邑成周。而《易经》这一周代占筮之书，正是用六十四卦的卦名、卦辞、爻辞来记录和反映西周社会生活的方方面面的。

同时，《易经》一书的实质，在于让人们在种种机遇之中，能够理性务实、机敏智慧地做出导致成功的决断或决策。而这里的所谓智慧，从现代心理学的视角定义，则是生物所特有的一种基于神经器官之上的高级综合能力，它让人更深刻地认识与理解人、事、物、社会、宇宙、过去、现状、未来，并拥有思考、分析和探求真理的能力。它与智力不同，智慧是智力器官的终极功能，能使人做出导致成功的决策。而《易经》一书，正是能够启迪人们做出成功决策的智慧之府库。

一、《易经》的时代背景与西周社会生活纪实

《易经》是殷周时代产生的一部伟大作品,这是学术界早就达成的一种共识。虽然《易经》是一部占筮之书,但它用六十四卦的卦名、卦辞、爻辞等,真实记录和反映了西周社会生活中发生的种种事件。这对深入理解和全面认识《易经》一书的实质,有着极其重要的意义。

从殷周时期的时代背景来说,周武王伐商灭纣,殷商政权被新生的西周王权所代替,开启了一个由殷商时期浓厚的宗教神文主义占统治地位,向西周奴隶制社会人文主义占主导地位变革和转换的伟大时代。《礼记·表记》曰:

> 殷人尊神,率民以事神,先鬼而后礼。……周人尊礼尚施,事鬼敬神而远之,近人而忠焉。

这就是说,殷人尊崇鬼神而轻视人事,并以神文主义的神道统治着世俗的人道和王道。而周人则恰恰相反,既尊礼而尚施,又近人而远神,把崇德尚礼、明德立政、重视世俗、敬天保民、远离鬼神作为他们推行礼仪制度、践行和创新礼仪文化的根本。

而且,从《尚书·周书》有关天命问题的观点来看,殷人的天命观与周人的天命观也是完全不同的。殷人总是以"神谕天命"作为殷商王朝占统治地位的理论根据。在他们看来,"天"在商人宗教信仰中并不等于最高神,而"帝"才有着图腾生祖的性格,是商人特定的族群保护神,并不是对所有族群一视同仁的超越氏族的保卫者。所以,当殷纣王暴虐无道、残害百姓、荒淫无耻、胡作非为的时候,总是以上帝专授天命自恃而不改,以"我有天命"为盾牌而胆大妄为、倒行逆施,以至颠倒乾坤。

但在周人看来,不但"上帝"是万民的神,而且连"皇天"也是周人之外其他族群的守护者,他关怀四方百姓的生活,守望万民的安宁。正如《诗经·大雅·皇矣》所说:"皇矣上帝,临下有赫。监观四方,求民之莫(安康)。维此二国(邠、豳遭受侵扰),其政不获(不得安宁)。……上帝耆之(旨意),憎其式廓(想让古公太王转移家邦而扩大疆土)。乃眷西顾,此维

与宅。"是说关心万民的上帝，对已经受命的殷商统治者感到失望，只好朝西望去，让周人的国家，按照上帝的意志，受命来管理好天下万民的生活。

另外，从"天"的含义来看，天虽兼具自然与神明二义，但在本义中，自然含义甚为浓厚，尤其是周人对自然天的感受，更有特殊原因。《诗经·小雅·巷伯》中所谓"苍天苍天，视彼骄人，矜此劳人"，是向苍天祷告。《诗经·小雅·小明》："明明上天，照临下土"，则认为自然天为监督照临下土的主宰。周先民长期生活在晋陕甘黄土高原的西半边，地势高亢，干燥少雨，他们经常看到的是晴朗一片、绵延不尽的苍天，给人一种无所不在、高高监临的威严感。这样，周人所说的"天"，多是自然性的，而少有神灵性和人格性的含义。由此，周人的天命观念与殷人的天命观念，在内在含义方面也就完全不同了。

在这种不同的天命观念的基础上，也必然会演变出不同的天人关系来。由于殷人是宗教性的神权天命观，所以殷人只能依附于神，听命于神。但在周人多含自然性的天命观念中，也必然会生发出一种"天人合一"的新观念来。事实上，在《诗经》《易经》《尚书》中，周人所说的"天不可信""皇天无亲""乾，元亨利贞"等，多是指神灵的天是不可信的，对于自然的天，周人却是十分敬畏的。

这种自然性的天命观，对于我们认识和理解《易经》的本质有着极其重要的意义。在《易经》流传、阐发、研究和传承的历史长河中，既产生过像魏晋时期"贵无"义理学派那样的流派和著名学者，也有人把它当作封建迷信、宿命轮回、侥幸求得或骗人钱财的法术秘籍。这都是有悖于《易经》主旨的种种做法。

实际而论，《易经》就是一部在周礼熏陶下的周民社会生活经验的真实记录。只不过是由筮官们将占卜过的事件和结果，以卦辞、爻辞的形式记录保存下来，以备最后复查占验效果之用。而且，作者最初将该书命名为《周易》，说明作者已经看出周王室即将变易，并极力采取种种措施以求挽救。

从书中记录的大量有关农耕、渔猎、纺织等所使用的生产工具和占卜中多数为农业专卦来看，周人不愧是后稷的后代，他们擅长稼穑，有着丰富的农耕经验，因此农业生产早就成为周人经济的主要部门和重要的生活来源。《周易》还记录了周人行旅、商旅的艰辛和困苦，他们起早摸黑，不怕风霜雨露，先是贩卖牛羊，后又贩卖奴隶，最初用朋贝，后又用铜钱，出门起先借居，后又有了旅店，这都说明西周虽以农业立国，但也并不轻视经商和鄙视商人。重农抑商，只是后来儒家的政治主张。

《周易》所表现的社会，已经有了严重的阶级、等级差别与小人和大人的对立。有统治者、天子、君王、公侯、君子、武人和供他们役使的邑人、刑人、童仆、臣妾等，有残酷的阶级矛盾、阶层斗争，有刑狱、诉讼、监禁、逃跑等，甚至连政治斗争的高级手段——战争，也时有准备或时有发生。虽谈战争战略、战术、军事、军队、防御、侵袭、指挥、谋略，但主张和悦共处，以礼相待，反对外来侵犯侵扰。

《周易》还有关于以德立政、五礼治国、实行德治善政、反对钳制压迫等种种文治怀柔政策的记录和表达。对于政府官员，则要求他们注重个人道德修养，要谦逊谨慎、聪颖智慧、勤劳节俭、奋发有为，不要胡思乱想、糊涂妄为。总之，《周易》的六十四卦，诸如农业卦、商旅卦、行旅卦、战争卦、婚姻卦、诉讼卦、德治用人卦、节俭礼仪卦、损益得失卦、泰否好坏卦、既济盛衰卦等，对西周社会生活的各个领域和各个方面，不但有着极为广泛的描述，而且对天道、人道及其相互关联发展变化之道，也有深刻的概括和描写。下面，我们仅就《周易》在政治思想和天人哲学即天、地、人"三才"互动思想方面的主要成就，加以简要叙说。

二、"道德天命"是《周易》天人哲学的思想基础

《周易》的作者以什么样的视角来观察天道和人道？这是人们必须首先了解的一个重要问题。

众所周知，西周王朝之所以能用"逆取顺守"的方法，即以武力夺取全国政权，又以文德治理国家，并使新生的西周政权能够有100多年的平稳发展，百姓也得以安居乐业，其根本原因在于，西周的统治者，特别是代替君王摄政的顾命大臣周公，提出"道德天命"的天人或三才思想，将其作为治

国理政的理论依据，并坚持推行宗法礼仪制度和礼仪思想文化。

在未夺取全国政权之前，周公及西周统治者常常以"自然天命"反对殷商的"神谕天命"，来召唤民众用武力推翻殷纣王的残暴统治，因此，天命之说就成为周人永远说不完的话题，不但在《诗经》《周易》里，而且在《尚书·周书》里都有所谓天命的说法。

在西周建国初期，周人和周公本人一再用"皇天无亲，惟德是辅；民心无常，惟惠之怀"的"道德天命论"，来感召百姓民众，让他们全力以赴地支持西周王朝的诸项建设事业。在他们看来，周人的祖辈都宽厚有德，关怀民众，甚得天心民意，所以上天要保佑他们，眷顾他们，并由他们来承接"中国"的"天命"，护卫和治理国家。《周易》的作者，也深受周公这种"道德天命论"即天人哲学思想的影响，并始终把它作为《周易》一书的思想理论基础。

《周易》中，虽没有直接提到"天命"二字，但却多次谈及"天"，如《姤卦·九五》云："以杞包瓜，含章，有陨自天。"这里的"杞"，据《说文解字》解释是一种"白苗嘉谷"，"含章"当读为"戡商"，即战胜商朝。作者用"以杞包瓜"比喻殷纣王残害百姓，来满足宠妃和奸臣的欲望，亦即《尚书·牧誓》所云："今商王受（纣），惟妇言是用，……暴虐于百姓，以奸宄于商邑。"正是由于殷纣王倒行逆施，所以上天让他陨灭，周人才得以战胜商朝。用《尚书·召诰》的话来说就是"惟不敬厥德，乃早坠厥命"，这就叫"惟命不于常"，上天让他早早灭亡。

另外，《临卦·六爻》所表达的政治观点，也基本同周公在《尚书·周书》中所说的话相同。都是要顺从天心民意，以与生俱来的先天德性和后天实践中所形成的德行与智慧，去体悟把握自然天命，治理好国家政治事宜，让百姓能够"小休""小康"。这里，且抄录《临卦·六爻》爻辞于下：

《初九》：咸临，贞吉。

《九二》：咸临，吉，无不利。

《六三》：甘临，无攸利。既忧之，无咎。

《六四》：至临，无咎。

《六五》：知临，大君之宜，吉。

《上六》：敦临，吉，无咎。

这里的六个"临"字，当是《尚书·顾命》"临君周邦"的"临"，是国君统治臣民的意思。"知临"既是大君之宜，当然是讲政治。"咸临"即感召之意，要宽和待民，周公在《尚书·无逸》中说："用咸和万民。""至临"与"敦临"是要敦厚诚实，亲自处理政事，如果不躬亲政务，就会像《诗经·小雅·节南山》所说："弗躬弗亲，庶民弗信。""甘临"则是借"甘"为"钳"，指钳制压迫百姓的治民政策，这与《诗经·商颂·长发》"敷政优优"的基本精神不符，也是周公"德政惠民"政治主张所坚决反对的一种最恶劣的做法。①

下面，我们要着重谈谈《周易》是如何以周公"道德天命论"的天人哲学思想为其理论基础的。

《周易》以乾坤二卦的阴阳变化为基础，而后产生形成其他六卦，再经八卦之间的复杂变化最后形成六十四卦。用六十四卦和三百八十四爻之间的复杂变化，来说明天地形成阴阳变化与社会人事都是阴阳感合的结果，这就彻底终结了神意和上帝创世造人的种种神文主义说法。

关于周人始祖后稷的出生、成长与创业，用《周易》的阴阳论观点来看，同样是阴阳感合的结果。因为周人较早就熟知以阴阳五行变化来观察一切人间事物，比如《诗经·大雅·公刘》就有"相其阴阳，观其流泉"的说法。所以，杨公骥在其《中国文学》一书中，在阐述周族史诗《生民》有关姜嫄生后稷时，就说："为自然现象披上了人的外衣，而且它对物与物的联系做了拟人的解释。例如'稷'的母亲是'姜嫄'，而稷是五谷，姜嫄是姜地平原。这显然是'田地生庄稼'这一认识在人们幻想中的虚妄反映。"这种看法基本符合《周易》阴阳论的观点。

后稷是周人的始祖，但却是轩辕黄帝的后裔。据《国语·晋语》记载：

---

① 李镜池. 周易通义 [M]. 北京：中华书局，1981. 本书中有关《周易》卦辞、爻辞的解释及其思想，皆本之于《周易通义》。

"昔少典娶于有蟜氏，生黄帝、炎帝。黄帝以姬水成，炎帝以姜水成，成而异德，故黄帝为姬，炎帝为姜。"这就是说，姬、姜二氏族由一原始氏族分化而成，其原始之氏族即成为胞族。姬姜二姓，即二氏族世通婚姻，行氏族外婚制，而在部落或胞族中则行内婚制。其后二族形成二胞族或二部落，遂以姬族为主，联合西土近亲近邻之氏族部落，形成小型的部落联盟，即所谓"我自有夏以后稷，魏、骀、芮、岐、毕，吾西土也"。灭殷后，周成为当时中国之共主，即所谓"及武王克商，蒲姑、商奄，吾东土也；巴、濮、楚、邓，吾南土也；肃慎、燕、亳，吾北土也"。这样，周族就成为"天子建国"而姬姓居多的大国了。姜嫄生后稷，即是姬姜联姻的结果。

据《史记·封禅书》记载："黄帝作宝鼎三，象天地人。"可见，那时的人们已经看出了天、地、人三者的相依关系。又据《竹书纪年》记载：黄帝"生而能言，龙颜"，后又以"应龙攻蚩尤，战虎豹熊罴四兽之力"，大约是说，黄帝生有龙相，且让他的下属举着画有"飞龙"图腾的旗子，直向蚩尤的部落冲杀过去。还说"黄帝以土气胜，遂以土德王"。这两条材料，被《周易》演绎为象征天、地的乾、坤二卦。《周易大传》则又从中提炼出"飞龙在天""天行健，君子以自强不息""万物资生""地势坤，君子以厚德载物"等思想。现代人又将"自强不息""厚德载物"作为中国传统文化最基本的人文精神。

既然周人能够从黄帝的龙相、土德中，抽象演绎出象征天、地的乾、坤二卦这样一个包含了阴与阳、创业与守成的完整体系，那么，也就必然能从"以德配天"的后稷一生，即其母姜嫄"履帝足迹而孕"、"先生（初生）如达（小羊）"、"三弃不死"、奇迹成长、发明农业、务农为民、厚恩于世、立足于华夏大地的光鲜人生中，概括提炼出他历经痛苦磨难，冲破重重障碍，发挥聪明才智，做出伟大贡献的民族精神。

《周易》正是以象征天、地的乾、坤二卦，感应交合后由其母姜嫄生出后稷这一神奇人物。他不但有着奇特的出生和成长背景，而且有着曲折离奇的创业经历。后稷的母亲姜嫄，因"履帝足迹而孕"，系无夫而怀孕生子，这本是母系氏族社会只知有母不知有父的原始群婚制下的一种现象，但姜嫄却恐慌不已,认为是不吉利的事情,只好给他起了个"弃"的名字,并把他扔到一条"隘巷",但奇怪的是,过路的牛羊不但不踩踏他,反而给他喂奶。第二次姜嫄又把他扔到人迹罕至的树林里,但恰巧伐木材的工人将他抱了回来。第三次姜嫄又将他扔到寒冷的冰块上,却又有大鸟展翅将他盖好暖好,后稷终于呱呱地哭了起来,再也无人敢抛弃他了。

后稷在"三弃不死"之后,便开始了屯、蒙、需等卦所说的"万事开头难"的艰苦时期。因为从屯卦到蒙、讼、师、比、小畜、履等诸卦,是创造大业之际的有联系的串卦。这时,后稷开始学着自己爬行,慢慢地能够站起直立走路,并去寻找食物,学习种地。他种的大豆长得很好,荚儿结得密实实。他种的谷子令人喜爱,谷穗沉沉往下坠。他种的麦麻长得美,大瓜小瓜结累累。后稷稼穑的本领实在高超,因此就在有邰地区住了下来。后稷精诚又务实,他收获了黑黍和赤粱,首先想到上天为他降下好种子,自己必须以木盘盛肉祭天地。后又开始祭祀神明,才得辈辈兴旺大业。

后稷就是在原始社会进入人类文明的时代,在由采集食物到开始种植食物的背景下,以自己与生俱来的先天德性和后天实践中形成的德行与智慧,认识和把握天地自然变化的规律,并以自己的勤奋和辛苦劳动,按季节时令耕种稼穑,用人力辅助天地之力,达到"天人合一",使谷物种植获得成功。这就是以"道德天命论"为思想基础的天人哲学。它的特点正在于认为人的道德智慧支配下的社会生产实践活动,是认识把握自然天命、改变自然天命的一种辅助性的力量。所以,道德社会实践或智慧生产实践,才是中华文化最早形成天人哲学的关键。

中华人民共和国成立以后,农业也有很大发展,多次提高水稻产量、多次获得国家大奖、籼型杂交水稻发明专家袁隆平先生,可以说就是我国当代的后稷。他长期顶着风雨,冒着酷暑,观察试验水稻抗风、抗灾情况,为此而吃大苦、耐大劳,甚至流血流汗。他全心全意为中国乃至世界人民做出贡献,是后稷立农为民创业精神的传承、发展和再现。同时,也是"道德天命论"天人哲学思想的伟大实践家。

三、"阴阳消长"是《周易》天人哲学的辩证法则

阴阳消长与阴阳感合，即事物内部相互对立或矛盾的两个方面，经过多种发展变化而达到统一和转化，是世间一切事物永不停息地发展变化的基本辩证规律。这是产生于我国 3000 年前的《周易》，对外界客观事物发展规律所持有的一种极其朴素的辩证观点。它比较集中地反映了上古时代人们对事物相互联系、相互对立和转化的矛盾运动发展过程的朴素认识和初步看法。

《周易》认识事物是以阴阳对立为其基本形态。它的基本符号是"—"与"－－"，这叫作爻。两种爻又是矛盾和对立的。用三个爻组成另一种叫作卦的符号，得出八个卦的符号，即乾、坤、震、巽、坎、离、艮、兑，称为"经卦"。再用两个经卦重新组成另一种符号，便是六十四卦，称为"别卦"。六十四卦是 32 种相互矛盾对立的形态。任何一个经卦或别卦，如果改变其中的一爻或几爻，就构成另一个卦。可见，六十四卦都是变动不居的，说明矛盾的对立和转化是六十四卦的基本特征。《周易》就是用六十四卦和三百八十四爻的卦爻象、卦爻辞的变化来阐述事物的辩证发展的。

从《周易》所反映的西周社会生活和随处可见的人际关系来看，《周易》的作者似乎已经看到了那时的统治者和被统治者之间的微妙的阶级差异和阶级关系，而且由这种阶级关系所决定的不同人们的思想感情和语言神态也完全不同，他们之间经常发生口角与争执。这大概就是奴隶社会常见的阶级斗争，或各阶层之间内部矛盾的具体表现。比如《剥卦·上九》："硕果不食，君子得舆，小人剥庐。"是说劳动人民生产的丰硕果实，被称为"君子"的人拿去换了自己需要的车子，这个地位低下的"小人"，只好拆房屋来维持生活。这是不同阶级之间阶级矛盾对立与斗争的具体表现。再如《革卦·上六》："君子豹变，小人革面，征凶，居贞吉。"是说专靠刑罚迫害人民的上层统治者，像豹子那样可憎可怕，被害者虽然不露声色，但内心还是反抗不满。如果打起来会吃亏，还是相安无事的好。这也是阶级对立和矛盾初期阶段的表现。

再如，在卦爻辞中有关战争问题的描述，也是作者朴素辩证观点的重要

表现。战争和祭祀是古代社会的两件大事，在《周易》卦爻辞中，多次提到"王事""御寇""征战""征吉""征凶""有孚"等，大都是对战争的性质、状态、发展、结果，以及军队的组织、指挥、习武打猎、获胜行赏等的细说。比如，《坤卦·上六》以"龙战于野，其血玄黄"说明双方都有损伤。又如，《既济卦·九三》与《未济卦·九四》都提到"高宗伐鬼方，三年克之"这同一件事，不过，前卦的贞语是"小人勿用"，而后卦则是"有赏于大国"。

这里所说之事，是指《诗经·商颂·殷武》:"昔有成汤，自彼氐羌，莫敢不来享，莫敢不来王。"因为成汤时国力强盛，但到了高宗武丁（盘庚后第三代）时，北方一个强族鬼方威胁到殷商，也威胁到周人，故殷周联军攻打鬼方，三年而克。但双方都损失不少的人力物力，作为士卒的小人肯定伤亡不少，所以"小人勿用"。这说明济中仍有不济，这场战争虽是正义战争，但最好还是少用武力去解决族群之间的矛盾纠纷。这就是《周易》作者的朴素辩证法。

《周易》的作者，不但用阴阳平衡、对立转化，来说明战争与国家大政问题，而且还用阴阳之间的矛盾统一与转化，来说明自然或社会一切事物相互联系、发展变化和各自存在的普遍规律。《周易》中的《泰卦》与《否卦》、《损卦》与《益卦》、《既济卦》与《未济卦》说明了好与坏的发展变化、得失与利弊的相互转化、盛衰与悲喜的换位存在，都是因一定时空条件的发展变化而发展变化的，绝不是一成不变的。比如《泰卦·九三》:"无平不陂，无往不复，艰贞无咎。"是说平与陂、往与复的矛盾转化，就是客观事物发展变化的普遍规律，人们不要因眼前的艰辛困难而丧失信心，因为困难不会长期存在，只要"否极"到顶点，自然会有"三阳高照"的"泰来"。

再如《复卦》的"复"，既有《初九》的"不远复，无祇悔，元吉"，又有《六二》的"休复，吉"，《六三》的"频复"，《六四》的"中行独复"，《六五》的"敦复"，《上六》的"迷复"，《九二》的"牵复"，《初九》的"复自道，何其咎，吉"。这就是说不管是哪样的"复"，也不论是"休复""频复""独复""敦复""迷复""牵复"，都会根据不同事物的特点，并依据其不同时空条件，去复其"自道"。比如，我们今天常讲的复兴民族文化，就是要在现代化的条件下，把我国优秀传统文化的积极因素加以发扬光大。

《周易》卦爻辞的阴阳变化，所要揭示的事物对立转化的普遍规律，并不是一种简单循环、原地踏步的变化，而是一个逐渐提升或不断产生新生事物的过程。比如《坤卦·初六》："履霜，坚冰至。"是说当人们踏着秋霜的时候，可以预见冬日坚冰的时令就要来临。再如《蒙卦·上九》："击蒙，不利为寇，利御寇。"是说人们从农业生产经验中，总结出要反对侵略，就要抵抗与防御敌人来抢粮食。这里的为寇与御寇，已是两个完全不同的概念，它把撞击之蒙的原本含义提升为防御敌人侵犯的一种御敌之策，已经有了新的思想了。

再如《革卦·六二》："巳日乃革之。"将战争中祭祀之日和出征之日加以改变，这种贯穿变化的思想主线，会与战争的胜利有很大关系。《革卦》的变，影响到《鼎卦》《震卦》与《艮卦》的变。《渐卦·九五》："鸿渐于陵，妇三岁不孕，终莫之胜，吉。"是说水鸟飞上了山，多年没有怀孕的妇人，始终没有受到被休弃、被欺凌的非人待遇，而且家庭生活还过得非常幸福。甚至像《渐卦·上九》所说"其羽可用为仪"，她简直像长袖善舞的舞者一样，用水鸟羽毛做成道具，翩翩起舞，让家人感到欢乐和幸福。这种对妇女的宽容和尊重，突破了古代社会妇女不孕会被休弃，连王后也不例外的陈规陋俗，实在是一种难能可贵的新思想和新风气。

《周易》卦爻辞的辩证方法，在分析社会历史和一切事物发展变化规律时，又特别重视对时空环境和客观条件的分析。这就是我们经常讲的一句话：天时、地利、人和，是取胜的必要条件。比如《乾卦》所描写的"一条龙"，从《初九》中的"潜龙勿用"到"见龙在田""或跃在渊""飞龙在天""亢龙有悔"，然后再到《用九》中的"见群龙无首，吉"。是说"飞龙"由于时令气候变化的原因，当天寒地冻的时候，它蛰居潜藏在水中，来年农历二月初二，春暖花开时节，飞龙抬头出现在田间，然后跳到渊里，又飞到天空，虽然也曾掉到水池中，但最后还是浮现于云端。这是作者以飞龙的隐现来象征人事的成功必须要有一定的时空条件。每年清明祭祖时节，黄陵上空就要升起一条飞龙，这正象征着"人文初祖"轩辕黄帝开创中华民族事业的伟大功绩。

再如《大有卦》这一农业专卦,对田产丰收与人事和睦关系的深刻描述,也充分反映了《周易》作者的辩证思维。《初九》:"无交害,匪咎,艰则无咎。"是说要想农业丰收,农民之间就不要互相伤害。天旱不截上流水,水涝不以邻为壑,更不要抢人家的粮食。做到这一点,就算天旱也不要紧,丰收仍不成问题。只要大家齐心协力、团结一致,事情总是好办的。《九二》:"大车以载。"是说把农产品一车一车地拉回去,好一片丰收景象。《九三》:"公用享于天子,小人弗克。"是说丰收了,天子大摆宴席,宴请群臣,一片政通人和的景象,但唯独劳动者享受不到这种待遇。《九四》追写古时天旱曝晒巫尪(跛足男巫)以求雨的盛况。《六五》:"厥孚交如,威如,吉。"是说把那些抢粮食的人抓了起来,捆得紧紧的,但仍气势汹汹。《上九》:"自天佑之,吉,无不利。"是说老天保佑农民取得丰收,这即是相信"道德天命论",相信"天人合一"所产生的道德人力助推自然天力而产生的结果。

再如,《谦卦》是讲辩证思维的道德论专卦,也是非常精辟、非常精彩的。作者首先肯定了谦虚、谦让是好的。"君子有终",一个贵族身份的人,只要具备谦让美德,就会有成就的,这就是"利涉大川的谦谦君子"。但是,他必须"鸣谦",即善于分辨是非曲直的所谓明智谦让。这正如孟子在《公孙丑上》所说:"自反而不缩(理亏),虽褐宽博,吾不惴焉;自反而缩(理直),虽千万人,吾往矣。"不明智而谦让,就是糊涂虫。对敌之侵扰,不抵抗而谦让,那就成了投降主义了。《九三》又说:"劳谦,君子有终。"以勤劳刻苦为前提的谦让,才是有好结果的谨慎谦虚。《六四》又说:"无不利,扬谦。"即以奋勇直前、不怕牺牲为前提的谦虚。《六五》与《上六》又举出实例:"利用侵伐",对侵扰之敌敢于抵抗反击才有利;"利用行师征邑国",对敢来侵犯之敌能出征战胜才有利。

我们从《谦卦》的卦爻辞中可以看出,它实际上是一篇论证思想道德的论文提要:首先提出问题,即君子有终;其次从三个方面加以论述,即鸣谦、劳谦、扬谦;最后又通过两个方面,即"利用侵伐""利用行师征邑国"的实例加以论证。这样,一篇有论有据有观点的论文提纲终于形成。

四、"睽违生变"是对《周易》天人哲学的忤逆背反

《周易》卦爻辞的作者，一方面，对天人哲学和辩证思维所包含的天人互动、天人合作即"天人合一"，与事物矛盾的两个方面既相互对立又依据一定条件而相互转化以产生新的事物或形成新的发展过程，进行了全面而又多领域的阐述；另一方面，也对反天人哲学与反辩证思维的错误想法和做法，进行了有力的批评。这里所讲的"睽违生变"是《周易》天人哲学的忤逆背反，就是要对《周易》卦爻辞中有关反天人哲学、反辩证思维的诸多表现，加以揭示。

《睽卦》是行旅专卦之一，它描绘了旅人在旅途中的三见三遇，并使之惊吓不已，生了一场病，但最后一切吉利，原是虚惊一场。作者以旅人旅途的一场虚惊，引出一个极其严肃的问题：如果作为执掌国家要务的执政者，比如宠幸褒姒的昏君周幽王和防民止谤的周厉王，还能如此虚惊而无大事发生吗？这就是《睽卦》内在的深刻含义。

《初九》曰："悔亡。丧马，勿逐，自复。见恶人，无咎。"是说他出门行旅时，占得悔亡的凶兆，心里已有不安。出门后马又跑了，心想马是养熟的，会自己回来。便步行向前，却又碰见一个容貌丑恶的人，想来大概遇上厄运了，好在没事。这就是行旅者的三个疑虑。

《九二》曰："遇主于巷，无咎。"是说刚走进小巷，就遇上旅店接待客人的主人，还算平安。

《六三》曰："见舆曳，其牛掣，其人天且劓。无初，有终。"这是写奴隶赶车运输，正好被旅人看见：前面有一辆拉货的车，是牛拉的车，后边赶车的人帮着推，一看，原来是个烙了额、割了鼻的奴隶。开始拉不动，后来终于拉动了。

《九四》曰："睽孤，遇元（兀古字，断足的跛子）夫，交孚。厉，无咎。"是说旅人孤单地走路，又遇见一个跛子，和他一起走。谁知跛子是个逃亡的奴隶，被后边追来的人抓走了。虽然危险，但经过解释，终于没事了。

《六五》曰："悔亡。厥宗噬肤。往，何咎。"是说经过上爻所说的倒霉

事之后,旅人不敢与人交往了。但见一人正在吃肉,原来是同宗族人。旅人经过一次危险之后,如惊弓之鸟,怕与人交往出事。

《上九》曰:"睽孤,见豕负涂,载鬼一车,先张之弧,后说之弧。匪寇,婚媾。往,遇雨则吉。"是说旅人孤单地走路,看见几头大猪迎面而来,后面还有一辆大车,车上载满像鬼一样奇形怪状的人。这伙人不是抢劫的,而是以图腾打扮去订婚的。旅人照常前行,虽遇下雨,却一切吉利,没生病也没事。

这个睽孤之人,一路所见所遇,都是非正常发生的事,正如《诗经·小雅·十月之交》所说"高岸为谷,深谷为陵",是天翻地覆社会大变动所带来的必然后果。像天道无常一样,这样的人道反常,难道不是周厉王与周幽王昏庸无能、倒行逆施,以及王室贵族腐化倾轧,诸侯离心离德、相互蚕食,内忧外患严重,族群矛盾斗争突出等原因所造成的吗?

其实,《周易》一书及其作者,已通过多处的卦爻辞,将治国理政的政治主张、哲学思想、宏大理论,全都明白无误地揭示出来。在《临卦》《观卦》《兑卦》《师卦》《比卦》《否卦》等卦爻辞中,就有对作者辩证治国理政思想与主张的说明。比如《师卦·上六》曰:"大君有命,开国承家,小人勿用。"就是说战争获得胜利之后,国君首先要考虑建国封地,封赏那些卖命的诸侯贵族及其长子、弟子等,当然那些当兵的小人物就没什么希望。《观卦》则把国君治国理政的思想呈现在读者面前,要求执政者务必像周公那样,以"咸(即感化的感)临""至(即躬亲政治)临""知(即聪明睿智)临""敦(即敦厚诚实)临"等,即以感化、忧宽的政策和躬亲、明智、敦厚的品质来教化百姓,感化人民。实质上就是要以周公提倡的所谓德治、礼治和德政、善政,来治国理政,获得民心。坚决反对那些贵族老爷式的以钳制压迫的高压政策来对待人民。

在《比卦》卦爻辞中,作者还提出:既要"比之自内",即在国内做到和睦团结;还要"外比之,贞吉",即要与外国联盟,互相亲善。就像《兑卦》所说,应以"和兑(悦)"即和平共悦作为邦交之根本。坚决反对"孚兑""来兑",即俘虏对方或威胁对方,让对方归服于自己。

　　《周易》的作者，为什么要特别强调将和平共处、和平共悦、反对侵略作为处理邦交问题的重要原则和准绳呢？这是因为西周时期，周作为宗主国，大封同姓宗亲和异姓功臣以屏藩周室，但一直与周围各个族群之间有不少纠纷和战争。特别是到了幽王时期，因其昏庸无能，堕落腐化，内部诸侯离心离德，外部互相蚕食，以致内忧外患更加严重。这不但不能屏藩西周王室，而且构成严重威胁，作者因此有感而发。

　　另外，作者在《观卦·六三》中说："观我生进退。"即体察我亲族的动向，根据他们的意见来决定为政的措施。在《六四》中又说："观国之光，利用宾于王。"是说要对外观察哪些国家比较光明，跟他们结盟以拥护王室。

　　《周易》的作者，还有不少关于行为修养与道德磨炼的论述。比如《小过卦》就谈到批评与自我批评的态度和方法，指出不分尊卑上下等级，错的就要批评，好的就要赞扬。但有意攻击他人就是品质不好。《无妄卦》则告诫人们不要胡思乱想，更不能乱动乱为。《履卦》要求人们行为纯洁端正，心胸开阔宽广。《豫卦》要求做事应深思熟虑，不要游移不定等。所有这些都有可取之处，都可以作为做人做事的借鉴和参考。周幽王作为大国之君，本应按照周公"道德天命论"的天人合一的哲学和辩证思维去治国理政、处理各种政务和内外大事，但他却反其道而行之，成为反天人哲学、反辩证思维的"忤逆背反"的罪魁祸首。

　　而且，作者还从宗法制的角度，要求作为周宣王嫡长子的幽王宫湦，忠诚继承和发展大周帝业。他在《蛊卦·初六》中曰："干父之蛊，有子考。"认为周幽王作为嫡长子，是其父周厉王的直接继承人，有责任尽孝道与当好孝子，把文王、武王创立的伟大帝业坚持下去，并发扬光大。但事与愿违，恰恰是在周幽王的手里失掉了西周江山，致使平王东迁洛邑成周，由此变西周为东周了。

　　所以，作者在《否卦·九五》中说："休否，大人吉。其亡其亡，系于苞桑。"意思是说，贵族不干坏事就好，否则国家就要完了，像系在柔弱的苞草或很脆的桑枝上一样危险。衰亡、败亡，就在眼前。这都是他们暌违天人哲学，反对辩证法则，不按辩证法则办事，反被辩证法则淘汰出局的明证。

五、《周易》六十四卦架构体系主旨：创业与守成

《周易》是一部依据阴阳五行变化术数以观天地万物，依据人伦道德智慧悟性以观社会人事的占筮书。人们学习和运用《周易》，总是期望能增长知识、增长智慧、积累经验，能以平静守常之心，看出生命运势即人类命运某些可以把控的发展规律，并由此生发起万丈波涛，创造出无限美好的前程和壮观的历史画卷。善易者要依据《周易》所提供的一定的时空境遇和人事的优势力量，即天时、地利、人和三个方面的协调配合，做出必然导致成功的决策。这就是《周易》流传至今而经久不衰的原因，可以说，《周易》是培育我们中华民族灵动心灵、增强智慧德行的重要读物。

其实，在中国上古时期，就一直存在着两种不同的以预知为目的的占卜形式和传统。一种是殷人即淮夷、楚人的龟卜，由殷人巫咸所掌握并依其进行占卜。方法是以火烧龟甲，使之穿通，依龟裂之纹路以判断吉凶。另一种是周人的蓍占，不依巫者而依史官，不用龟甲而用蓍草，后来改用竹条，称为"筮"。用作竹箸的竹条一共有 50 支，唯有一支置之不用，所使用的是其中的 49 支。此谓之"筹"，又称为"策"。故张良对汉王所说的"臣请借前箸，为大王筹之"，就是这个意思。

殷人之所以用龟卜，是因为龟甲的裂纹是神意的显示，与象数的数理没有任何关系。而周人用箸、筹策，则观其纵横交错、阴阳变化，完全是数理的、知性的一种推演。故曰："龟短箸长。"殷人与淮夷之所以喜爱龟卜，是因为楚俗重巫，故《庄子》有楚元君杀神龟以卜。春秋战国时代，黄河流域的汉民族已专用箸而不用龟甲。

后世虽不用龟卜，但殷人、淮夷与楚人的原始预知术，附会于《周易》的阴阳五行，遂形成汉朝所谓的谶纬之学。预言旧王朝的没落与新王朝的勃兴，大都是封建迷信、欺骗世人之事。谶纬之学最盛行的时代，是西汉末年王莽篡权到光武帝刘秀起兵建立东汉政权。东汉末年天下大乱，谶纬之学虽又兴起，但王充、扬雄等人高举"道法自然"的大旗，进行连续有力的批判，其势渐衰。到了汉末三国时期，有诸葛亮三分天下的预言，以告知世人魏、

蜀、吴将三足鼎立，与谶纬之学的迷信之说毫不相干，《周易》之学的优良传统，又再次得以传承。

中国历史流传下来的龟卜和筮占这两种不同性质的传统一直并行存在，它们既相互影响，又相互混杂，以致产生很多术数，诸如解梦、看相、算命、拆字、相家、相墓、《红楼梦》中所讲的射覆等。所有这些，不能说尽是迷信。有当，亦有所不当。但从激活人的心机与机智、开启大脑智能思维、使之处于随机应变的灵动状态来说，或许有一定的好处。

《周易》确是没有前世命定的宿命论说教，而只是说人的命运或心灵的机运。这里的"机"就是"临机"或"机遇"，这里的"运"就是"阴阳消长与天道运行"。人们只有修养或修炼自己的心灵与思维，善于观察动态、分析缘由、抓住机遇、应对和化解天道运转中的种种风险与危机，才能使自己的心机或心灵处于灵动状态，并保持其本能的数学与数据知性和逻辑推演能力的常驻常新。

这样看来，《周易》的世界，就是一个虚拟的乾坤世界。在这个世界里，天为实、乾为虚、地为实、坤为虚，中国的夏朝殷朝都祭祀上帝，周朝初年的诗中也频频出现上帝，但汉朝以来却成了郊祭天地，后来中国人也常讲所谓"扭转乾坤"，就是指天翻地覆的大变化，这都说明中华民族早在西周时期，就以乾坤、八卦、六十四爻来虚拟天地自然世界的真实存在了。

所以，德国的著名科学家、电脑二进制的发明者莱布尼茨，就是依据《周易》六十四卦原理，提出"二进制"系统。1715年，莱布尼茨在他的一封长信中，曾以《论中华帝国创始者伏羲氏在其著作中使用的字与二进制算术》为标题，谈到了《周易》与二进制的关系。莱布尼茨说："《易经》也就是变易之书。在伏羲氏之后的许多世纪，文王和他的儿子周公，以及之后著名的孔子，都曾在64个图形中寻找过哲学的秘密……这恰恰是二进制算术。这种算术是这位伟大的创造者所掌握而在几千年之后由我发现的。在这个算术中，只有两个符号：0和1……当我把这个算术告诉尊敬的白晋神父时，他一下子就认出来伏羲的符号，因为二者恰恰相符：阴爻'- -'就是0，阳爻

'一'就是1。这个算术提供了计算千变万化数目的最简便的方式，因为只有两个。"① 这再次说明，《周易》既是变异之道，也是对天地自然变化的一种知性术数之模拟。只不过这种模拟是以卦象、爻象与卦辞、爻辞为其基本元素罢了。

社会上的人和事，其运动变化虽千奇百怪，但皆有形体踪迹可寻可见。而《周易》的作者及善易者，则以无形体的点线对应之，以阳爻为数学中的点，以阴爻为数学中的线，最短的线在两点之间，而其中有太极，此即是0。但善易者必须经历人世间的风霜冷暖与艰苦磨炼，方能获取更多的经验教训，以十分娴熟的眼光，看待人事的诸多点线关系，达到所谓妙占如神的灵动状态。

这就是说，人的判断和决断、决策能力，除了与天时、地利、人和有关之外，还与正常人的智力结构，即知识、认知和后天实践中积累的技能技巧，有着很大的关系。2021 年 7 月 5 日，参考消息网发表一篇名为《一生的七个妙龄》的文章，介绍了人生的不同阶段、人的智力结构所具有的不同特征。文章认为，人的童年智力结构，多为"原创思维"，即其大脑发育在很大程度上源自某种近似科学方法的统计学。青春期多是"冒险思维"。20 岁是身体和精神的巅峰期，其思维"反应敏捷"。30 岁则"耐力持久"。40 岁"更会读心"，即善于从面部表情的微小差异推断情绪状态。五六十岁则达到"晶智力"，即智力结构比较合理。年逾古稀即 70 多岁，则是"明智推理"时期。作者认为，纵观我们一生，决策的总体水平似乎真的在稳步提高，每 10 年一个台阶，每个人的一生都有"七个妙龄"时期。这同儒家创始人孔子有关人的智力每 10 年增长一次的看法，基本相同。孔子说："吾十有五而志于学，三十而立，四十而不惑，五十而知天命，六十而耳顺，七十而从心所欲，不逾矩。"应该说，人的智力结构就是这样不断发展变化的。因此，我们也应该关注它对人的判断决策能力的影响。

《周易》六十四卦，还为我们提供了一个完整的卦爻象和卦爻辞架构体

---

① 见附录七《德国哲人莱布尼茨与中国文化的不解之缘》。

系。这个卦爻象辞体系，在道德天命思想即天人哲学的基础上，模拟和总结了现实的西周帝国在治国理政与创业守成诸多方面的经验和教训。比如在《师卦》《临卦》《观卦》《兑卦》《中孚卦》等卦中，表达了作者对国内国外大政方针的基本看法，主张国内践行以"五礼"为主的德治和人治，反对钳制压迫政策；国外实行民族联盟，和平共悦，反对侵略。

而且，还对贵族统治者和各级官员，在遵守礼法、修养身心、谦谦自律、勿惧塞塞、忧患无妄、内比外比、团结和睦等方面，提出了严格要求。但事与愿违，这些举措终究无法挽救西周王室的衰亡！

另外，《周易》六十四卦卦爻象辞架构体系，还按照"上经""下经"两大部分，即上经创业三十卦、下经守成三十四卦，来安排其卦爻象辞的先后次序及思想内容。

《周易》上经三十卦以创业为主：首先立乾、坤两卦，象征天地自然，象征开天辟地，象征周始祖后稷首创稼穑与农业，然后万物始生。接下来就是，君子以阳刚之气"开国承家""干父蛊"，即周人以其阳刚之气和后天实践中形成的德行智慧，与天地自然之力相互协调配合，以人事之力助推天地之力，达到"天人合一"，以开国封邑继承父业的系列大卦。

所以，在《乾卦》《坤卦》之后，通过《屯卦》《蒙卦》《需卦》《讼卦》《师卦》《比卦》《小畜卦》《履卦》等一系列曲折复杂而艰辛的启蒙教养过程，方才获得《泰卦》亨通安泰、积少成多、初步完胜的好局面，但在这个时候，要特别注意防止物极必反的《否卦》即否闭状态的发生，这就要讲与人和同的《同人卦》及有着大同大有之象的《大有卦》。

大同大有之时，切记戒骄戒躁，所以接着就是讲谦虚谨慎的《谦卦》《豫卦》《随卦》，子承父业的《蛊卦》，以及临众治事必依德治、智治的《临卦》，观察国内民生进退、国际友邦联盟必须从大处着眼的《观卦》。如此，方能出现上下之间有所交合的《噬嗑卦》，讲究文饰的《贲卦》。但过分的文饰会使事物被剥蚀，就会出现《剥卦》，然后又会回复到《复卦》，只有回复到正道，才能无妄而不乱作为，此谓之《无妄卦》。

只要能够不妄为，就可以大量畜聚能量以成就《大畜卦》。事物大为畜聚然后可以颐养众人,可以"拂经于丘",开荒种地,可以"自求口实",丰衣足食,此为《颐卦》境界。但要注意那些贪官污吏,他们可是个个"虎视眈眈,其欲逐逐",随时都想抢夺人民的财产。接着"大为过甚"的《大过卦》则说:"枯杨生稊,老夫得其女妻。无不利。"又说:"枯杨生华,老妇得其士夫。无咎无誉。"是说老头子娶了个年轻女子为妻,是个吉兆;老妇人找了个年轻的丈夫,是不好也不坏。这都是日常生活中的小事,算不了什么大问题,也不是什么大过啊!但事情如果长久过甚发展,必然遭遇《坎卦》那样的危险,而且还要有所附丽和依靠,接着就是象征附丽的《离卦》。

《周易》下经三十四卦则以守成为主:上经以天地为始,那么下经则以男女开篇。有天地然后有万物,有万物然后有男女以配为夫妻,再繁衍生殖而组成族群、社会。因此,《周易》下经就从象征男女交感的《咸卦》开始。接下来就是,君子以阴柔之顺"蹇蹇晋升""恒其德"的系列大卦。上经三十卦中,虽多有挫折、苦难,并历经艰辛、饱受繁乱,但始终充满阳刚之气,处于生机勃勃的创业发展和积极进取的氛围之中;而下经三十四卦却完全不同,是一种阴柔守顺之气,谦虚又谦虚,谨慎又谨慎,甚为收敛,似乎是蹇蹇前行,只求渐有进升"恒其德",只要有所收获,就心满意足了。这大概就是西周中晚期贵族统治者精神状态的生动写照。所以,在《恒卦》之后又有象征退避的《遁卦》。

退避也能成长,但要重新振兴壮大,所以就有"大为强壮"的《大壮卦》。大壮强盛方能进取,接着就是象征长进的《晋卦》,以及象征光明和一家人温暖如春的《明夷卦》《家人卦》。接下来就是出门遇鬼的《睽卦》与"王臣蹇蹇"的《蹇卦》。事物在蹇难之后,必有缓解,所以有宽舒缓解的《解卦》。宽舒缓解需减损减压,按着就是象征减损的《损卦》。能自我减损,施益于人,使人增益,于是便有增益的《益卦》。增益必断然除去"夬夬中行",勿要失去警惕,这就有了决断的《夬卦》。决断除去邪恶,便有所欣遇,接着是相遇的《姤卦》与会聚一起的《萃卦》。

会聚以后必有共同上进之《升卦》,跨过穷困的《困卦》,饮水思源的《井卦》,接着就是变革政治、除污去旧的《革卦》,革故鼎新的《鼎卦》,掌握权力、象征权威的《震卦》。此后需要抑止渐进的《艮卦》和《渐卦》。接着是少女出嫁的《归妹卦》，象征丰收的《丰卦》。然后是外出行旅的《旅卦》，随遇而安的《巽卦》，以及平和欣悦的《兑卦》。

欣悦就会涣散松懈无力而有《涣卦》，有节制涣散的《节卦》和讲究"五礼之制"、让人忠心诚信的《中孚卦》。坚守诚信但不妨过分果决，所以接着是小有过越的《小过卦》，虽小有过越但事情最后必会成功，所以有象征成功的《既济卦》。但事物的发展变化是无穷无尽的，成功只是旧事物的终点和新事物的起点，仍需以事未成的决心和努力去完成新的使命，所以有《未济卦》。《周易》六十四卦虽终而未终，似了而未了，因为事物的发展无穷、变化无穷。

六、《周易》智德启示一：自强不息与厚德载物

下面我们仅就六十四卦中具有代表性的一些卦象的卦智卦德，即该卦的卦爻辞对人们做出决策以预测未知时，在智慧和德行方面有何启示进行阐述。《周易》非常重视卦爻之象和卦爻之位。因为阴阳交错的卦爻象位，是决定各种不同卦爻智慧和德行的重要因素，就像瑟琴乐器的"器和故响逸，张急故声清"一样，卦爻智德也有刚、柔、清、逸等，这正是卦爻象位决定其卦爻智德的内涵、本性、事理、德行的一种表现。所以，《周易》六十四卦各有其不同的事理与智德，而占筮者的目的，正在于寻求一定时空条件下必然产生而又能导致成功的智慧之德。这里我们还是先从乾、坤二卦的智德启示说起。

《周易》的乾、坤二卦是一个整体，它包含了阴阳交错感合、创造创始与柔顺守成。所以，"天行健，君子以自强不息""地势坤，君子以厚德载物"。这乾、坤二卦的卦智卦德，就成为我们中华民族自强不息、厚德载物的优秀精神传统。而所谓"乾道作始，坤道承之"，是说乾德的创造性、创始性与坤德的柔顺性、守成性，是《周易》对我们中华文明积极创造、柔顺守成精神的高度概括。

就其卦象而言，乾象征天、坤象征地。乾以龙的种种生动形态来表现卦爻辞不同时候的不同变化。这是因为龙在古代是习见之物，而且生动可爱，

故《周易》取其象焉。比如《竹书纪年》就说黄帝"生而能言，龙颜"，又说："应龙攻蚩尤，战虎豹熊罴四兽之力。"是说黄帝生有龙相，并让他的属下举着画有"飞龙"图腾的旗子，向蚩尤的部落冲杀过去。

又据《左传·昭公二十九年》记载："秋，龙见于绛郊。魏献子问于蔡墨曰：'吾闻之，虫莫知于龙，以其不生得也。谓之知，信乎?'对曰：'人实不知，非龙实知。古者畜龙，故国有豢龙氏，有御龙氏。'献子曰：'是二氏者，吾亦闻之，而不知其故，是何谓也?'对曰：'昔有飂叔安，有裔子曰董父，实甚好龙，能求其耆欲以饮食之，龙多归之。乃扰畜龙，以服事帝舜。帝赐之姓曰董，氏曰豢龙。封诸鬷川，……故帝舜氏世有畜龙。及有夏孔甲，扰于有帝。帝赐之乘龙，河、汉各二，各有雌雄。'"后来由于种种原因，却无人会畜龙了。但献子又问："今何故无之?"蔡墨对曰："夫物，物有其官，官修其方，朝夕思之。一日失职，则死及之。失官不食，官宿其业，其物乃至。若泯弃之，物乃坻伏，郁湮不育。……龙，水物也。水官弃矣，故龙不生得。"《周易》有之，如《乾卦·初九》爻辞：潜伏的龙不被使用；《九二》爻辞：活着的龙在土田里；《九五》爻辞：飞舞的龙在天上；《上九》爻辞：伸直身子的龙有所悔恨；《用九》爻辞：见到群龙没有首领，吉利。《坤卦》又说：龙在野外战斗。如果不是早晚都见到龙，谁还能描写它呢？

这里魏献子和蔡墨二人的对话再次说明，龙在古代是常见的水中之物，所以，在《乾卦》中，龙是我们中华文化至高无上、美好吉祥、活力无穷、刚健进取、奋斗不息的民族精神的象征。龙的形象是力量、威严和美的集合，如罗愿《尔雅翼·释龙》所云，它"角似鹿，头似蛇……掌似虎，耳似牛"，又如许慎《说文解字》所说，它"能幽能明，能细能巨，能长能短，春分而登天，秋分而潜渊"。所以，以龙所象征的乾卦，本为纯阳与至刚至健之卦，居于领首地位，对其他卦爻辞的发展变化有着重要的影响和作用。

在我国封建社会，把皇帝称为真龙天子，即上天的儿子，并且只有皇帝配着龙袍龙衣，他办公居住的地方，又称乾元宫或乾元殿，都含有第一或元首之意，这也是《乾卦》卦智卦德重要意义的一种表现。

接着，《坤卦》又以牝马象征柔顺守成的厚德形象。所以，包容宽厚、诚信顺服、温和柔婉、柔中有刚就成为《坤卦》的卦智卦德。《坤卦》讲大地，首提牝马，牝马是繁殖马群的重要之物。《周易》记牲畜以马为多，其次是牛。关于牲畜的驯养和使用，周人有着极其丰富的经验，因为他们耕田种地、驮粮运草，或者骑射打仗，都离不开优良的马匹。周人养马的根据地在今陕西陇县关山牧场，那里至今仍是良种好马的驯养之地。由于品种优良的马，是以农兴国立邦的周人的畜力来源之一，所以周人特别重视马匹的驯养与繁殖。

周人除了重视发展农业之外，对于经营商业也并不陌生，《周易》中描写了商旅、行旅及到各地去做生意的人，也有骑马往来于西南与东北的人，但他们常常是"利西南"，而"东北丧朋"。这是因为周人西南方向多友邦，而东北方向有强敌鬼方。据《尚书·牧誓》记载，曾跟周武王伐纣的就有西南的庸、蜀、羌、髳、微、卢、彭、濮等八国。先前殷周联军也曾讨伐鬼方，打了三年才战胜它，这事在《既济卦》与《未济卦》中都有记载。所有这些事情，都反映了柔中有刚、以柔克刚的卦德特性，也是其柔顺守成、厚德载物的卦智卦德的一种表现。

《坤卦·六三》的"含章"，即大地充满文采，山河秀丽，物产丰富。《六四》的"括囊"，即把农产品装进口袋，绑好运回。《六五》的"黄裳"，即穿上染成黄色的漂亮衣裳。这都说明《坤卦》所象征的祖国大地，是一片物产丰富、五谷丰登的繁华景象，她厚德载物、包藏包容万事万物，又宽柔和顺而善于守成。这都是《坤卦》的牝马或龙马精神的一种智德表现。

我们还可以从历史上有名的智德之人来看，比如三国时期的诸葛亮，他既有鞠躬尽瘁、死而后已的动的一面，担忧分心于公事，于是娶了一位相貌很丑的老婆；也有淡泊明志、宁静致远的静的一面，因此将家中的田地让别人代种。事实上，历史上凡有大才能、大气度的人，也必是非常柔婉之人。春秋五霸之一的晋文公重耳，就被楚庄王评为"大而婉"。开创汉朝400年王业的刘邦，曾被谋士当面羞辱过，并责问他："马上打天下，焉能马上坐天下？"从此，他从谏如流，变成婉顺以倾听谋士之言的柔和性格。司马迁惊讶地发现，终生辅佐刘邦完成帝业，且功高盖世的张良，原来是一位相貌如同妇女一般的大谋士。这是因为柔顺方能知人世社会之庄严肃穆,故能以谦虚谨慎、和蔼亲切应对之,且有与人为善、同舟共济之心。还因为柔顺必有礼仪,必能以积极的建设性态度,冷静思考或慎重提出导致成功的重大举措。这都是柔顺守成、厚德载物卦智卦德的优势力量之所在。

总之,自强不息,厚德载物,是中华文明或中华文化基本的民族精神,正是在这种精神的鼓励下,中国人民经历了千难万险,艰苦奋斗,奋勇向前,取得了一个又一个伟大胜利,把中国建设成社会主义现代化的大国和强国。这就是说,中国人民在中国共产党的指引下,依靠自己在社会实践中不断产生形成的智慧与德行,进一步认识、把握和利用天地自然之力,以人的智德之力推动改变自然之力,并通过天人互动、天人合作、天人合一,以掌握自己的命运,完成自己应有的历史使命,为子孙后代创造出幸福美满的社会主义新生活。

七、《周易》智德启示二:谋始之道在至精至细

从《屯卦》到《大有卦》,中间有《蒙卦》《需卦》《讼卦》《师卦》《比卦》《小畜卦》《履卦》《泰卦》《否卦》《同人卦》等十卦,这相连的十二卦,可以说是一个相互关联的大卦,虽然每个单卦有其卦智卦德,但都在说明万事开头难,难在遇事谋始之道必须方方面面、上上下下精打细算,做好充分准备,这更是难上加难。

《屯卦》一开始就把"勿用有攸往",即出门行旅难、结婚成家难、维持生活难等家庭生活中的几件大事难事都提了出来。这确是当时生产实践和社会生活中的几个重要问题,直接关系到青年人成家立业的大事。只有将这几个问题很好地加以解决,社会才有基础从事其他方面的建设,其他事业也才会有较大的发展。

《屯卦·六二》《六四》《上六》都讲了婚媾难的问题。《六二》说:"屯如邅如,乘马班如。匪寇,婚媾。女子贞不字,十年乃字。"是说一伙人骑着马在徘徊不前。这不是抢婚,而是为了娶亲婚媾而来。但当时却有妇女多年不孕,即人口繁殖率较低的问题,这大概是由于社会生产和生活水平都很低

下。《六四》又说："乘马班如，求婚媾。往吉，无不利。"是说骑马去求婚而徘徊不前，感到十分困难，害怕不会成功。但前往则结果吉利，没有不成功的。《上六》则说："乘马班如，泣血涟如。"是说被抢来的婚配女子，极其悲痛地哭泣不已，她是不愿意被抢来结婚的，但又没有什么更好的办法去逃避这桩婚事！这是原始社会遗留下来的旧风习。

接下来的《蒙卦》，是对蒙昧愚笨的奴隶和农妇进行必要的启蒙教育，所以，《蒙卦》的智德就是对蒙昧无知的人进行启蒙教育，使之不断成长。

启蒙教育是整个教育事业的一部分，不但"童蒙"即奴隶需要启蒙教育，而且，"发蒙，利用刑人，用说桎梏"，即用受刑之人以割草伐木，也要进行必要的启蒙教育。对于"包蒙"即头发包扎起来，将要被人娶为妻，以成家立业的农家女子，也要加强启蒙教育。但是，对于"不利为寇，利御寇"的种种防御侵扰或侵略的做法，如"击蒙""困蒙"即撞击那些蒙昧、以抢夺他人粮食为生的人，不但是启蒙教育的问题，而且要加以防范和必要打击。

《需卦》则讲无论是行旅、商旅，或外出打猎，都需要一个投宿居住的地方，而这些地方毕竟和自己家里不一样，比如"需于郊"，即在郊外被雨淋湿；"需于沙"，即在沙洲中行走，不小心掉到水里；"需于泥，致寇至""需于血，出自穴"，即陷于泥泞，还被人抢劫，后来又居住在野外的地穴式的房屋里，被坏人击打，满身沾了血污。这就需要坚强的忍耐，需要韧性的等待，需要"果行育德"，这就是《需卦》的智德表现。

接着的《讼卦》和《师卦》，是讲法治观念和军事观念。有了矛盾纠纷，必然会有争讼，但只要有了法律上的是非观念，事情就好办了。还要有严守纪律的军旅，随时准备应付敌人的破坏和侵扰。所以，《讼卦》以断争讼，争讼之后方有兵戎，有兵戎才有军旅，也才有《师卦》之智德："君子以容民畜众。"

除了以上诸项准备之外，还应有《比卦》团结上下、亲密无间，《小畜卦》的智德"以懿文德"，即各种文治的条例方案，《履卦》的智德"辨上下以定民志"，即各种礼仪制度。《履卦·六三》云："眇能视，跛能履。履虎尾，咥人，凶。武人为于大君。"是说既眇而无识又跛而足病，但自以为能视、能行动的军人,如果掌握了大权,就像袁世凯掌握了北洋水师的军政大权,便迫不及待地自封皇帝以恢复帝制。可惜只做了83天皇帝,便一命呜呼了!这就是"履虎尾,咥人,凶",是踩着虎尾而被虎所咬的最好例证,也是"武人为于大君"即军人干政的可悲下场。所以应强调修养行为,讲求礼仪,做人要胸怀坦荡,纯洁无私,不要为一己之利而损害人民的利益。

《泰卦》与《否卦》则是舆论与思想准备。要求人们懂得物极必反的道理,不要偏激,不要过分,要掌握分寸,凡事做过了头就要走向它的反面,反过来又会伤害自己。"无平不陂,无往不复"讲的就是这个道理。然后,是《同人卦》要求"同人于门""同人于宗",齐心协力地做好各种准备,这样才能达到《大有卦》所讲的丰收,以取得生产斗争的胜利,同时又取得民族斗争和阶级斗争的最终胜利。所以,《同人卦》的智德便"以类族辨物"为主旨,而《大有卦》则以"遏恶扬善,顺天休命"为其智德的终极表现。

从《屯卦》到《大有卦》,经过多方面的努力和准备,如教育方面、法治方面、军事方面、思想舆论方面、统一战线方面等,方取得《大有卦》所说的:"无交害,匪咎,艰则无咎。"即无相互侵害,人事诸多方面既和谐无间,又有"自天佑之",在天人合一、天人互动、天人合作的基础上,以人的智德之力顺应和助推天地自然之力,使二者很好地结合起来,经过这样一个天然的发展过程,取得丰收的可喜成果。所以,《大有卦》的智德也可以说是助推天人合一,方能丰收大有。

八、《周易》智德启示三:谦谦有终与善政利民

《谦卦》与《临卦》是六十四卦中最重要的两个卦象,而且是两个有关西周治国理政思想的卦象。《谦卦》的卦爻辞,前边已经说过,以"鸣谦"即明智之谦虚、"劳谦"即勤劳之谦让、"扐谦"即奋勇而不怕牺牲,作为"谦谦""君子有终"的前提条件,而只有这三方面都能做到,才可以谈论这谦谦美德的新的谦德论。

谈起谦德论,中国历史上不乏其人也不乏其事。就以三国时期的诸葛亮为例,他的一生就以谨慎而著称,他在《出师表》中说:

先帝知臣谨慎，故临崩寄臣以大事也。受命以来，夙夜忧叹，恐托付不效，以伤先帝之明，故五月渡泸，深入不毛。今南方已定，兵甲已足，当奖率三军，北定中原，庶竭驽钝，攘除奸凶，兴复汉室，还于旧都。此臣所以报先帝而忠陛下之职分也。至于斟酌损益，进尽忠言，则攸之、祎、允之任也。

诸葛亮的这段话，讲得多么诚恳，多么谦卑，始终以忧患之心，受托之责，严格要求自己，虽五月渡泸，深入不毛，已经取得七擒孟获的初步胜利，但唯恐北定中原、兴复汉室的艰巨任务难以完成，所以，反复斟酌损益，即把《周易》中的《损卦》与《益卦》之成败得失，与其北定中原的战略构想结合起来加以思考，并做出决策，以必胜的信心和决心，报先帝之托和陛下之忠。从这个以谦和宁静之心所做出的谋略决策来看，诸葛亮其人，忠君爱民之心拳拳可知，其知谦、劳谦、扬谦，必谦谦有其终矣。所以，历史上曾经有人将诸葛亮的历史功德，做出如下描述：

收二川，排八阵，六出七擒，五丈原前，点四十九盏明灯，一心只为酬三顾。

取西蜀，定南蛮，东和北拒，中军帐里，变金木土爻神卦，水面偏能用火攻。

由此可见，诸葛亮出山辅佐刘备，联孙抗曹，赤壁之战大败曹军，形成三足鼎立之势，又夺取荆州，攻取益州和汉中。诸葛亮何以有如此大的功德？一是靠他对君王的忠诚，二是靠他的雄才大略、机智多谋与神机妙算。章武三年（223），刘备病危，召诸葛亮嘱托大事："君才十倍曹丕，必能安国，终定大事。若嗣子可辅，辅之；如其不才，君可自取。"诸葛亮哭曰："臣必竭心尽力相辅，效忠贞之节，死而后已。"更可见诸葛亮之忠贞不贰。下面，我们再以北魏太武帝的宰相崔浩为例，看看谦德思想在他的身上又是如何表现的。

自从《周易》问世以来，我国历史上研究《周易》的学人知识分子就层出不穷，形成一个极其庞大的士人阶层，它分为两大群体：一个是学士群体，另一个则是谋士群体。学士群体，又分为象数学派与义理学派。他们以从学理上研究《周易》为主，探讨其学术思想的形成发展、主旨要意、功能结果。比如春秋战国时期的孔子及其一传二传弟子所撰著的《周易大传》即《易经十翼》，就是从象数和义理两个方面，对《周易》做出了全面而又非常深刻的诠释和注解。魏晋时期的著名玄学家王弼，是义理派的典型代表，他发现了无能生有、有生于无的道理，形成了一个贵无的玄学派别。而宋明理学家朱熹与程颐则著有《易传》，用以解释《周易》六十四卦的卦爻之象与卦爻辞中所包含的道德义理，从而形成一门专门研究易学发展历史的学问。

谋士群体，是在战乱年代出现的，他们多是跟随一代名君或开国皇帝，并辅佐他们东征西战，协助他们出谋划策，运筹帷幄于军帐之内，决胜致敌于千里之外的豪杰、谋士。诸如，人称"汉初三杰"之一的"谋圣"张良，三国时期被称为"智慧化身"的"智圣"诸葛亮。他们都是将《周易》烂熟在心，且能审时度势、出谋划策的谋士。

在我国南北朝时期，胡人为了能入主中原，便以汉民族的贤人学士为师，这其中就有三位著名的贤师谋士：前秦苻坚的宰相王猛、北魏太武帝的宰相崔浩、元朝成吉思汗的宰相耶律楚材。他们三人都是可与张良比谦德、比才智、比机敏的谋士。他们都擅长占卜算卦，特别是崔浩，还曾给爱好阴阳术数的北魏明元帝拓跋嗣，讲授过《周易》与《洪范五行传》。

崔浩主张崇道废佛，他博览经史、玄象阴阳、百家之言，不但忠心耿耿，勤于职守，且有"鸣谦""知谦"之德，甚受崇敬。所以，北魏自建国之后，经道武帝拓跋珪、明元帝拓跋嗣、太武帝拓跋焘三代半个世纪的汉化改革和苦苦经营，才于公元 439 年统一了北方，成为名副其实的北朝时代。

这期间，崔浩以其谦谦之德与拳拳爱民之心，成为太武帝的重要谋臣之一。为促进北方统一，他屡次舌战群臣，力排众议，辅佐太武帝严厉灭佛，毁弃佛经、佛像和塔寺，坑杀和尚。并加封寇谦之为道教天师，在平城设立道场，崇道扬儒。同时，先后修筑了东西长 2000 千米的长城。他还根据日月星象、天时地利与有关人事变化，做出准确判断和决策，迅速诛灭胡夏，平定北凉，击破柔然，解除了来自北方和西北地区的军事威胁，打开了通往西域的商道，为北魏统一北方做出了不可磨灭的贡献。但就在他 70 岁时，太武帝竟以所谓修史有意"暴扬国恶"之罪名，将其处死。这的确是一件令人悲痛之事。

如此谦谦有终的谋士，他们辅佐君王的目的，都是为了除暴安良，平定叛乱，建立一个能使人民过上安定生活的善政社会，以利于百姓从事各项生产活动。在这方面，"谋圣"张良和"智圣"诸葛亮是典型的代表。

张良（约前 250—前 189），字子房，颖川城父（今河南郏县）人，秦末汉初时刘邦的丞相谋士，与韩信、萧何并称"汉初三杰"。张良在鸿门宴上，劝刘邦以卑辞言和，保存实力，并疏通项羽叔父项伯，使刘邦得以脱身。此后又以出色的智谋，协助刘邦在楚汉战争中夺得天下。他精通黄老之道，不留恋功名权位，晚年跟随赤松子云游四海。《史记·留侯世家》记载："夫运筹策帷帐之中，决胜于千里之外，吾不如子房。"称赞他机智谋划，文韬武略。后世敬其谋略出众，称他为"谋圣"。张良助刘邦夺取天下的"知谦"谋略，主要表现如下：

其一，圯上受书。

张良在圯桥之上接受黄石老人赠送的《太公兵法》一书，使他终成刘邦的深明韬略、文武兼备、足智多谋的"智囊"团队之一。张良出身于贵族家庭，祖父张开地曾连任三朝韩国宰相，其父张平也连任两朝韩国宰相，但至张良时韩国已衰落，遂失去继承父业之机。张良便将其仇恨集中于反秦上。公元前 218 年，张良伙同他人，在古博浪沙刺杀秦始皇未遂，得以逃脱至沂水圯桥之上，遇一老翁，故意将鞋脱落桥下，让张良拾来并给他穿上，张良违心地拾来鞋子，并跪于地，给他穿好鞋子。老翁不但不谢，反仰面长笑而去，老人走出里许之地又返回桥头，对张良说："孺子可教矣。"并约五日后在桥头见面。张良于五日后准时与老人相见。其至诚与隐忍之心感动了老者，便送给张良一本名曰《太公兵法》的书，老翁说："读此书则可为王者师，十年后天下大乱，你可用此书兴邦立国；十三年后济北谷城山下的黄石便是老夫。"

后在下邳，张良与刘邦相见，多次以《太公兵法》进说刘邦，刘邦深深领悟，采纳张良机智谋划。这样善于纳谏的刘邦，对张良也甚为器重，从此之后，二人亲密无间。

其二，佐策入关。

张良帮助刘邦攻秦入蓝田武关，并绕过峣关、穿越蒉山以取蓝田而入咸阳。公元前208年六月，项羽叔侄二人率兵六七万，并拥立楚怀王之孙熊心为王，集各路义军于山东薛城，共谋灭秦大事。张良也不忘复兴韩国，建议立韩公子为韩王。这年年底，楚怀王有令：先到关中者，可立而为王。

公元前207年，刘邦便伙同张良南下，取道颍川、南阳，打算从蓝田武关进入关中。先到达南阳，南阳郡守退入宛城固守，刘邦欲绕过宛城继续西进。张良则说，不可。现在不拿下宛城，往后兵力增加，会从后面追击，造成前后受敌的危险。刘邦采纳张良的意见，包围并顺利攻取宛城。

随后，刘邦军队抵达峣关（今陕西商州），峣关是南阳与关中的交通要隘，易守难攻。张良分析了敌我兵力，认为敌人力量强大，守关的长官是个屠夫的儿子，所以，可以用钱财收买。刘邦便以张良谋划的计策行事，派5万人在四周山上增设大量军队旗号，再派郦食其以钱财引诱。终于打败秦军，使其弃关退守蓝田。刘邦不断追击，穿过蒉山，大败秦军于蓝田，并直抵霸上，进入咸阳。

其三，斗智鸿门。

张良以大智大勇巧妙帮刘邦安全脱离虎口。刘邦进入咸阳，看到宫殿林立，美女如云，金银财宝，琳琅满目，便忙于抢取财物，竟想留居咸阳而不思前进。张良便谏曰："秦王不义做尽坏事，你才起兵推翻他。你现在攻入咸阳，却要沉溺于享乐之中，这是助纣为虐。"刘邦接受了张良的批评，整顿军队，严明纪律，并约法三章，因之甚得秦地民心，为后来经营关中打下基础。

张良还在鸿门宴上，与项羽之叔项伯叙说旧情以讨好项羽，想方设法保护刘邦，为刘邦说好话，掩盖刘邦一心东进的野心，求得项羽的宽容，使刘邦脱离危险。

其四，暗度陈仓。

张良护送刘邦经陈仓（今陕西宝鸡）古道，到汉中褒城镇的汉王封地。公元前206年，项羽自封西楚霸王，定都彭城（今江苏徐州），却把刘邦分封到偏僻荒凉的巴蜀，领巴、蜀、汉中三郡，称为汉王。把关中一分为三，封给了秦的三个降将，用以遏制刘邦北上。刘邦对此不满，想借机攻打项羽，却被张良劝阻，只好隐忍不发。张良在护送刘邦从陈仓古道出关时，又施一计，让刘邦待汉军到达褒城，即下令烧毁栈道，以表不再东进关中的决心，好让项羽放心。

刘邦到达汉中南郑，便励精图治，积极休整。同年八月，又乘机从故道"暗度陈仓"，从侧面出其不意地打败了秦的三个降将，平定了三秦，夺取了关中宝地。一个"明烧栈道"，一个"暗度陈仓"，张、刘携手，珠联璧合，成为千古流传的佳话。项羽知此事后，怒不可遏，欲予反击。张良又小施一计，寄书蒙蔽项羽，书曰："汉王名不符实，欲得关中；如约既止，不敢再东进。"并劝其北击三齐，将其注意力引向东方。这为刘邦赢得了休养生息的机会。

其五，下邑奇谋。

下邑之谋，为刘邦最终取得楚汉战争的胜利奠定了基础。公元前 205 年，刘邦在攻占彭城后，取得小小胜利便冲昏头脑，又大量聚敛财物，结果被项羽乘机夺回彭城。刘邦丢下老父、妻子、儿女，只带张良等数十骑人马逃出彭城。

刘邦逃到下邑（今安徽砀山），心灰意冷，竟不想要关东地区。此时，张良匠心独具，为刘邦又谋得一计，这就是著名的"下邑奇谋"，即"利用矛盾，联兵破楚"。让刘邦利用三王，即韩信、彭越、九江王英布之间的矛盾，晓之以利，以求他们能联合发力，兵围垓下，包抄楚军，最后打败西楚霸王项羽，取得楚汉战争的胜利。

刘邦对张良提出的具有战略意义且深谋远虑的"下邑奇谋"，不但深感钦佩，而且言听计从，并按照张良的计谋，策反英布，联络彭越，委派韩信北击燕、赵之地，形成包围夹击之势。

公元前 204 年冬，当楚军还兵围汉王于荥阳时，韩信在北路战线顺利进攻，平定魏、代、赵、燕等地，又占领齐国故地，欲自立齐王。张良清醒地认识到，韩信的向背对楚汉双方的胜负有着决定性的作用。刘邦还想大骂韩信,但被张良、陈平劝阻而改口,后派张良拿着印绶,去齐封韩信为齐王,并征调其兵联合击楚。这一招居然将韩信笼络住,按计行事。后来东汉荀悦说:"取非其有以与人,行虚惠而获实福也。"这使楚汉战争发生了转折性变化。

但就在这关键时刻,因张良外出还没有归来,郦食其向刘邦献计:为感召百姓鼓舞士气,提出八条分封六国后人的理由与好处。张良回来后听到此说,便坚决反对,并将郦食其提出的八条同当年武王克商后周公分封同姓和异姓诸侯的情况加以对照比较,逐条予以批驳,其八条为:

第一条,昔商汤、周武王伐桀、灭纣后分封其后代,是在完全控制他们的情况下,才予以分封的。

第二条,昔周武王克殷,杀了纣王,如今能杀项羽吗?

第三条,封比干之墓,释箕子之囚,意在奖掖鞭策臣民,如今需要旌忠尊贤吗? 又何以去旌忠尊贤呢?

第四条,武王散钱发粟,是用敌国之积蓄,如今尚无救济他人之能力。

第五条,改兵车为乘车,是置兵器不用以示人,今陛下正在鏖战,兵车兵器正忙于打仗,何能置之不用以示人?

第六条,马放南山,牛息桃林,是天下转入升平时代,如今正忙于交战,如何效法?

第七条,土地分给六国后人,则将士谋臣各归其主,就将无人跟随陛下夺取天下。

第八条,楚国强大,六国软弱必屈服于它,又怎么向陛下称臣呢?

刘邦听了张良所讲的八条意见,竟惊恐不已,出了一身冷汗,立即拒绝郦食其有关分封六国后人的建议,坚决按照张良卜邑之谋的各项决策去办,终于取得楚汉战争的最后胜利。

其六,劝都关中。

国基初奠,天下平定,是定都关中还是定都洛阳,大臣们各抒己见。在人们纷纷谈论建都洛阳的种种好处时,唯独张良支持娄敬建都关中的主张。张良曰:"洛阳虽有这些天然的险要,但它的腹地太小,方圆不过数百里;田地贫瘠，而且容易四面受敌，非用武治国之都；关中则左有崤函之险，右有陇蜀丛山之溢，土地肥美，沃野千里；加上南面有巴蜀的富饶农产，北有可牧放牛马的大草原。既有北、西、南三面的险要可以固守，又可向东方控制诸侯。诸侯安定，则黄河、渭水可以开通漕运，运输天下的粮食，供给京师所需。如果诸侯有变，就可顺流东下以运送粮草，足以维持出征队伍的补给，这正是所谓金城千里，天府之国啊！"刘邦听后，当即决定定都关中。

我们从上面六个方面，即圯上受书、佐策入关、斗智鸿门、暗度陈仓、下邑奇谋、劝都关中等，详细地阐述了张良这位"谋圣"在楚汉战争前后，根据当时的发展形势，为刘邦出谋划策、献策献计，帮助和辅佐刘邦克服艰难险阻，渡过重重难关，取得最终胜利，建立起西汉王朝。这从张良本身来说，他知谦、劳谦、执谦、谦谦有终，协助刘邦建立善政惠民，将穷苦百姓从秦王朝的暴政统治下解救出来，且能安居乐业，所有这些都是"知临""至临""敦临"之善政的表现。应当说，这正是谋士之所以为谋士的目的，以及他们所乐于看到的一种情景。

有人会问，张良的这些作为和《周易》有什么关系？应当说有很大关系。因为大道存于《周易》，而张良、刘邦乃至曹操、诸葛亮等人，都是因时因势之屈伸，以权谋术数之推算，来决断其进退机智与谋略，这皆从《周易》的际变而来。就连孙子的兵法，以及前边所说黄石老人送给张良的《太公兵法》等，皆本于《周易》。孙子之师鬼谷子也是伟大的易者。只不过他们虽读《周易》，但不一定要以占卜做决定。他们已经体悟到的阴阳刚柔变化发展的道理，与自身多年积累的历史经验，使其遇事能虚其心思，静其神气，经过反复缜密的思虑，自然不待占筮即可知吉凶而做决策。我国历史上的谋士，诸如汉代之张良、三国之诸葛亮、北魏之崔浩、唐之魏徵、明之刘基等，无不精通《周易》、烂熟《周易》，以《周易》来释疑解惑。

以上我们用了很长篇幅叙述了张良辅佐刘邦取得楚汉战争的胜利，若以阴阳刚柔的卦象占筮之，必得《乾卦》与《坤卦》。刘邦起事之后，由小起小落到大起大落，其发展过程犹如从《乾卦·初九》"潜龙勿用"，到《九二》"见龙在田"，再到《九三》"君子终日乾乾，夕惕若，厉，无咎"。刘邦起事之初，四处招兵买马，联络义军，扩大队伍，招募像张良这样的贤士，虽也打过一些不大不小的胜仗或败仗，但总是忧愁戒惧，提心吊胆，唯恐被西楚霸王项羽杀掉。参加鸿门宴时胆战心惊的情景，就是刘邦在这一段时间狼狈逃窜心理的真实写照。

但在被楚怀王封为汉王，并"暗度陈仓"进入汉中南郑以后，情况却有了根本性的变化，犹如从《乾卦·九四》"或跃在渊，无咎"，到《九五》"飞龙在天，利见大人"，到《上九》"亢龙有悔"，再到《用九》"见群龙无首，吉"。在这段时间里，刘邦在张良的帮助下，先是与关中父老约法三章，取得关中民心；后又在汉中励精图治，苦苦经营，奠定了三秦的民意基础；接着张良策划下邑之谋，为刘邦谋得天时、地利、人和等决胜条件和制胜因素。这样，刘邦就像飞龙在天一样，取得如群龙入云雾而不见其首，发生天翻地覆变化一样的大胜利。

然后，就是刘邦按照张良的主张建都关中，这犹如占得《坤卦》："元亨，利牝马之贞。"《六二》："直方大，不习，无不利。"《六三》："含章，可贞。或从王事，无成有终。"《六四》："括囊。"《六五》："黄裳，元吉。"是说刘邦以张良之意为己见，建都于金城千里、天府之国的关中，其地域辽阔，又直、又方、又大，且盛产良种的牝马，盛产谷粮，物产丰富，山河秀丽，可称之为厚德载物之地也。

我们再为赫赫不可一世的西楚霸王项羽，因失败而走投无路，不得不上演"霸王别姬"这可悲的一幕，占得一卦，是为《困卦》。《困卦》"泽无水"，谓其兵围垓下，十面埋伏，四面楚歌，走投无路，唯有一死而告终。《困卦·九四》"困于金车"，即像被囚禁在囚车里一样动弹不得；《六三》"困于石，据于蒺藜，入于其宫，不见其妻，凶"，是说项羽就像犯了罪过的犯人，担枷坐在朝门左边的嘉石上，任人羞辱。后来回到家里，却不见他的爱妃虞姬夫人了，原来她已自刎身亡了！

九、《周易》智德启示四：祸福相倚与取予有度

在《谦卦》与《临卦》之间，尚有《豫卦》《随卦》《蛊卦》等，其卦

智卦德是：以作乐崇德，振民育德，使之子承父业，民德归厚。特别是《蛊卦》提出，继承父业才是孝子，即《蛊卦·初六》所说："干（继承）父之蛊（事业），有子考，无咎，厉，终吉。"是说能继承父业则为孝子，没有什么问题，即使有什么不好，终究还是吉利的。但想光大父亲的事业，实行起来将会遇到很多困难，并不那么容易，即《六四》所说："裕父之蛊，往见吝。"《六五》又说："干父之蛊，用誉。"是说继承父业，只要干得好，就会受到社会人们的称赞和美誉，因为在当时来说，继承父亲的事业比做官还要高尚。这说明西周初年，人们的家族观念还是比较浓厚的。

从《临卦》到《离卦》，其间有《观卦》，其卦德为"以省方观民设教"，《噬嗑卦》卦德为"以明罚敕法"。《贲卦》《剥卦》《复卦》《无妄卦》，多"以茂对时，育万物"为其卦智卦德。而《大畜卦》《颐卦》《大过卦》《坎卦》《离卦》等，又多"以常德行，习教事"为其卦智卦德。

但在上经与下经之间，却有三个相互关联的卦象，值得人们特别关注。这大概是因为周人在创业或建国的过程中，一直充满着强烈的忧患意识，唯恐因自身的错误而造成失败，以致延误了先祖开创的事业。这三对卦象就是《泰卦》与《否卦》、《损卦》与《益卦》、《既济卦》与《未济卦》。虽然在前面我们已从物极必反、事物发展的辩证法则方面，阐述过好与坏、得失与利弊、盛衰与悲喜的对立转化关系，但从《周易》作者的本意来说，多有预防失利而欲求成功之意。这确是我们应当特别关注的地方。

自从道家的创始人老子提出"祸福相倚"的问题之后，人们对祸福相倚又相伏的关系就特别重视，这是因为它关系到每个人的得失、取予、祸福、升降、成败等切身利益。《老子·第五十八章》是专讲老子的政治论与方法论的。老子说：

> 其政闷闷，其民淳淳；其政察察，其民缺缺。祸兮，福之所倚；福兮，祸之所伏。熟知其极？其无正也。正复为奇，善复为妖。人之迷也，其日固久矣。是以圣人方而不割，廉而不刿，直而不肆，光而不耀。

这段话的意思是说，政府的政治宽宏，人民就忠厚淳朴；政治过于严苛，人民就狡黠不满。灾祸啊，幸福却紧靠在它的旁边；幸福啊，灾祸却埋伏在它的里面。谁知道它最后的道理？实在是没有正主。正常随时可以变为奇特，善良随时可以变为妖孽。人们的迷惑也由来已久。因此，圣人方正而不显得生硬勉强，有棱角而不至于把人划伤，正直而不至于无所顾忌，发光而没有刺眼的光芒。

老子的这段话，也正好是对《泰卦》与《否卦》、《损卦》与《益卦》、《既济卦》与《未济卦》等三对卦象之间相互倚伏关系的正确阐发，在他看来，事物内部总是包含着否定本身的因素，就像灾祸的表相中倚傍着幸福，同样幸福的表相里潜伏着灾祸的因素。只不过今日之福成他日之祸，父祖之祸遗为子孙之福。其他正奇、善妖的变化，也是这样。当然圣人为政，也还是有其分寸的，以不害其方、廉、直、光为度。这里的关键是掌握好度。

在中国文学里，有一个"塞翁失马，焉知祸福"的故事。说的是古时有一老翁，他的马被人盗去，邻居都觉得甚为可惜而跑来安慰他，老翁却说："此何遽不为福乎？"之后，其马带着一匹小马无事而归。邻人跑来恭贺，皆谓带来一匹小马真是碰上好运，老翁又回答说："此何遽不能为祸乎？"不久，老翁的儿子从小马背上跌落下来，伤其左臂，邻人皆以为可怜，而老翁又说："此何遽不为福乎？"就在第二年，汉帝下诏出征蒙古，边境的壮丁皆被征兵去前线打仗，战死者十之八九，但老翁之子因臂折而被免于征兵，留在家里耕作农田以奉养父母妻子，这就是"塞翁失马，焉知祸福"的故事。

这个故事告诉人们，凡遇到灾祸、失利、危机和重大损失，不要悲观失望，不要忧郁不前，不要灰心丧气，而要打起精神，鼓足勇气，奋勇向前，奋力一搏，方能取得最后的胜利。这就需要人们像《否卦》卦德所说："以俭德避难，不可荣与禄。"《益卦》卦德所言："见善则迁，有过则改。"《既济卦》卦德所云："以思患而豫防之。"

这方面的实例，我们还可以从《旅卦》与《大壮卦》中找到。《旅卦·上九》曰："鸟焚其巢，旅人先笑后号眺，丧牛于易。"《大壮卦·六五》也曰："丧羊于易。"这里的"易"字与"狄"字相通。这两爻都说的是，周太王时狄人侵犯豳地，经多方劝阻无效，方决心迁至岐山，并定居建国。对此，《孟子·梁惠王》中也有记载，是说周人居豳，养了许多牛羊，狄人却要占领他们的土地，烧杀抢掠，损失惨重。全族被迫迁走，成为旅人，后定居岐山周原，然后如《益卦》所说"大作"，即奋力建设自己的美好家园和国家。这既是一个因祸得福的实例，也是一个典型的父祖之祸遗为子孙之福的生动故事。这里的关键是，周人的先辈当时还具有和平团结的愿望，并未对抗或反击，只是劝说不成后方才予以退让迁徙，但他们并没有灰心丧气，也没有失掉信心与勇气，而是振作精神，继续奋斗，勇往直前，后代子孙在岐山周原一带，建设起一个美丽的家园和国家。

在上述三对两两对应的卦爻辞中，每一对都提到一个重复的故事。如《泰卦》与《否卦》中，《泰卦·初九》曰："拔茅茹，以其汇。征，吉。"是说一种可以作为染料的红色的茅茹草，其叶似枣，不容易辨认，但有经验的人按照它的种类形状来分辨，一看就知，因此，对于有经验、有知识的人来说就是泰。但《否卦·初六》亦曰："拔茅茹，以其汇。贞吉，亨。"这同样一件事，对于没有经验、没有知识的人来说就是否了。

再如《损卦·六五》与《益卦·六二》都是"或益之十朋之龟，弗克违"。虽爻辞相同，但意义有别。《损卦》是说贵族赐来价值十朋的大龟，这是不能不要的。因为龟是用来占卜的，而占卜不可减损。说明有时只能益而不能损，也即"弗损，益之"。而《益卦》则侧重于益。这件事的历史背景是周公奉命东征。《尚书·大诰》："予不敢闭于天降威，用宁王遗我大宝龟，绍天明。"此诰是周公奉命东征时所作，诰是命龟之辞，是说文王遗给我们大宝龟，叫我们继承天命。而这里的"弗克违"，则是指"三监"之首殷纣王的儿子武庚，伙同管叔、蔡叔等人发动叛乱，违背龟卜天命，是绝不能成事的，所以为益。

再如《既济卦·九三》与《未济卦·九四》都以"高宗伐鬼方，三年克之，小人勿用""震用伐鬼方，三年有赏于大国"这件事来说明卦象卦德，但其意义仍然有别。前者从殷人说起，是说商朝盘庚后的第三代高宗武丁，于武丁三十二年至三十四年，以殷周联军打败了北方强族鬼方，解除了他们对殷商的威胁。而后者则从周人说起，是说周人这次出征动员了不少人，打胜了这一仗，得到殷王的赏赐。

从以上三例可以看出，周人在泰与否、损与益、既济与未济等有关祸福、荣辱、得失、进退、取予诸多问题上，总是自强自立、严于律己、"自求口实"、"拂经于丘"，即自己开荒种地，解决粮食，任劳任怨，不怕过艰苦的生活，也不去埋怨别人，不侥幸以少取多，不存心损人利己，不虚争荣誉地位等。这就是周人遗留给我们中华民族的荣辱观、祸福观、损益观、得失观、取予奉献观和廉洁奉公观。

十、《周易》智德启示五：反身修德与致命遂志

《周易》下经的三十四卦中，有不少卦象充满凶险、困境、逆反、败退等种种情景，这大概是作者对西周王朝逐步走向衰败没落的一种预感。比如《睽卦》《蹇卦》《困卦》《夬卦》等，为了应对这种衰败现象，作者在卦智卦德方面，提出许多有关反身修德、自昭明德、用晦而明、治历明时、搞好团结、和平共悦等修身和治国的办法。下面，我们先从反身修德与致命遂志谈起。

《坎卦》说的是奴隶造反被关进坎穴，又如何处置他们的事情。这里的坎，本是"习坎"，即重坎，意为坎坑中的坎坑，又叫作陷阱。卦辞"行有尚"，是说把俘虏关在坎穴里，还用好言好语劝说帮助他们，或以酒饭款待他们，以"有孚，维心"，使他们打心里甘愿去当奴隶，为贵族去开荒种地，增加农业劳动生产力。但进入这样的坎坑，是非常危险的。对于奴隶来说，明知坎中有危险，但为了生活，有点收入以"求小得"，他们只能冒险下去，到坑里捞点鱼，大概坑中有鱼，是可以求小得的。有些坎"险且枕"即坑深积水，为了打鱼冒险是不划算的，所以"勿用"。

接下来，《坎卦·八四》又说："樽酒，簋贰，用缶，纳约自牖，终无咎。"意思是说，用装酒的樽器装上酒，再用盛饭的簋盛两碗饭，还要用陶制的缶也盛些黍稷，一起从窗户送进去，给关在窖穴里的俘虏。没想到这样款待俘虏反而收到好的效果，所以说"无咎"。但有些时候，如《上六》所说："系用徽纆，置于丛棘，三岁不得，凶。"即用搓好的绳索，将俘虏捆绑得紧紧的，放在周围有丛棘的作为牢狱的地窖里，关了多年还不能使他们甘愿当

奴隶，最后还是偷偷地跑了，所以说"凶"。这说明劝说和改造被俘的人当奴隶，确是一件很不容易的事。

由此，我们联想到《噬嗑卦·初九》与《上九》中的贵族们，他们在饮食方面，吃的是肥肉鲜鱼，大咬大啃，连鼻子也给遮住了。但对奴隶却"屦校灭趾"即因饮食小过而受刑，拖着刑枷，遮住脚趾，或者"何校灭耳，凶"即因饮食小过而受大刑，担枷遮住耳朵，大概他们还是会绝食而不服从，要反抗到底。这说明阶级之间的压迫和对立，是相当严重的。

在《周易》中，有三分之一的卦爻辞记载了"有孚，元吉""未占有孚"或"有孚发若"即奴隶是残疾等。这些奴隶主要是打仗后俘获的，但也有用钱买来的，还有抢来的。《鼎卦·初六》则有："鼎颠趾，利出否。得妾以其子，无咎。"是说一个贵族商人，占得鼎折足倒翻，是否有利于出门。但事实上是有人因还不起债，把他的妻子和儿子都抵了债，成为这位贵族商人的家庭奴隶。

如何对待奴隶，是一个有关新生政权安危的重大问题。众所周知，周武王克商灭殷，俘虏了大量的奴隶兵，武王死后，周公摄政而"三监"叛乱，周公率兵东征，征服了五十余国，又获得很多俘虏。如何对待这些俘虏？是说服劝解他们，让他们成为替贵族从事农业生产劳动的重要生产力，还是把他们作为献祭的人牲，像殷商那样统统都坑杀掉，这在当时存在着两种不同的看法。

周公一直按照武王的命令，坚持前者而反对后者。就在武王逝世后，武庚煽动东方一些侯国作乱，周公东征出师之前，有人说用人牲祭祀当有所增益，开始没抓到俘虏，后来抓到了，便报告周公举行祭祀。但《益卦·六四》却说："中行告公从，利用为依迁国。"即在东征前或班师回来的路上，周公都按照成王原有的命令行事，说处理好殷民有利于国家的安定。所以，周公把殷宗室微子启封于商丘，国号宋；把一些部落分给同姓国做奴隶，如分给鲁殷民六族，分给卫殷民七族；把殷贵族集中于洛邑，直接由周王朝管理。这就是分殷"为依迁国"。

至于那些被俘的人员，《益卦·九五》与《上九》则说："有孚，惠心勿问，元吉。有孚，惠我德。""立心勿恒。"是说对待俘虏应以好言好语进行安抚，或以物质优待而使俘虏感激。对于这样优待俘虏的政策，有人坚决反对，并对坚决践行这一政策的人进行人身攻击。在这种情况下，如守志不坚，就要坏大事。所以，对执行这一政策的人和政府官员来说，就有一个反身修德与致命遂志的问题，亦即严格要求自己，克制一己私利，以宽厚和包容之心，忠实而坚决地执行成王的命令。这也是周公一再强调的。所以"立心勿恒"就是要持之以恒，致命遂志也在所不惜的意思。

奴隶问题，是由西周奴隶社会性质所决定的一个重要问题。就奴隶而言，不仅有战争中俘获的俘虏兵，还有一些贵族家庭中所畜居的，像《遁卦·九三》所说"畜臣妾吉"，即被贵族们所豢养起来的奴隶，而这些所谓"臣妾"的家庭奴隶，有的是被羁系住而不让走，他们的心里是很痛苦的。所以《家人卦·上九》说"有孚威如，终吉"，是说这些俘虏发怒反抗，不肯屈服，但最后还是归服了。他们成为奴隶之后，也就成为家庭成员之一。西周贵族家庭增加家中奴隶之事，恐怕不在少数。把如此多的奴隶，投入所谓西周井田制的农业生产之中，使之成为西周社会生活资料的重要劳动力。这是周初统治者在创建西周政权后，主张实行的一种土地制度。

恩格斯在《马克思恩格斯选集》第四卷中说:"在罗马，家庭一词，最初完全不是用于夫妻及其子女，只是用于奴隶罢了。"这就是说在以夫妻与子女为主的家庭之外，还有一个以奴隶为主的所谓贵族庄园大家庭。这与中国西周时期生产力还很低下的实际情况，并不完全符合。西周贵族的家族和家庭，虽有畜臣妾、畜士人家丁，但大量畜养家庭奴隶，从事农业生产的，也许只有少数，多数是雇佣少量看家护院的家庭奴隶。

卦智卦德之所以强调反身修德与致命遂志，除了奴隶问题是西周奴隶社会首先遇到的一个政策性很强的问题，需要立志"智临""敦临"的思想修养很好的官员，去贯彻执行有关奴隶政策之外，还因为当时的社会治安，尤其是在西周中后期，由于执政者贪图享乐，利令智昏，不是无所作为，就是乱作乱为，造成种种社会不安定因素增多，致使戎狄不断入侵扰乱。

比如，《困卦》就记载了西周后期社会犯罪现象严重与夷狄多次侵扰的情景。《困卦·九二》曰："困于酒食，朱绂方来，利用享祀。征凶，无咎。"意思是说喝醉了酒，身着红色服装的蛮夷人，正好侵扰来了。他们杀人抢财物，扰乱社会秩序，引起人们极大的忧虑，于是祭祀求神，贞问出征则凶。

另外，《困卦》中所谓"三困"，即"困于株木""困于石""困于金车"，是讲三种因刑事犯罪而被处以不同刑罚的案例。《初六》云："臀困于株木，入于幽谷，三岁不觌。"是说犯罪者屁股挨株木所打，然后关入监狱，三年都不曾见天日，可见是犯了重罪。《六三》又云："困于石，据于蒺藜，入于其宫，不见其妻，凶。"是说犯罪者所犯罪过不是十分严重，但又为害州里，所以就叫他担枷坐在朝门左边的嘉石上，后又被关在有蒺藜的监狱里。刑满释放回家，妻子却不见了。这个人真倒霉啊！

《九四》再云："来徐徐，困于金车，吝，有终。"是说犯罪者被关在囚车里，慢慢地行过来了。这是不幸的，但终于还是被释放了。总之，《困卦》一方面说明，由于生活困乏、管理不善等种种原因，社会刑事犯罪屡见不鲜；另一方面也充分说明，西周穆王时期所制定的《吕刑》极其严酷，其五刑有墨刑（即黥额之刑）、劓刑（即割鼻之刑）、刖刑（即割腿之刑）、宫刑、大辟等。《困卦》卦爻辞所说的种种稀奇古怪的所谓刑罚，大概都是当地执法人员所想出来的新花样，但遭殃的还是广大人民群众。

十一、《周易》智德启示六：鼎革明时与道盛善至

《鼎卦》和《革卦》，都有鼎立创新和革除旧习，即革故立新的意思。《鼎卦》卦爻辞有所谓鼎中盛有丰盛的食物，是财富和金玉的象征。但如果"鼎颠趾，利出否""鼎耳革，其行塞"，即鼎足折了或鼎耳坏了，就要立即修理，否则会出门不利、出行受阻，这可是倒霉和不吉利的事情。这大概就是鼎立于天地之间而又有强盛之势的意思。

《革卦》卦爻辞则有所谓"皮革、变革、革面"之意。《说文解字》："兽皮治去其毛，革更之。""革"解为变、改，都是从"革更"之意来说的。《革卦·上六》云："君子豹变，小人革面。"意思是说军事长官指挥作战突然发起火来，引起士兵们的不满，甚至倒戈反过来向自己人开枪，结果导致

战争失败。这是因为战争阵势的变化太大，胜利的机遇稍纵即逝，很难把握。所以，指挥作战的长官必须要有随时变革的观念。

这样，从《鼎卦》和《革卦》中，可以引申出革故立新、与时俱进、鼎革明时与道盛善至即大行其道才能利民的意思来。《鼎卦》的卦象是木上有火，故君子必须以正位凝命，而《革卦》的卦象是泽中有火，所以君子又需治历明时、与时俱进，把握好革故立新的大好时机。

我们还是先从《鼎卦》的鼎立天地之正位说起。周人曾说过："周虽旧邦，其命惟新"，是说早期的周原是小邦，虽在殷商末期是一个土地不大人口不多的小国，但它有创造和革新的精神和优良传统。西周王朝建立之后，周武王就曾提出，将国都迁至洛邑成周，认为这才是全国的中心和正位，武王病故后，周公、召公等人便积极勘察、筹划、建设成周，并将象征皇权正位的铜鼎，矗立于成周即郏鄏地面。到了东周时期，楚庄王攻打陆浑之戎，到周朝境内陈兵示威。周定王派大臣王孙满慰劳楚王，楚王便问起九鼎的大小轻重来了。这就是"问鼎中原"典故的由来。后来，人们便以此来比喻那些觊觎皇权、皇位的阴谋家和野心家。对于楚王的觊觎之心，周定王的大臣王孙满早已看出来了，便理直气壮地讲了下面一大段话，来说明鼎的由来与尊严。王孙满说："鼎的大小轻重，在于德而不在于鼎本身。从前夏朝正是有德的时候，把远方的东西画成图像，让九州的长官进贡青铜，铸造九鼎并把图像铸在鼎上，各种东西都在上面，让百姓认识神物和恶物。所以百姓进入川泽山林，就不会碰上不利于自己的东西。魑魅魍魉这些鬼怪都不会碰上，因而能够使上下和谐，以承受上天的保佑。夏桀昏乱，鼎迁到了商朝，前后600年。商纣暴虐，鼎又迁到了周朝。德行如果美善光明，鼎虽然小，也是重的。如果奸邪昏乱，鼎虽然大，也是轻的。上天赐福给明德的人，是有一定期限的。成王把鼎固定在郏鄏，占卜的结果是传世三十代，享国700年，这是上天所命令的。周朝的德行虽然衰减，但天命并没有改变，鼎的轻重，是不能询问的。"①

---

① 原文见《左传·宣公三年》。

　　这段以德表征鼎的轻重的谈话，再次说明周人重视人的德行、以德观人、以德用人、以德为人的重要意义。所以，鼎作为陪葬品，也有很高的地位，按礼仪规定，只有国君死后才可以享受"九鼎九簋"之礼。现在也有一些企业家，在其公司或办公室内，摆放一个又高又大的铜鼎，以象征事业的兴旺发达与强盛崛起。

　　《鼎卦》卦象云："元吉，亨。"即鼎中盛满黍稷谷粱食品，象征着一派丰收富足的景象，当然是吉祥如意、天人同乐的大好时节。但是，如果鼎足折了、鼎耳坏了，那就是很倒霉的事情，既不利于出门行旅，也不利于办事行猎，好在终于吉祥如意，并不令人忧虑心慌。《鼎卦·九四》却说，有一种足高却便于烹饪的高足鼎，由于奴隶烹饪时不太注意，竟把贵族老爷的鼎足给弄折了，倒泻了鼎里的粥。贵族老爷便把奴隶打得死去活来，实在是太残暴了。

　　好在这并没有影响贵族老爷的心情，他把铜鼎变成"鼎黄耳，金铉，利贞"，即把鼎盖的横杠换成铜铉，这就坚固得多了，不容易被弄坏。贵族老爷为了显示他的富裕，又把鼎铉装饰成玉器，所以"鼎玉铉，大吉，无不利"。这种玉制的鼎铉就显得更加华丽多彩，也更加吉祥如意。这也从另一个方面显示了铜鼎的富丽堂皇与雍容华贵。

　　《革卦》从变革皮革开始，谈到"用黄牛之革"，即战马的胸带要束得牢固就必须用黄牛的皮革做胸带。接着《革卦·九三》云"革言三就，有孚"，是说原先马胸带未束紧，马跑不快，因而战败。后来找到了原因，把马胸带绑了三匝，马车飞驰，打了胜仗，还捉到了俘虏。这说明变革战马胸带对于打胜仗也是有一定作用的。

　　由此联想到当时家庭生活的改善，世俗旧习的变革，幸福婚姻的进步，医疗保健的发展等，都需要除旧立新、立政为善，只有这样才能达到道盛而后善至的真实境界。比如《渐卦》与《归妹卦》就是妇女家庭生活和谐的专卦，而《艮卦》与《颐卦》则是医疗保健得以改善的专卦。

　　《渐卦》卦辞云："女归吉，利贞。"这里的"渐"字为进、兴起之意，是说谈家庭生活，必先从嫁女说起，这才是吉利的事情。接着写"鸿渐于干，小子厉，有言，无咎"，是说水鸟走进山涧，小孩也到山洞去玩，这很危险，家长要制止他，才不会出事。又说"鸿渐于磐，饮食衎衎，吉"，是说水鸟上了崖岸，家庭丰衣足食、快乐幸福。再说"鸿渐于陆，夫征不复，妇孕不育，凶。利御寇"，是说水鸟到了高平地，丈夫出征没有回来，妇人怀孕又流产，非常凶险。这都是因为敌人侵扰破坏了和平生活，所以要抵御敌人以保家卫国。《渐卦·六四》又说："鸿渐于水，或得其桷，无咎。"意思是说水鸟飞上树木，贵族已准备好盖房子的桷条，盖新房是没有问题的。

《九五》却提出一个新问题，那就是幸福家庭的主妇多年不孕怎么办？"鸿渐于陵，妇三岁不孕，终莫之胜，吉。"意思是说水鸟飞上了山，妇人虽多年没有怀孕，但始终没有被欺凌、被休弃，这是很难得的。大概是这个贵族家庭的主人思想比较开放，不拘于种种社会陋俗的束缚，对妇女较为关怀，不但不斥责妇人多年不孕，反而能予以理解。《上九》又说："鸿渐于陆，其羽可用为仪，吉。"意思是说水鸟飞上大山，它的羽毛可以作为文舞的道具。这是用舞蹈的形式来代指家庭的欢乐幸福，以及对妇女社会地位的重视。

《艮卦》和《颐卦》则是医疗养生专卦，说明西周末年我国中医药学事业已经有了长足的发展，岐黄医学的雏形也已基本形成。《艮卦》卦辞曰："艮其背，不获其身。行其庭，不见其人。无咎。"是说医生集中视力，只注意患者的背部，而不注意观察他的全身，即只知局部而不顾整体，是没有用的。好比一座大宅院没有人居住就等于废物一样。这反映了中医药学上的整体观念，即治标又治本，是与西医的头疼医头、脚疼医脚不一样的两种医疗方法与思想。

接下来《艮卦》又分说分治的方法："艮其趾，无咎，利永贞。"即注意保护患者的脚趾，身体才不会出问题。因为脚趾是最易踢伤的。人们往往认为伤了脚趾是小毛病，不大管它。但它恰恰是需要长期保护的，是健康身体的重要保证。这是医学上防微杜渐的观点。

《艮卦·六二》又说："艮其腓，不拯其随，其心不快。"是说腿肚子的肉是比较肥满的，故"腓"亦通"肥"，现在却不长肉，有些消瘦，可见是一种病态。因此患者心里不大舒服。

《九三》又说："艮其限，列其夤，厉，薰心。"是说患者的腰部肌肉有些毛病，因而使人心像火烧一样痛苦难受。正常的健康的人则背厚腰圆，所以一定要注意保护腰部。

《六四》与《六五》又说"艮其身（胸腹）"，即保护胸腹部；"艮其辅（脸部），言有序"，即保护脸部和嘴巴，说话要有分寸，要有条理，否则就会倒霉。此爻警示人们要慎于言，防止祸从口出，要知道言多必失。有一个历史故事可以说明这一点。春秋时代，晋平公举行宴会，叹息说："做君主不快乐。"太师师旷听完这话，抱着琴就撞过去。晋平公十分生气，说："太师你撞谁呢？"师旷说："我在撞胡说八道的小人。"晋平公说："你撞的是我。"师旷说："您刚才说的不像是做君主的人说的话。"这说明做君主的说话要得体，否则会招来侮辱。"敦艮，吉。"即还要注意保护患者的头部。总之，《艮卦》讲注意保护身体，卦辞说全身，爻辞分部说，由下而上，从脚趾说到额头。每部分不仅谈生理，也谈心理或思想，并且提出整体护理、防微杜渐等观点。这些都是中医药学的优良传统。

十二、《周易》智德启示七：内比外和与和而不同

《周易》不但有《比卦》等，专门讲内部的团结与合作，而且还有《兑卦》等，专门讲对于异族，即与其他民族要和平共处或和平共悦，反对歧视或压制、侵扰其他民族的民族政策。

在上古渔猎或农耕文化时期，一个人口逐渐繁衍壮大的族群，要想在夷狄不断侵扰的背景下，立足于不同族群之间，最重要的就是要搞好族群内部的团结与合作。而这种族群内部的团结，绝非结党营私、狼狈为奸的阿比，即"比之匪人"的一种族群败类所讲的哥们义气。如《荀子·不苟》所说："交亲而不比"，即周而不比，是没有任何偏私的相互亲善与和睦团结。

这种团结与合作，首先表现在"比之自内，贞吉"，即对待族群内部的父老兄弟与姐妹，要团结互助，与人为善，诚恳相待，相敬如宾。要有一种"显比，王用三驱，失前禽。邑人不诫"的团结精神。这就是说，要有一种如同宫廷内外，王和邑人能很好相处的显比精神，像王和侍队一同去打猎，侍

队从左右后三面把野兽赶到中央让王猎射。而且打猎的大队人马,邑中的百姓都毫不惊骇,仍能安居乐业,干自己所干之事。

其次,这种团结还表现在对待外族,要"外比之,贞吉",即与外族要搞好联盟关系,要互相团结亲善,且平等相待勿欺勿扰。就像《兑卦》与《既济卦》《未济卦》所讲的那样:要"和兑",而非"孚兑"与"来兑"。即国与国不要发生战争,要和平共处或和平共悦,相安无事;不要以俘虏对方人员为悦为乐,更不要以威慑对方、使对方归服于己为悦为乐。这都是一种侵略行为,是不平等待人的一种表现。最好的例子,就是《既济卦》与《未济卦》都曾讲过的"高宗伐鬼方,三年克之",即殷周联军攻打鬼方,用三年时间取得最后胜利,但双方都伤亡不少。

再次,要搞好族群内部和外部的团结合作,还要如《履卦》所说,有坦荡的胸怀、纯洁的行为、反复周详的思虑与良好的个人修养。因为"履道坦坦,幽人贞吉",即践履之道本来就是胸怀宽广坦荡,行为品行端正,思虑纯洁高尚,不杂个人欲求,所以为人诚实达观,即使无辜坐牢也毫不忧愁。这样的履道之人"履虎尾,不咥人",即踩到老虎的尾巴,也不会被老虎咬。因为他从来就是"素履"即行为纯洁之人啊!

最后,要搞好团结合作,还要善于开展正常的批评与自我批评。这是因为即使在族群内部也有各种不同的思想、看法、想法和意见,这就叫"和而不同",那么在外部就更是这样了。对于这种思想上的和而不同,要用一种良好和善意的相互批评和自我批评的方法,去加以解决。《小过卦》正好提出了这样的方法。

在《小过卦》看来:"可小事,不可大事。飞鸟遗之音,不宜上,宜下。大吉。"意思是说批评对小事是有好处的,但对像军事、祭祀那样的国家人事来说,就不宜随便批评。就像飞鸟经过,其声尚留于耳际,但对上级长官不利,容易扰乱他们的思考,而对下级人员来说却是很有利的。

就批评本身来说,它可以正人之过失,纠人之偏颇。所以,古代有司直之官,等同于后来的谏官,《诗经·郑风·羔裘》谓"邦之司直",即正人之过失也。《吕氏春秋·自知》曰:"汤有司直之士。"这里说的也是司直者的经验。《比卦》有"比之匪人"，即正常的批评不是结党营私，也不是《益卦》所说的"莫益之，或击之，立心勿恒"，即居心叵测而攻击别人。

《小过卦·六二》云："过其祖，遇其妣。不及其君，遇其臣。无咎。"这里是说，在家中，祖父可以批评他，祖母也可以表扬他。在朝堂，君王可以指出他的不足，臣子也可以赞扬他。这样才是正常的。在父权制奴隶社会，君尊臣卑、重男轻女，作者在批评表扬问题上提出这种见解，确实太难能可贵了。

《九三》至《上六》又说："弗过，防之，从或戕之，凶。"即暂时不批评的，也要防止其错误继续发展，如果放纵不管，反而害了他。这是很坏的啊！但如果"无咎，弗过，遇之。往厉，必戒。勿用永贞"，即没有错误的，不要责备，而要表扬鼓励。当然日后有犯错误的危险，一定要警惕。不是永远都是好的。这说明批评与表扬一定要看时机，讲分寸，求团结，以利于正人过失，纠人偏颇，使人得以进步和发展。

十三、《周易》智德启示八：节俭养廉与尚礼谊宾

节俭养廉与尚礼谊宾，是周公礼治德政时代非常重要的治国理念，也是《周易》作者刻意取周室即将变易，以努力挽救周室危亡，而于卦爻筮辞中所要极力表达和特别强调的重要思想。这些思想理念与卦智卦德，虽然在《临卦》《谦卦》《观卦》等卦的卦爻辞中，都有不同程度的诠释与阐发，但在《中孚卦》与《节卦》中，却非常明显地将周公所践行的"五礼之制"与其节俭养廉思想表达了出来。

《中孚卦》是一个讲礼仪制度与礼仪路数的专卦。历史上很多诠释《周易》的学者专家，都未曾看到这一点，李镜池先生却在他的《周易通义》一书中，将西周时期周公践行的"五礼之制"揭示出来，这不但有利于说明《周易》产生形成的时代背景，而且也有利于说明《周易》的主旨：揭示西周王朝践行礼仪制度的前前后后，以及其成功的历史经验和失败的深刻教训。

《中孚卦》的卦象是下兑上巽，为风吹动泽水之象。其卦智卦德则为：下卦为兑为悦，上卦为巽为人，阐述礼仪之道，强调心怀诚信，笃信礼仪。其

卦辞曰："豚鱼吉，利涉大川，利贞。"即人们行礼时通常所用的小猪与鱼谓之豚鱼物品，不限于祭祀，也不限于士、庶人等，但主要是士以上贵族所用。天子献祭，还要亲自射鱼。这里的卦辞是说人们行礼时，一定要心中诚信，还要有豚鱼，会特别吉利。所谓豚鱼之礼，是古代人所讲究的一种礼仪。《国语·楚语上》云："士有豚犬之奠，庶人有鱼炙之荐。"《礼记·王制》又曰："庶人夏荐麦，秋荐黍，麦以鱼，黍以豚。豚鱼乃礼之薄者，然苟有中信之德，则人感其诚而神降之福。故曰'豚鱼，吉'，言虽豚鱼之荐亦吉也。"

《中孚卦·初九》爻辞曰："虞吉，有它不燕。"这里的"虞"属于丧葬之礼，犹将祖先灵魂放入宗庙，就转而为祭礼。这就是说虞礼安神于宗庙之后则转为祭礼，祭祀之礼又称为吉礼，为五礼之首，是祭祀祖先、祭祀天地日月以祈求福祉之礼。这里所说的"有它不燕"的燕礼，是指朝廷宴会诸侯之礼，它是一种快乐欢庆之礼，属于宾礼的一种，所以这里就不能用它。

《九二》爻辞曰："鸣鹤在阴，其子和之。我有好爵，吾与尔靡之。"是说鸣叫的鹤儿在树荫之下，他的配偶即应声和鸣。我有美酒，和你一起干杯。这是一首男生唱的恋歌，表达了男女欢聚之情，与《诗经·周南·关雎》相似，都以鸣起兴。这在当时大概是十分流行的一种礼俗，所以作者以此代说婚礼，进而以此来代说嘉礼，因为婚礼包含在嘉礼之中。

《六三》至《六四》爻辞曰："得敌，或鼓，或罢；或泣，或歌。"这是说打败了敌人，有的乘胜追击，有的凯旋班师；捷报传来，有的高兴得流泪，有的放声歌唱。这是以记述打胜仗来说军礼，先说前线，后说后方，都是一片胜利的情景。

接着又写同属军礼的田猎情景："月儿望，马匹亡，无咎。"是说在晚上月正亮的时候，马匹在奔驰。正在围田打猎的军师，进行得很顺利。《周礼·春官·大宗伯》："以军礼同邦国。大师之礼，用众也；大均之礼，恤众也；大田之礼，简众也。""大师"指军队，"大田"指打猎，同属军礼。

《九五》至《上九》又以人牲与丹鸡行祭祖祭天之吉礼。爻辞先曰："有孚挛如，无咎。"是说把俘虏捆绑得很紧，用作人牲。后又曰："翰音登于天。"是说周人用雄鸡即丹鸡祭天，以丹鸡之翰音愉悦于天。

可以看出，《中孚卦》的卦辞用"豚鱼"泛指礼仪，接下来爻辞分说五礼：丧礼（凶礼或虞礼）、宾礼（燕礼或宴礼）、嘉礼（婚礼或恋歌）、军礼（大师礼或大田礼）、吉礼（祭礼或祀礼）。先简述燕、虞二礼，然后用一首民间恋歌代表婚礼，重点讲军、吉二礼。因古代把军事、祭祀作为国家之大事，所以要着重描写，写军礼又着重写克敌制胜与围田打猎，写吉礼又着重写人牲与丹鸡两种祭品。事分轻重，写法别致。

我们再来谈谈《节卦》对礼节与节俭的重视和探究。《节卦》的卦辞是："亨，苦节，不可贞。"是说讲究礼节和节俭是周人应有的一种美德，而且是他们行为修养方面不可或缺的一课。但如果有人把遵守礼节和节衣缩食看成一件痛苦的事，那就是很不好的。如果在家庭内，"不出户庭，无咎"，即你苦于礼节，比较随便又不大讲究礼节，这还不大要紧。但是，在住宅内就不同了，"不出门庭，凶"，即如果你还是苦于礼节，随随便便，这就是很糟糕的，很容易违反礼法，故为凶。至于要出门办事，或有其他交际往来，那就更不用说了。

由此看来，苦于礼节的好处并不多，反而要吃苦头。所以，《节卦·六三》说："不节若，则嗟若，无咎。"是说不知节俭和礼仪，日后就不好过，会苦闷得长吁短叹。相反，知节俭，知礼仪，则事事无咎。因此《上六》也说："苦节，贞凶，悔亡。"是说把节俭和礼节看成一桩苦事，只贪图享乐，不拘礼节，这确是很坏的一种作风，肯定迟早会倒霉的。

所以，《六四》至《九五》爻辞告诉我们一定要"安节，亨"，是说能安于过节俭与礼仪的生活，才是一种平安幸福的生活。同时，还要"甘节，吉，往有尚"，是说能够做到以节俭朴实与礼仪周全为人生之乐，那就更好了。而且出门在外，也会得到社会与人们的帮助。

由此看来，处于奴隶社会时期的周人，以农耕文化的习惯传统形成诸如讲究礼仪、注重节俭的良好风尚，当然也要求人们共同遵守，以推动和促进社会的不断进步与发展。因此才有后世所谓"礼仪之邦"的美誉，这是中华文化的思想基础，也是华夏文明的老根。

第三章　上古文德文化之府：《书经》新解

　　《尚书》即"上古之书"，自汉代成为儒家经典之后，又叫作《书经》。由于其内容大都与政事有关，所以，《荀子·劝学》曰："《书》者，政事之纪也。"实际上它是我国最早的政事史料汇编，是古代君王的文告和君臣之间的谈话记录。

　　从今存《尚书》58篇的编辑次序来看，其中《虞书》5篇，《夏书》4篇，《商书》17篇，《周书》32篇，分别以"典、谟、训、诰、誓、命"等六种文章体式，记录了虞、夏、商、周几个朝代有关政治、经济、军事、思想、宗教、哲学、法律、地理、历法等重大事宜，不但为后来《左传》《史记》的写作提供了珍贵资料，而且也是研究我国原始社会和奴隶社会不可缺少的历史文献。

　　自《尚书》被儒家学派奉为五经之首，并于汉代立为官学以来，就成为我国封建社会备受推崇的一部重要的政治教科书。《尚书》的思想，集中体现在《周书》与《逸周书》所记录的，西周时期辅佐周武王、周成王完成帝业的周公姬旦全面系统、深入完整阐发的，以"道德天命论"为核心思想，围绕"崇德尚礼""制礼作乐"之道德规范，而逐步形成的诸如"敬天保民""明德立政""德政惠民""礼乐教化"等系列治国理念的"文德"即文治思想体系上。所以，《尚书·周书》是上古西周时期文德文化的集中反映，为后代留下了极其珍贵的精神遗产。

一、"道德天命"思想是《尚书·周书》的核心命题

"道德天命"思想，不但是《尚书·周书》的核心命题，而且也是商周时代产生形成的我国"三大元典"，即《尚书》《诗经》《周易》的核心命题。它是西周建国前后，由辅佐周武王与周成王的大臣周公，与其父文王、其兄武王及召公等人，在创业建国过程中提出的核心命题，并由这一核心命题不断生发出诸如"明德慎刑""敬天保民"等新的思想理念，从而成为西周王朝建功立业、封疆扩土、治国保民、一统天下、长治久安的上层建筑和意识形态。中华民族的华夏礼仪文化，就是在这种意识形态的基础上创立的，是这一意识形态的集中体现，也是其最早的文明或文化载体。

"道德天命"思想的形成发展，有一个较长的实践过程，在西周建国初期，还只是以"天命靡常"或"受命于天""唯天保佑"等词语来表达。可见，天命之说是周人说不完的话题。据学者统计，在"周诰"十三篇（《大诰》《康诰》《酒诰》《梓材》《召诰》《洛诰》《多士》《无逸》《君奭》《多方》《立政》《顾命》《蔡仲之命》）中，"命"字共出现104处，其中73处是指天命或上帝之命，而"殷革夏命""周改殷命"均是提到天命时最常见的语词。

直到周公摄政时发布的任命文告《蔡仲之命》中，才对"道德天命论"有较为完整的表达。周公东征三年，平定了"三监"之乱，杀了武庚与管叔，并囚禁蔡叔，直至老死都没有赦免。但他的儿子蔡仲却贤明敬德，于是周公就请命成王，封蔡仲为蔡国君主，史官记载了成王册命这件事，命之为《蔡仲之命》。这篇册命文告中有这样一段话：

> 皇天无亲，惟德是辅；民心无常，惟惠之怀。为善不同，同归于治；为恶不同，同归于乱。尔其戒哉！

这段话的意思是说，上天不亲近谁，也不疏远谁，只辅佐那些贤德之人，并授之以天命；老百姓的心目中也没有固定的常主，只归向对他们有利有惠，且受他们尊敬爱戴的君主。天下行善的方法虽有不同，但都归于天下大治；天下为恶的方法也不尽相同，但都归于社会动荡和国家大乱。你可要谨慎戒

惧啊!

周公这段话,正是"道德天命论"的有力证明。而"道"与"德"二字的含义,在《左传》中有多种解释,但其中《左传·桓公六年》季梁劝阻随侯勿要追赶楚军时说:"所谓道,就是忠于百姓而取信于神灵。上边的人想到对百姓有利,这是忠;祝史真实不欺地祝祷,这是信。现在百姓饥饿而国君放纵私欲,祝史虚报功德来祭祀,下臣不知道怎样可以成功。"周公所说"道德天命"的"道"与"德"的含义,应该就是季梁所说的思民之利与保民之心了。

由此看来,周公"道德天命论"的哲学思想命题,其中心意思是要西周的统治者们,以自己原先所有的天赋德性和后天实践中所形成的思民之利、保民之心,去明德立政、立政惠民,并以此顺从天心民意,深深感动上天,获取上天给予的眷顾与保佑,获取上天赐予的酬劳与福命,在"天人合一""天人互动""天人合作"的思想基础上,更好掌握自己的人生命运,完成自己的历史使命,体现自己的存在价值。

在这篇册命文告中,担任冢宰、掌管百官而代为摄政的周公,代表成王表彰蔡仲为人忠诚孝顺,勤于王事。勉励他成为诸侯国君之后,要遵循祖父文王的教诲,不要像他父亲那样违抗王命。要施行德政,切实用自己思民敬民的道德实践之努力,慎始如终地"睦乃四邻,以蕃王室,以和兄弟,康济小民"。即始终以自己的功德之力,和睦四邻,来卫护西周王室,和睦同姓诸侯,使百姓安居乐业。可以看出,周公始终是以"道德天命"思想,鼓励蔡仲继承周人先祖遗志,去卫护西周王室,和睦四邻,和睦诸侯,康济小民,使百姓安居乐业,过上新生活,过上好日子。

但周公"道德天命"思想的形成,如前所说有一个发展变化的过程。对"天命"思想的表述,随着西周王朝创建前后社会实践的不断深入而有所不同,诸如"天命靡常""受命于天""自天佑之""何天之衢(即承受上天的祥佑)""惟德是辅""皇天无亲"等。

我们还是先从周人对"天命"的特别重视说起。1963年,在陕西宝鸡贾村出土的何尊铭文①是这样说的："成王作新都，祭武王，祈福于天。四月丙戌，成王告诫同宗的'小子'，他们的祖先奉事文王，文王受天命，武王克大邑商后，廷告于天，表示要居住在'中国'，以治理人民。成王勉励这些'小子'克肖祖德，尽劳敬事，以邀天福。"然后记载何受赐三十贝，时间是成王第五年。

这段话表明，武王在克商之后，把商人天命王权的正统继承过来，自居为"中国"的合法统治者。为此，武王必须取得天邑，居天位以治斯民。因为天命只能降临在居于"中国"的王者身上。由此，武王在克商之后，一再表示要营建洛邑成周，其意为居"中国"而承"天命"。武王死后，召公、周公按照成王旨意，三番五次去洛邑察看地形，急速建成"成周"，并命令周公代表成王亲自居洛治洛，意在表示成王接续"天命"于"中国"。

既然周人如此急于在洛邑成周，承受和接续"天命"，那么，周人的天命观与殷人的天命观到底有什么不同呢？它又是怎样形成发展的呢？

我们先从殷人的天命观说起。据许倬云先生《西周史》记载：学术界普遍认为，商人祭祀的神祇不少，从卜辞中有威灵作祸福的奉祀对象而言，有风雨河岳之属的自然神，也有一大批先公先王的祖灵。"天"在殷人的宗教信仰中并不等于最高神。"帝"在殷人的宗教中，有着图腾生祖的性格，其与殷人的关系是特定的、专有的。也就是说，殷人的神是族群专有的守护者，而不是对所有族群一视同仁的超氏族的神。所以，当殷纣王暴虐无道、残害百姓、荒淫无耻、胡作非为的时候，总以上帝专授天命自恃而不改，总以"我有天命"为盾牌而倒行逆施，颠倒乾坤。

但在周人看来，"上帝"是万民的神，"皇天"也是周人之外其他族群的守护者，他极力关怀着四方人民的生活。正如《诗经·大雅·皇矣》所说："皇矣上帝，临下有赫。监观四方，求民之莫（安康）。维此二国，其政不获。维彼四国（方），爰究爰度（度量）。上帝耆之（旨意），憎其式廓。乃眷西顾，此维与宅（家园）。"意思是关心万民的上帝，一次又一次对已受命的统

---

① 见附录二《对西周十大著名出土青铜礼器及其铭文的旨意解读》。

治者感到失望，最后只好朝西望去，挑选了西方的周人国家作为自己的地方，并告诫周人必须服从上帝的意志，管好万民的生活。

另外，从"天"的含义来看，天虽兼具自然与神明两种含义，但在本义中，自然含义甚为浓厚，尤其是周人对自然天的崇拜，更有特殊原因。《诗经·小雅·巷伯》中所谓"苍天苍天，视彼骄人，矜此劳人"，是向苍天祷告。《诗经·小雅·小明》中的"明明上天，照临下土"，则认为自然天为监督照临下土的主宰。周人长期生活在晋陕甘黄土高原的西半边，那里地势高亢，干燥少雨，他们看到的经常是晴朗一片、绵延不尽的苍天，给人一种无所不在、高高监临的威严感。反之，殷商王畿之地（今河南）一片平坦，但又可能有若干森林甚至沼泽存在，那里所见的天，比较支离破碎，也没有那种高亢地区的天空所具有的震撼人心的力量。所以，商人的最高神，多由祖先神中的一个逐渐演变而来。这就是说，在周人看来，"天"的含义多是自然性的，但在商人看来则多是神灵性的。因此，周人的天命观念与殷人的天命观念，就其概念内涵而言是完全不同的。

正是在这种不同的天命观念基础之上，生发和演变出不同的天人关系来。由于殷人是宗教性的神权观念，所以，殷人只能依附于神，听命于神。但在周人的多含自然性的天命观念中，生发出一种"天人互动""天人共生""天人合作""天人合一""天人共存"的新观念来。事实上，在周人创业和建国的社会实践中，已经愈来愈多地生发出对神灵的天的不可信与对自然的天的十分敬畏！我们在《尚书》中，多次看到周人对神灵性的天发出"天不可信"的呼声就是有力的证明。

由此可以看出，西周克商灭商，不仅仅是国家政权的更替，也不仅仅是以周代商的王朝转换，其伟大而又深远的历史意义在于以下几个方面：

首先，周人在思想上冲破了殷商时期"神鬼崇拜"的神权束缚，在中国历史上最早开启了人文主义的新的精神时代，拓展了人的德行与智慧，把对人事与世俗的关注提高到一个重要地位。所以，《礼记·表记》对其给予了很高的评价：

　　殷人尊神，率民以事神，先鬼而后礼。……周人尊礼尚施，事鬼敬神而远之，近人而忠焉。

这就是说，殷人尊崇鬼神而轻视人事，并以神道统治世俗的人道和王道。而周人则恰恰相反，既尊礼而尚施，又近人而远神，把崇德尚礼、重视世俗、远离鬼神作为他们推行礼仪制度的根本。因而，殷人尊神，先鬼后礼，周人尊礼，近人远神，就是殷礼与周礼的根本区别。

其次，周公"道德天命"思想，在中国历史上首先提出并理性回答了有关"天人哲学"这一中国传统文化的基本命题。周公在《蔡仲之命》中这样说："皇天无亲，惟德是辅；民心无常，惟惠之怀"，是说上天不亲近谁，也不疏远谁，只辅佐那些贤德之人；老百姓心目中也没有常主，只归向他们所爱戴的君主。为什么民心所向正是上天所要辅佐的贤德之人？这是因为"天视自我民视，天听自我民听"，而"民之所欲，天必从之"（《尚书·泰誓》）。所以，君主只有勤奋于人事，尽心于世俗，施善政于百姓，以此来认识天命，体察天命，把握天命，方能获取天命的眷顾与保佑。这里周公不但提出了天人关系的基本命题，而且在天人共生、天人共存、天人互动、天人合作的基础上，理性地回答了"天人合一"这一中国传统文化的基本命题和核心问题。

最后，周公"道德天命"思想，还开了中国历史上深入探讨天人问题的先河。楚国诗人屈原在其长诗《天问》中，"援天命以发问"，提出170多个问题，包括自然现象、神话传说与历史人物，反映了作者对天人关系深入研究的探索精神。孔子说自己"五十而知天命"，但他所说的"知天命"的具体含义是什么，我们不得而知。战国末年的赵国人荀子，在其《天论》一文中，提出了"制天命而用之"的人定胜天思想，对破除所谓"星坠木鸣"的迷信之说似有积极意义，但"人定胜天"之说却低估了自然的力量。唐人柳宗元的《天说》与刘禹锡的《天论》，也针对韩愈的"天命说"提出了"天人交相胜"即天人相互交胜的观点。

唯独宋代的关学领袖张载，在其《经学理窟·诗书》中解释何谓"天理"时，说："天无心，心都在人之心。一人私见固不足尽，至于众人之心同一则却是义理，总之则却是天。"这与周公对"道德天命"的解释似有相同之处。张载在建构其气本理学体系时，更加注重务实，并将《周易》所反映的礼学实践与天人哲学思想作为其理学的思想基础。他提出终身为之奋斗的目标，即"民胞物与，天人合一""为天地立心，为生民立命，为往圣继绝学，为万世开太平"。张载的这些说法，与周公的"道德天命"思想，有着异曲同工之妙。他们都想以思民之利与保民之心的道德实践之力，顺应和利用天地自然之力，形成天人之间共生共存的天人合力，以把握人生命运，完成时代赋予的历史使命，实现人生的存在价值。

自从周公在《蔡仲之命》文告中，提出"道德天命"思想之后，"皇天无亲，惟德是辅；民心无常，惟惠之怀"的天人合力、互促共进的天人合一思想，不但成为西周王朝社会意识形态的主流，而且成为他们观察思考社会世俗、处理国家军政事务及各种有关问题的指导思想，同时，在殷周时代产生形成的我国的"三大元典"，即《诗经》《易经》《书经》中"道德天命"思想也像一条红线一样始终贯穿其中。

这里需要特别强调的是，像《易经》这样以占筮为目的的算卦之书，也同样贯穿着"道德天命"即天人哲学思想。我们前边已经说过，尽管《周易》六十四卦中，提到天或天命的卦爻辞很少，仅仅只有四卦，但从其卦爻辞的全文来看，同样体现出天人合力、天人合一，即天时、地利、人和以促成事业之顺利成功的思想。

《周易》谈天者仅有四卦，其一为《大有卦》："自天佑之，吉无不利。"全卦是说人事和睦而不彼此伤害，就是天旱不雨也不怕，因为人们可以团结抗旱，并最后取得农业丰收。当然这也有天地自然之力的保佑，所以是吉利而无不利。其二为《大畜卦》："何天之衢，亨。"全卦是农业牧畜专卦，主要谈牧畜之事，说农民很辛苦，除了在地里劳动，丁田头吃饭之外，还要养牛养猪。公牛性野，会触人，必须用木架架住牛角，才不会伤人。大猪奔突，会毁坏庄稼，所以用木架架着头部才会大吉大利。要取得庄稼丰收，还要靠天吃饭，只要没有水旱，就是承受老天的福佑，是大吉大利。这也是天人合力、天人合一而取得成功的范例。其三为《明夷卦》："初登于天，后入于地。"是说太阳初登于天为明，后入于地为夷。天地自然就是这样一明一暗地运动变化不停，而"箕子之明夷，利贞"，意思是说殷朝灭亡后，殷纣王的哥哥箕子逃到东方明夷国去了，这是大吉大利的事情，也是顺从天意之事。其四为《中孚卦》："翰音登于天。"全卦讲西周王朝践行"五礼之制"，即吉礼、凶礼、军礼、宾礼、嘉礼，而吉礼又是五礼之首，需要用很肥的雉鸡去祭天，因为雉鸡发出的翰音即天鸡之音，是一种最动听的声音。

除了上述四卦谈天之外，《周易》的乾坤二卦，就是天地阴阳之卦，是产生六十四卦的父母大卦，而《周易》的运动变易，就是"三才"即天人与阴阳五行的对接和发展变化。六十四卦有 64 种发展变化之事理，人们占筮的结果，就是要顺应 64 种变化事理之卦智卦德，即 64 种天人合力、天人合作、天人合一的能够导致成功与预防失败的最佳方案。而这正是周公"道德天命"思想的重要表现，也是天人哲学思想，即天人之间既互动又合作、既合力又合一的集中反映。

二、"崇德尚礼"思想是德礼关系的深度阐述

由周公主持制定的礼仪制度，据《礼记》记载，有"礼仪三百，威仪三千""经礼三百，曲礼三千"。如此庞杂繁缛的礼仪规定和礼仪形式，虽然并非全部出自周公一人之手，但整体上来看，却比较完整地体现了周公所终身力行的"施行明德""勤用明德""祀德纯礼""惇宗将礼""和恒四方"等理念。《礼记·礼器》有云："先王之立礼也，有本有文。忠信，礼之本也；义理，礼之文也。"所以，"治国不以礼，犹无耜而耕也；为礼不本于义，犹耕而弗种也"（《礼记·礼运》）。这就是说，礼仪制度对人们社会行为的规范，主要是通过思想教化引起人们内心的"立定"作用，而不是由外在的强制和"天罚"所致。因此，生之于内心的忠、孝、信、义等道德信仰和信条，就成为礼的重要标准和要求，而多种礼仪形式，则成为内在之德的一种外在表现。这就是说，德是礼的内在本义，礼是德的外在表现，必须德礼双修、德内礼外、崇德尚礼、祀德纯礼、德礼一致，才是周公制礼作乐、推行礼仪制度以确保西周王朝长治久安的根本目的。

重视才德，是上古早已流传下来的一种美德。《皋陶谟》中说"知人"

"安民""日宣三德，……祗敬六德"，只要"九德咸事，俊乂在官"，即如果能使具有九德的人都担任官职，那么在职的官员就都是才德出众的人了。这里的所谓"九德"，即是"宽而栗，柔而立，愿而恭，乱而敬，扰而毅，直而温，简而廉，刚而塞，强而义"等。用今天的话来说就是，宽宏大量却又谨小慎微，性情温和却又独立不移，老实忠厚却又严肃庄重，富有才干却又办事认真，柔和驯服却又刚毅果断，为人耿直却又待人和气，志向远大却又注重小节，刚正不阿却又实事求是，坚强不屈却又符合道义。对于有这样九种德行的人，当然要让他们担任重要职务。

所以，在《逸周书·常训解》中，又有文王要以"八政""九德"的伦常道德来安排其礼治的小邦社会秩序。由此可见，文王时代的德政礼治或礼仪文明，更重家庭伦常而轻君臣之道，也未过分强调王权专制，充满人类初始时期的人文气氛。周公这一崇德尚礼或祀德纯礼思想，正是对文王"八政""九德"思想的继承和发展。

从文化的发展传承来看，周文王与周公的崇德尚礼思想，也是对后稷"厚德"思想和公刘、太王古公、王季"忠诚敦实"德行的继承和发展。《诗经》的五大颂诗，就是周人先祖与先贤不怕艰苦、勇于创新，带领周人族群走出一条创业守成、建国立政、和平发展、安居乐业的康庄大道，而这正是他们在"道德天命"思想或"天人哲学"理念的指引下，一代一代明德昭德的具体表现。

而夏桀、纣王之所以很快灭亡，其原因正是"缺德少恩"，即没有敬畏上天、爱护百姓之心之行。《泰誓》翔实记录了周武王伐纣之前，在大会的誓词中，对商纣王种种缺德罪行进行了彻底揭露。他深刻指出：

> 今商王受，弗敬上天，降灾下民。沈湎冒（贪）色，敢行暴虐，罪人以族（族灭），官人以世（任人唯亲）。惟宫室、台榭、陂池、侈服，以残害于尔万姓。焚炙忠良，刳剔孕妇。①

---

① 参见江灏，钱宗武，译注. 今古文尚书全译 [M]. 贵阳：贵州人民出版社，1990. 本书中有关《尚书·周书》篇章的译注皆本之于《今古文尚书全译》。

接着武王表明，伐商是敬天保民之举，而正义之师必胜。所以，他说："力量相当就度量德，德行相配就度量义。纣有臣亿万，却有亿万条心；我有臣三千，却只有一条心。商纣王罪大恶极，上天命令我诛灭他。我不顺从上天，那罪行就和纣王相等。我小子早晚恭敬忧惧，接受先父文王伐商的命令，就去祭祀上帝，又宜祭土神谷神，然后率领你们执行上天的惩罚。上天怜悯老百姓，老百姓希望办到的事，上天必定顺从。你们应当辅佐我，平定天下，时机啊，是不可失掉的！"

在《泰誓》里，武王又从天意和人事两个方面说明成汤伐夏桀的道理，并以此类比武王伐纣。在这里，武王同样指出了夏桀"缺德少恩"的种种罪行。他说："上天惠爱老百姓，国君应当奉承天意。夏桀不能顺从天意，却在天下传播灾祸。上天就佑助成汤，命令成汤，降下废除夏的福命。纣的罪恶超过了桀。他伤害、驱逐善良的大臣，残暴杀害劝谏的大臣。声称自己有天命，声称敬天不值得实行，说祭祀没有益处，又说施行暴虐没有妨碍。他的镜子并不远，就在夏桀身上。上天或许要让我治理百姓，我的梦符合我的卜兆，梦和卜兆都是吉祥的，征伐商一定会胜利。纣王受有亿兆平民，都离心离德，我有图治大臣十人，都同心同德。纣王受虽有至亲，但比不上我有仁人。上天所看到的来自我们老百姓所看到的，上天所听到的来自我们老百姓所听到的。老百姓责怪抱怨我，如今我必须前往伐商。我们的武力要发扬，要进入商的疆界，擒取那凶残的人。我们的征伐将会得到大成绩，比成汤征伐夏桀更加光辉。努力吧，将士们！"

这里，我们大段大段地摘录了武王揭露夏桀、殷纣王伤天害理的滔天罪行，他们之所以灭亡，正是由于他们"惟不敬厥德，乃早坠厥命"（《尚书·召诰》），不能顺从天命，也不善于"克堪用德"（《尚书·多方》）即用德政去保护老百姓。

另外，从学术学理角度来看，礼仪包括礼法与礼义两大元素。这里所谓礼法是指礼的仪式过程与物质形式，包括人物、仪节、礼器、服饰、辞令、场所等。所谓礼义，则是指礼法的人文内涵，是指礼的每一个细节与动作的设计背后所蕴含的深刻意义。就二者的关系而言，礼义是礼法的精神与灵魂，礼法则是礼义的外在形式与展现。没有礼义的礼典,是毫无意义的繁文缛节,近乎儿童游戏。所以,古人特别重视礼义,《礼记·郊特牲》曰:"礼之所尊,尊其义也。失其义,陈其数,祝史之事也。"孔子也说:"礼云礼云,玉帛云乎哉?乐云乐云,钟鼓云乎哉?"就是说玉帛、钟鼓只不过是行礼过程中的一种乐器,其可贵之处恰恰是它所要表达的深刻而又超前的礼义。而这里所说的礼义,正是礼法所表达和敬重的施礼对象的极其高尚的功德。

周公正是以"祀德纯礼"或"崇德尚礼",即德礼双修、表里一致的思想,来要求各级官员和一切人等的。在各种社会和生产实践中,周公总是在明德即明人之德性与德行的前提下,以各种礼仪规定来观察各级官员和庶民百姓的言行举止,反过来又以他们的言行举止是否"和恒"即"和悦四方",来处理各种社会关系和重大事宜。

从《泰誓》与《大诰》等文告中,我们可以看出,无论是在孟津观兵或牧野大战前后,还是在东征平叛或分封诸侯之时,周公总是协助其兄武王或辅佐其侄成王,以异常威严的"军礼",即大师之礼或大封之礼,或"吉礼""嘉礼",向祖宗、上天表示其"服从天命""恭行天罚"的决心,并历数夏桀、商纣"暴殄天物,害虐烝民"的罪行,让"西土众士"和邦族冢宰"同力度德,同德度义",以达"永清四海""以济兆民"。但在平定"三监"与"淮夷"叛乱之后,周公即罢兵西归,偃武修文,"重民五教,惟食丧祭",即把"民以食为命,丧礼笃亲爱,祭祀崇敬教养",看成是"圣王所重"而为之。对于带头叛乱的武庚,周公虽已杀之,但却让成王册封商纣王庶兄微子为宋国国君,采取以殷治殷的怀柔政策,命其遵从旧典,管束臣民,拥戴周王室。

可以看出,西周的礼仪制度和礼仪文化,正是在周公"祀德纯礼"与"崇德尚礼"思想的基础上形成的,他从"明王道之德""明天道之德""明人道之德"等三个方面,构建了一种以血亲伦理为特色的、多层次的"道德"礼仪文化结构模式,凸现了西周礼仪文化古朴笃诚、纯真率性的一面。

这样,以施行德行的实际情况,建立相应的礼仪制度,便应运而生。于是以六官(即冢宰、司徒、宗伯、司马、司寇、司空)、六礼(即冠、昏、丧、祭、乡饮酒和乡射、相见）、七教（即父子、兄弟、夫妇、君臣、长幼、朋友、宾客）、八政（即饮食、衣服、事为、异别、度、数、量、制）等为主要内容的礼仪制度，便在成康之际先后建立起来，诸如宗庙之礼、禘尝之礼、昭穆之礼、郊社之礼、序爵之礼、官职之礼、燕飨之礼、射乡之礼、赈灾之礼、军旅之礼等，从而彰显出西周王朝政治生活的等级化、礼仪化、人文化特色。

据《礼记·明堂位》记载："周公相武王以伐纣。武王崩，成王幼弱，周公践天子之位以治天下。六年，朝诸侯于明堂，制礼作乐，颁度量，而天下大服。七年，致政于成王。"这里所说的"制礼作乐"，就是周公以礼仪文化或礼乐文化以明德和敬德的一种表现。

所谓礼乐之举，原兴于古代宗教祭祀，殷人祭天祀神，必奉之以玉器，而配之以乐舞，这是殷人崇拜鬼神、敬天远人宗教观念的一种表现和象征。所以，许慎《说文解字》云："丰，行礼之器也。从豆，象形。"张广志先生在其所著的《西周史与西周文明》一书中，解释甲骨文"丰"字时也说："故礼之原意为祀神之器，引申之为祀神之事。古代，祀为人群之大事，自然有着隆重、庄严的仪式。在这种场合，最容易体现一个人的地位、品格，这就蕴含了'礼'字由原意向着昭示人的地位、品格方向蜕变的可能。"①

周公作为一位伟大的思想政治家，留给人们的最重要的精神遗产，就是"制礼作乐"以明德昭德。他在建国立政的过程中，将"制礼作乐"这种古代祀神的礼仪形式，加以改铸提升，赋予新的明德内容，用于治理国家，安定社稷，稳定生活秩序，同时又以之调节性情，化民成俗，满足人们的感情欲求。所以，司马迁在《史记·礼书第一》中说："观三代损益，乃知缘人情而制礼，依人性而作仪，其所由来尚矣。"

从周公制礼作乐总目之多和规模之宏大来看，有"礼仪三百，威仪三千""经礼三百，曲礼三千"。为了充分以礼仪形式表达人们对明德、厚德的尊崇和敬意，周公还亲自制作了乐曲，以供人们歌咏。比如，以诗乐舞三者结合

---

① 张广志. 西周史与西周文明［M］. 上海：上海科学技术文献出版社，2007：211.

为特色的《诗经》，就是周公主持编写的。

但事物的发展变化总是极其复杂的。就礼制来说，殷人也曾尊神，"率民以事神，先鬼而后礼"。由此可见，殷人也是很重视礼制形式的，但他们却远人事而事鬼神，以鬼神崇拜为其根本目的。这就是说，他们的礼仪制度是神道对人道和王道的统治，是一种敬神敬鬼之礼，尊崇鬼神而轻视人事。

众所周知，殷人已处于青铜时代，就其物质文明的发展程度而言，有着惊人的进步，现存的殷墟甲骨文卜辞，也为我们展现了这种高度发展的殷商文明。相比之下，目前还没有发现比甲骨文更早的文字，因此我们对于传说中的夏代礼制历史仍然是一片混沌和茫然。

从用作祭祀礼器的青铜器制作工艺来看，其一器一范的铸造，都甚为精美，每一范都凝聚着艺术家——奴隶工匠的智慧与心血，铜器表面多饰以各种动物，诸如饕餮、夔龙、犀兕、鸱鸮、虎、羊、牛、鹿、龟、鱼等，并使动物形象与器形巧妙结合，变幻莫测，威武庄重，成为王侯公卿的权力象征，遂使他们在极其隆重的典礼之中，俯仰周旋，顶礼膜拜，炫耀威武，显示权贵。特别是在祭祀宴飨中，又配之以荡气回肠的乐舞，"礼以道其志，乐以和其声"，"发以声音，而文以琴瑟，动以干戚，饰以羽旄，从以箫管"。这大概就是殷商时期贵族们对鬼神崇拜的表现形式和生动写照。

但在这种表面繁荣的物质文明背后，却有着无数鲜为人知的杀戮与掠夺，多少鲜活的生命因遭权贵们的屠杀而丧于祭台，成为礼制的牺牲品。这说明殷商时期在意识形态方面远远落后于西周。据黄展岳的《我国古代的人殉和人牲》一文记载和统计，殷墟"十四座大墓的殉葬人数，总计三千九百人左右。连同中、小墓的人殉以及墓址、祭祀遗迹中发现的人牲，估计总数在五千人以上"。又据胡厚宣的《中国奴隶社会的人殉和人祭》记载，殷墟卜辞所述，晚商时期共用人祭 13 052 人，另外还有 1145 条卜辞未记人数，即使仅以一人计算，全部杀人祭祀，至少当用 14 197 人。这样的杀人祭祀，再次充分说明殷商晚期是一个神权统治的黑暗时期，也说明殷商晚期的所谓礼制，其实就是顶礼膜拜于神，残酷屠杀于民，更无所谓"崇德尚礼"之说了。

就周公的"祀德纯礼"或"崇德尚礼"思想而言，西周建国后的 100 多年，相对而言还是能严格照办的，各级官吏也能认真贯彻执行。但到西周后期，特别是周厉王、周幽王时期，简直可以说是由"败德非礼"走向了"丧德弃礼"。

历史上有名的暴虐君主周厉王，生性贪婪，成天盘算着如何聚敛财富以供自己挥霍。有一位名叫荣夷公的大臣，很会横征暴敛，甚得厉王的赏识。他们为了与民争夺"财利"，便颁布法令，禁止百姓进山采摘、下河捕鱼，将山林湖泊收归国有，成为周王室的"专利"。从而引起民众强烈不满，于是"谤言"四起，批评厉王的声音不绝于耳。厉王却下令，声言"有敢议论朝政者，一律杀掉"。见厉王拒绝放弃"专利"，愤怒的国人发动暴动，袭击了厉王宫室，赶走了厉王。这就是历史上著名的召公谏厉王"弭谤"的故事。

但国不可一日无君。就在厉王外逃的情况下，经周王朝的贵族们商议，公推德高望重的周公和召公共同代行国政，号称"共和行政"。这一年在中国历史上被称为"共和元年"，即公元前841年，从此以后我国历史上才有了确切年代的历史纪年。

就在共和行政十四年，外逃的厉王在彘地老死，又在周公与召公的提议下，请回已经长大成人的太子静，立其为王，这就是历史上所说的"宣王中兴"。

可能是由于周宣王姬静从小在召公家里长大，受到召公有关西周重德尚礼、德礼双修的人文精神教育，即位之后，便在恢复文王、武王、周公、成王、康王建立起来的良好传统的前提下，革除其父厉王造成的各种弊政，使周王朝的复兴大业出现一线希望。

据《史记·周本纪》记载："宣王即位，二相辅之，修政，法文、武、成、康之遗风，诸侯复宗周。"是说宣王即位后，重建宗庙，维修宫殿，恢复正统，诸侯们恢复定期朝贺觐见之礼仪。又据后世出土的毛公鼎铭文记载：宣王要求臣下处理政务时，要广开言路，不得壅累庶民，必须即时下情上达；同时，征收赋税不得贪污中饱，鱼肉百姓；还对各级官吏提出严格要求，要求他们勤政爱民，宽待国人与奴隶，不许沉湎于酒色；等等。

宣王在内政方面最重要的功绩，在于"不修籍于千亩"，即井田制内出现

"私田",这与奴隶、自由民的依附身份有所变动有关,预示着奴隶制危机的即将到来和封建土地关系的开始变化。周宣王适应这种变化形势,诏告天下,将土地制改为奴隶主所有,变过去纳贡为按亩数征收田赋。宣王时期,由于这一新政策的实施,不但耕地增加,人们丰衣足食,而且农、林、牧、副、渔业等都有所不断发展。

在这种百业兴旺、国家富强的基础上,面对西戎和北狄猃狁的不断入侵与扰乱,宣王以"军礼"率大师出征北伐,除支持秦国攻打西戎之外,自己亲率三路大军,从北、东、南三个方面抵抗猃狁与夷狄的侵扰。对猃狁与夷狄的征战讨伐,成为"宣王中兴"的主要内容之一。

由于宣王晚年不断发动对外战争,使国力消耗甚大。公元前792年,宣王征条戎、奔戎遭到失败,其"西六师""成周八师"损失很大。公元前789年,征伐西戎又遭惨败,其"南国之师"被彻底消灭。人力物力的严重匮乏,遂使宣王对各级贵族手下不在国家控制范围之内的隶农打起主意,让贵族按实数带领他们参加战争。这就是历史上有名的"料民于太原"。

宣王的料民措施,即统计实有人口以参加战争,虽解决了兵源困乏的问题,但却遭到大臣和贵族们的反对。更重要的是,西周奴隶制王朝由于其内部阶级矛盾与外部民族矛盾的加剧,已病入膏肓,宣王虽实行"不修籍于千亩""料民于太原"等各项改革政策,亦无济于事,犹如回光返照,只是一种虚假的征兆,预示着大祸将要来临。

周宣王死后,他的儿子宫湦继位,这就是西周有名的腐朽昏聩的末代君主——周幽王。周幽王刚一继位,周王朝就相继遭遇泾、渭、洛三川地震,使"高岸为谷""深谷为陵""百川沸腾""山冢崒崩",又受到干旱等自然灾害的严重破坏。

加之周幽王重用"善谀好利"的奸臣——虢石父与大贵族尹吉甫的儿子尹太师。这些奸佞之臣,对周幽王嬖爱褒姒之事不但不阻止,反而予以支持怂恿,以致引起祸乱,导致周幽王被犬戎杀害于骊山之下,宗周庙堂之地也被犬戎彻底摧毁。

于是,申侯、鲁侯和许文公立宜臼于申(今河南南阳),是为平王。周平王又在一些贵族和诸侯的护卫下，东迁洛邑（今河南洛阳），史称东周。从此，周王朝因幽王背离周公"崇德尚礼"思想，而走向"丧德弃礼"，以致失去控制四方诸侯的力量，我国历史开始进入"礼崩乐坏"的大动荡、大变动时期，即春秋战国时期。

由周公"制礼作乐"，到周幽王腐朽昏聩而导致"礼崩乐坏"；由周公主张"祀德纯礼""崇德尚礼"，到厉王"败德非礼"和幽王"丧德弃礼"，这是西周礼制文明从兴盛到衰败的一个发展历程。这再次说明，周公的"道德天命"思想，是一个颠扑不破的真理，无论哪一朝天子，也无论哪一代皇帝，只要胆敢舍弃思民之利与保民之心的道德实践之力，胡作非为，横行霸道，残害忠良，祸害百姓，都必然会被天心民意所无情地抛弃，也必然会成为历史的罪人。这就是历史的经验与教训！

三、"敬天保民"思想是道德天命的笃诚实践

由殷商到西周建国初期，在思想文化方面，人们也经历了一个由尊神到尊礼、由事神到近人忠人的发展过程。用周公的话来说，即是经历了一个由"敬天恤祀"到"敬天保民"的发展阶段，这说明周人的"敬天"思想与"保民"思想是紧密地联系在一起的。

首先，"敬天"思想中含有"遵从天命"的意思。在西周统治者夺取政权前后，他们总是以"天命""上帝"的名义来召唤民众，从殷商手中夺取政权，用后世的话讲就是"替天行道"。按照周公在《大诰》中的说法，就是"天惟丧殷，若穑夫，予曷敢不终朕亩？"是说上天想灭亡殷国，我就像种田的农夫一样，怎能不去尽力地完成田亩工作呢？

于是，周人就用"革命"的办法，把殷人所掌控的"天命"夺了过来，上天也就顺水推舟地加以承认，把统治人民的大权交给了周人。用召公的话说，就叫："皇天上帝，改厥元子兹大国殷之命。惟王受命。"（《尚书·召诰》）意思是说，皇天上帝已经改变了他的长子，结束了殷国的福命，于是，文王也就接受了治理天下的大命。以周公的话说，就叫："天乃大命文王，殪戎殷，诞受厥命，越厥邦民。"（《尚书·康诰》）意思是说，上天降命给文

96

王，灭亡大国殷商，文王也只有接受上帝的大命与殷国的疆土和臣民，并切实施行德政。

上古时代，就是这样来理解改朝换代的。在当时的统治者看来，其统治地位是上天安排好的，甚至连人们的生命都是从上天那里讨回来的，所以，人们必安于"天命"，并切切实实地"顺从天命"，这就叫"敬天恤祀"。

其次，周公的"敬天"思想，又含有"敬畏自然"的意思。在长期的社会生产实践中，周人慢慢地认识到"惟命不于常""天不可信""吉凶由人，妖不妄作"及"民为神之主"等道理，对盲目信从上天的想法产生怀疑，认为最可靠的就是把文王的美德发扬光大。

由此，周公在"敬天"的同时，又提出了"敬德"和"保民"的思想，这是周人奋力冲破神鬼崇拜所表现出来的一缕人文之光，昭示着未来社会政治生活的发展方向。这也是周公"道德天命"思想进一步发展所必然产生的结果。

正是在西周初年那样错综复杂、百废待兴的时代背景下，为了缓解广大民众与西周统治者之间的尖锐冲突和矛盾，周公适时提出了"保民""惠民""义民""安民"的各项利民政策，这对于统治方针的调整，对于姬姓王朝的延续，对于民众地位的提高，都具有极其重要的意义。对此，《康诰》一文比较翔实清晰地记录了这一转变国策的思想轨迹。

商王朝的灭亡，与民众逐渐从社会底层显露出来有关。据说周人的军队来到商都朝歌郊外的时候，殷人的阵地曾发生过奴隶倒戈的事件，这对西周的胜利的确有益。但在西周王朝建立之后，却出现许多难以预料也难以掌控的新情况。正如周公在《康诰》中所说："天畏棐忱，民情大可见，小人难保。……今惟民不静，未戾厥心，迪屡未同。"意思是说，上天辅助诚信的人，民情大致可以看出，但百姓难以安定，那是因为他们的心还没有平静下来，以致教育安抚多次，仍然不能顺从，这是因为他们对殷王朝还有某些留恋之情。

在这种民心未定的情况下，如果继续无视广大底层民众的存在，或在严峻的现实面前不能保持清醒的头脑，全然不顾他们的合理要求，显然是很难行得通的。于是，西周王朝的统治集团，适时调整策略，在"敬天保民"思想的指导下，又反复强调"敬德""保民""重民""惠民""利民""新民"的重要意义，以此来缓解社会矛盾，安抚人心，以求新生政权的巩固和发展。所以，周公在《康诰》中反复告诫卫康叔：

> 往敷求于殷先哲王用保乂民，汝丕远惟商耇成人宅心知训。别求闻由古先哲王用康保民……

> 往尽乃心，无康好逸，乃其乂民。我闻曰："怨不在大，亦不在小。惠不惠，懋不懋。"已！汝惟小子，乃服惟弘王应保殷民，亦惟助王宅天命，作新民。

这是周公告诫卫康叔的一段话。据《史记·卫康叔世家》记载："卫康叔名封，周武王同母少弟也。……周公旦以成王命兴师伐殷，杀武庚禄父、管叔，放蔡叔，以武庚殷余民封康叔为卫君，居河、淇间故商墟。"卫康叔要到卫国上任，临行时，周公先后发布了三篇文告，告诉卫康叔治理卫国的大政方针和应该切实注意的诸项事宜。全篇阐明了周公崇德尚礼、明德慎罚、敬天保民的思想，并具体规定了施用刑罚的准则和有关条目，反复强调要以德政教化殷民、恩泽浸润四民，以慎用刑罚的基本原则和基本精神，来治理卫国这一殷商"东土"王畿之地，达到巩固西周王朝的政治目的。

上面两段话的意思是告诫卫康叔：到了殷地卫国，先要遍求殷代圣明先王用来保护爱护百姓的方法，还要思考殷商的长者揣度民心的明智教训，探求古时圣明帝王安定百姓的遗训。你去殷地要尽心尽力，不要贪图安逸，才可以治理好卫国。我听说："民怨不在大小，要使不顺从的顺从，不努力的努力。"唉！你这个年轻人，你的职责就是既要宽大对待周王朝所接受保护的殷民，也要辅佐周王朝揣度天命，革新殷民使之"作新民"。

总之，要像保护"赤子"一样，把百姓的疾苦放在心上。这是周公从历史的经验教训中悟出的重民、保民、爱民、新民的深刻道理。在《无逸》与《多方》中，周公就用文王的正面典型与夏桀的反面教训来教导人们，要像文王那样穿着平民的衣服，从事开山垦荒、耕种田地的劳动。像他那样和蔼柔顺、善良恭敬，保护安置百姓，爱护关心孤苦无依的老人。他忙得无闲暇时间吃饭，以求万民和谐。

夏桀却偏重于自己的天命，而不重视祭祀上天祖宗。于是，上帝对夏国降下严令，就在这个时候，夏桀仍大肆逸乐，不肯慰勉人民，竟大行淫乱，大肆杀戮，大乱夏国。上天只好寻求可以做人民君主的人，就大下光明美好的命令给成汤，命令成汤消灭夏国。这就是历史对夏桀不"重民"、不"保民"、不"爱民"的最好惩罚。

周公的"敬天保民"思想，还对如何做好保民、重民工作，提出了非常具体、非常实际的要求与方法。在《梓材》中，周公苦口婆心地告诉卫康叔，一定要像先王那样"既用明德"，在各地推行善政，并善始善终，坚持到底。而且，就像种田一样，既已勤劳开垦播种，就应该考虑整治土地，修筑田界，开挖水沟；就像建造房屋一样，既已勤劳筑起墙壁，就应当考虑完成涂泥和盖屋的工作；就像制作梓木器具一样，既已勤劳砍削梓材，就应当完成油漆彩饰和安装组合的工作。只有这样善始善终，坚持遵从常典办事，做好各项保民、爱民的工作，才能完成先王未竟之业，获得民心，得到百姓心悦诚服的赞许。

四、"贤能立政"思想是敬天保民的重要保证

"建官惟贤，位事惟能。"这是《武成》中提出的一个有关建官立政所要首先解决的重要问题，也是周公有关任用贤人、勤政爱民思想的突出表现。

"贤人政治"与"选贤任能"，是政治清明的必要条件。夏桀与殷纣王之所以灭亡，正在于他们排斥贤人，任用暴虐之徒，以至于引起社会大乱，并失去上帝的天命。所以，要勤政爱民，勤政兴国，就要注重贤人，访寻贤人，让贤人来管理政事。《尚书·周书》中曾多次提到的所谓"正人""俊民""老成人""耇成人""先哲王""彦圣""古人"等，其词义虽有差别，但与"贤人"的含义皆有所同，这些人的参政议政，正是政治清明、勤政爱民的希望之所在，也是由"贤人政治"在社会生活中的重要作用所决定的。

从西周克商、灭商的历史经验来看，"爽邦由哲""建官惟贤"乃是取胜的重要条件。正是在文王、武王及一大批贤能之臣的共同努力下，周这个

"蕞尔小邦"才一步步壮大起来，最终取得了推翻"大邑商"的巨大胜利。因此，周公在《康诰》中这样说：

> 惟乃丕显考文王，克明德慎罚；不敢侮鳏寡，庸庸，祗祗，威威，显民，用肇造我区夏，越我一、二邦以修我西土。

意思是说，正是由于伟大英明的父亲文王，能够崇尚德政，慎用刑罚，不敢欺侮无依无靠的人，善于任用那些可以任用的人，尊重那些可以尊重的人，畏惧应当畏惧的事，爱护人民，因而到中原华夏地区开创了我们的活动区域，和几个友邦共同治理我们的西部。由此可见，任用贤人、实施贤人政治是何等重要啊！

那么，如何长久地保持贤人的贤明品德不变，如何做到勤政爱民使民众的信任不变？除了如《洪范》所说，坚持"无偏无党""无党无偏"的中庸之道以外，还要能够接受别人的批评，以真诚的态度修正自己的错误。正如周公在《康诰》中所说："明乃服命，高乃听，用康乂民。"意思是说，要努力履行你的职责，敬慎地对待你的听闻，以修正自己的看法，用利于人民安康的办法去治理你的百姓。

《立政》是周公还政退居二线，谆谆告诫成王如何选拔任用贤人以建立德政、善政的谈话记录，由史官记载成文。周公诚恳地要求成王，"时则勿有间之，自一话一言。我则末惟成德之彦，以乂我受民"，即对待贤人要时时关心，甚至一言一语也不放过。那么时间长了，终会有德才兼备的人来治理我们的老百姓。所以，"继自今立政，其勿以憸人，其惟吉士，用劢相我国家"，意思是说千万注意不可任用贪利奸佞之人，应当任用善良贤能之人。这里，周公的殷切希望已溢于言表了。

周公所讲的"立政"，就是要按照传统的"官人之道"以"设官理政"，任用贤良之人，勤政爱民，以求得国家的长治久安。这是因为周公东征归来之后，天下日趋安定，周王朝的一项迫切任务，就是建立健全官吏制度，以从制度方面保障和发展胜利成果。

在《立政》的诰词中，周公从正、反两个方面，即总结夏、商两代选用官吏的沉痛教训，以及对文王、武王的官制与任用官员的法则的优劣比较中，深入地阐发了建官立政的重要性和必要性。并告诫成王必须奉行文王和武王建官立政的有效做法，任用贤德之人，重视"三宅三俊"，即注意考察选择治民、治事、执法等三个方面的"吉士"与"俊才"，放手让他们去管理国家有关事宜。这为后来的"成康之治"打下了牢固的思想基础。

周公告诫成王："唉！美好的时候就知道谨慎的人，这很少啊！古代的人只有夏代的君王，他们的卿大夫很强，夏王还嘱咐他们长久地尊重上帝的教导，使他们知道诚实地遵循九德的准则。夏代君王经常教导他们的诸侯……善于考察任用你们的常伯、常任、准人，这样才称得上君王了。假如不依循德行，以貌取人，这样任用人，你们的常任、常伯和准人就没有贤人了。夏桀即位后，他不用以往任用官员的法则，而是用些暴虐之人，终于绝后。到了成汤登上帝位，大受上帝的明命，能够选用事、牧、准三宅，都能各尽其职，三宅的属官，也都是贤能俊才。他敬念上帝选用官员的大法，能够很好地任用各级官吏，他在商都用这些官员和谐都城的臣民，他在天下四方用这种大法显扬他的圣德。唉！到了商纣王登上帝位，他不用上帝的大法，强行把刑徒和暴虐的人，聚集在他的国家里；竟然用众多亲幸和失德的人，共同治理他的政事。上帝于是重重地惩罚他，就使我们周王代替商纣王接受上天的大命，安抚治理天下的老百姓。"

接着，周公又谈到文王、武王"敬立三宅"之事。他说："到了文王武王，他们能够知道三宅的思想，还能清楚地看到三宅部属的思想，用敬奉上帝的诚心，为老百姓建立官长。设立的官职是：任人、准夫、牧为三事；有虎贲、缀衣、趣马、小尹、左右携仆及百司庶府；有大小邦国的君主、艺人、外臣百官；有太史、尹伯；他们都是祥善的人。诸侯国的官员有司徒、司马、司空、亚旅；夷、微、卢各国设有君主；还设立了专门管理夏商遗民的官员。文王能够度知三宅的思想，就能设立这些官员，凭借这些官员能为老百姓大建功德。文王不兼管各种教令，各种狱讼案件和各种敕戒之事，只由主管官员和牧民的人指示用否；对于各种狱讼案件和各种敕戒之事，他不敢过问这些。到了武王继位，完成了文王的事业后，不敢丢弃文王的善德，考虑顺从文王宽容的德行，因此，文王和武王共同接受了这伟大的王业。……啊！从今以后，先王贤明的子孙，继位君王，设立官员，必须任用贤德善良的人。"

我们可以看出，周公在《立政》中，非常明确地提出了设官立政的三项要求和基本用人原则：

第一，要依循德行，"其惟克用常人"，即以德行为主，选用那些"知忱恂于九德之行"，即知道诚实遵循九德准则，又贤能善良的人，坚决反对任用贪利奸佞的人。

第二，要"克用三宅三俊"，即要任用那些在治民、治事、执法等三个方面各有专长，且能尽职尽责，独当一面，为老百姓大建功德，即"克俊有德"的人，这里所反复强调的是不辱使命、敢于担当的责任精神。

第三，要关心这些被任用的官员，经常考察他们的工作，并给予适当帮助和扶持，以使他们放手治理国事，避免失误，即"克宅之，克由绎之，兹乃俾乂，国则罔有"。

在《立政》之后，接着是《周官》。朱熹认为，这篇文告是周成王即位以后，对周代的官制进行了新的改革，详细阐明了周代设官、分职、居官的大法和基本原则，是周成王宣布西周官制的诰令。虽然它与《立政》里周公所谈的周代官制稍有不同，但在思想和官职设置上却有着联系性和承继性。比如他把周公所说的"三宅三俊"制，推进为"三公三孤"制，使之更全面、更完备。从中我们可以看出周代官制的沿革和后代官制的发展变化。

《周官》首先提出"建官立政"的宗旨："制治于未乱，保邦于未危。……明王立政，不惟其官，惟其人。"是说国家没有动乱的时候，就要制定政教；社会没有出现危险的时候，就要居安思危，要有很强的忧患意识，注意国家的安定秩序。英明的君主建官立政，并不想官员的多少，只想任用那些贤德之人。这明显是周公在《立政》中所反复论述过的观点。

其次，《周官》提出了"三公三孤"与"六卿九牧"的基本官制构想。周成王这样阐述他的设官思想，他说："现今我小子恭敬勤奋修养德行，起早到晚犹不及古人。我想顺从前代之法，说说建立我们的官制。设立太师、太傅、太保，这是三公。他们的职责，就是要阐明尊道兴邦的道理，调和四时阴阳的平衡。三公的官位不必齐备，要考虑那合适的人。设立少师、少傅、少保，叫作三孤。他们协助三公弘扬道化，敬信天地，辅助我一人。下设冢宰掌管国家的政治，统治百官，平均四海。司徒掌管国家的教育，传布五教（五种伦理道德，即父义、母慈、兄友、弟恭、子孝），安定和谐天下百姓。宗伯掌管国家的典礼，治理神和人的事，和谐尊卑贵贱关系。司马掌管国家的军事，统率六师，平治诸侯。司寇掌管国家的禁令，查办奸邪为恶的人，制服强暴作乱的歹徒。司空掌管国家的土地，分给士、农、工、商四民居住，搞好地利。六卿都有所分的职责，各人率领他的部属，倡导九州的州牧侯伯，使百姓富足安定。"

可以看出，朝廷上的"三公六卿"与地方上的"九州九牧"制度，基本上是在西周初期即"成康之治"时期逐步形成的，并为后来历代朝廷的官制奠定了基础。

五、"德政化民"思想旨在实现"作新民"之夙愿

周公的"德政化民"思想，来源于他的"敬天保民"思想，而且是其中的一个重要组成部分。它的重点在于，从政治思想和风俗习惯上，教化民众，提高民众，使之以"作新民"，尤其是西周建国初期，在殷商王畿之地，不但需要而且应该下大功夫、花大力气，切实做好这项工作。周公以身作则，率领洛邑成周的有关官员，做出翔实计划，并持之以恒，且收到良好效果。

孔子在《论语·为政》中讲述治国理政的道理时说："为政以德，譬如北辰，居其所而众星共之。"是说治理国家的国君，如果用道德教化来推行政治，就像北极星一样，处于它一定的方位上，而群星都会环绕在它的周围。这是孔子对实施德政治国重要性的强调，也是对西周时期提出"德政惠民"与"德政化民"政策的儒家先驱周公伟大人格的高度赞美。

敬德敬业、保民化民，不但是周人生存发展的命根子，而且也是周人建官立政的根本。早期的周人氏族正是在敬德敬业、保民化民的思想基础上，辗转于泾渭之间，崛起于岐山周原。《周易大传》中"自强不息"与"厚德载物"这两句话，从其原初意义上讲，应当是对周人先祖奋发图强、艰苦奋斗、厚德敬业、辛苦勤劳精神的高度概括与颂扬。

司马迁在《史记·周本纪》中，也多次对周人先祖的"敬德""厚德""累德"精神做出阐发和表彰。到了周武王伐纣取得伟大胜利，西周王朝获取全国政权之后，周公作为辅佐大臣，便不失时机地将这种"厚德"传统提升为治国之道，明确提出"明德慎刑""敬天保民""德政化民"等思想，作为西周建国立政的基本策略，这确是周公的伟大创造。

郭沫若在其主编的《中国史稿》（第一册）中就说过："'德'字照字面上看来是从'值'（直）从'心'，意思是把心思放端正，不要胡思乱想。'敬'字的意思是警，要人时常警惕自己，不可有丝毫的疏忽和懈怠。周朝奴隶主贵族提出敬德来，就是要王和各级贵族全力控制他们的政权，不使丧乱有机可乘；天下不生乱子，天命也就能够保住了。"张广志先生也认为："把'德'上升到治国方针、方略的高度，还是周人的功劳，并主要是周公的创制。"① 这些说法和评价比较客观全面，指出了"德政化民"思想的实质和根本。

周公在《康诰》《酒诰》等诰文中，首先明确而又系统地提出了"明德慎刑""用康保民"的"德政化民"思想和政策。这是周公专门给即将到殷商王畿之地的卫国去担任大国之君的九弟卫康叔的诰文。因为卫康叔要面对的殷商旧贵族特别集中，家族或宗族矛盾盘根错节，他们又习惯于殷商遗留下来的旧的传统和文化，而对周王的新政存在疑虑或不满，如何安抚教化这个地区的民众，维持这个地区的社会治安和生活秩序，确是一个事关政局稳定、新生政权巩固的大问题。

周公在《梓材》诰文中，一再强调要对殷民实行"明德"和"怀柔"政策，他说王者设立诸侯，就是要教化百姓，安抚百姓，要"厥率化民""引养引恬"，即一边训导、一边感化，一边教养、一边安抚，要"既用明德""勤于明德"，即先王在洛邑既然已施行明德，那么，各诸侯国也应在当地勤于施行明德，只有施行明德，才能"和怿先后迷民"，即聚合团结和教导感化殷商那些执迷不悟的遗民，以确保西周王朝的永世安宁。

① 张广志. 西周史与西周文明 [M]. 上海：上海科学技术文献出版社，2007：220.

此外，在《逸周书·大聚解》中，当周公阐述他的执政纲领和城乡建设蓝图时，又将"德政化民"解释为"五德立政"，即"德教""仁德""和德""正德""归德"等。其中心意思是仍然要坚持施行德教化民、立农惠民、营商利民、德政保民。

从西周初期广泛施行"德政化民"与"德政惠民"思想政策的效果来看，不但稳定了政局，保证了西周王朝各项事业的不断发展，而且还形成了"明德保民"和"以德治国"的优良传统。据《古本竹书纪年》记载："自武王灭殷以至幽王，凡二百五十七年。"《夏商周断代工程》所云：周始于公元前 1046 年（武王克商之年），西周共 11 代 12 王，历时 276 年。在这近 300 年，尤其是早、中期的时间里，先后多次出现推行"德政惠民""德政化民"政策的典型范例和区域，为人们留下深刻的印象和美好的记忆。

其一曰"成康之治"。这是周公、召公与姜太公共同辅佐成王治国理政所取得的显著成就。

据史书记载："成康之际，天下安宁，刑措四十余年不用。"其根本原因是，成王和康王相继坚持推行周公制定的一系列"德政惠民"政策和有关规章制度，并诚恳接受召公与姜太公的训导。汉初贾谊《新书·保傅》曰："昔者周成王幼，在襁褓之中，召公为太保，周公为太傅，太公为太师。保，保其身体；傅，傅之德义；师，道之教训，三公之职也。"又说："道者，道天子以道者也。常立于前，是周公也。……辅者，辅天子之意者也。常立于左，是太公也。……拂者，拂天子之过者也。常立于右，是召公也。"由此可见三公辅佐成王成就帝业的赤胆忠心。

其二曰"三公治洛"。这是周公、君陈（周公次子）、毕公（四朝元老）三君接力主持治理洛邑成周的一段佳话。

据《洛诰》《君陈》《毕命》三篇诰文记载，在西周建国初期，治理与教化殷民始终是西周王朝的首要任务。周公东征胜利归来，即将殷商王畿之地的殷民迁至洛邑成周，由周公居洛主持治理，周公退居二线，即由他的二子君陈接替主持治理，第三位居洛主持治理的则是四朝元老毕公。"三君协力"先后"既历三纪"（一纪为 12 年，约三四十年），坚持按照周公的既定政策，

"明德教化"与"用康乂民"，即一边安抚，一边教化，经过"周公克慎厥始，君陈克和厥中，毕公克成厥终"三个阶段，达到"世变风移，四方无虞""至治馨香"的和谐状态。

其三曰"齐鲁报政"。这是齐国和鲁国根据不同国情，采取不同方法治理诸侯国的盛况。

周公的长子伯禽，代替父亲就封于鲁。齐太公就封于齐。伯禽临行前，周公告诫他"慎无以国骄人"，要礼贤下士，谦逊谨慎。伯禽至鲁，三年后报政周公，周公问他："为什么这样迟呢？"伯禽告曰："变其俗，革其礼，丧三年然后除之，故迟。"（《史记·鲁周公世家》）而齐太公五个月后就报政周公，周公问他："为什么这样快呢？"齐太公则曰："吾简其君臣礼，从其俗为也。"（同上）由此可见，伯禽对深受殷商思想文化影响的旧民，不是维持现状，而是以周礼、德政来改变其风俗习惯，因而收效较慢。而齐太公则因地制宜，循齐俗而治，收效较快。

其四曰"谋父耀德"。这是祭公谋父劝阻周穆王要"耀德不观兵"，即不得炫耀武力，而要注重德教的一段故事。

喜欢出游的周穆王，为了摆脱贵族腐化之风，将国家主要官府机构所在镐京的离宫，移至南郑（今陕西华州区），并请大臣伯冏与甫侯二人辅助进行吏制改革与刑罚整顿。《冏命》与《吕刑》分别记载了这两件事。在国力有所增强的情况下，穆王便志得意满，欲征伐西方和北方的戎狄以获取显功。祭公谋父出面劝阻，提出"耀德不观兵"的主张，认为周人先王只宜明美德而不炫耀武力，只注重德教而非兵戎相加，必"懋正其德而厚其性""以文修之，使务利而避害"（《祭公谏征犬戎》）。但穆王不听，"遂征之，得四白狼四白鹿以归"（同上）。

其五曰"宣王中兴"。这是周宣王吸取其父周厉王因"弭谤"而激怒国人发动暴动的沉痛教训，立志效法文、武、成、康遗风，以德修政，并取得显著成效的一段佳话。

据史书记载，周宣王即位，即践行以德"修政，法文、武、成、康之遗风"（《史记·周本纪》），严厉斥责贵族贪图享受和寻欢作乐之风，要求他们宽待国人和奴隶；自己也言传身教，勤政爱民，推行"德政""礼治"。有名的毛公鼎铜器铭文，也记载了周宣王要求大臣和贵族不能荒淫失德、贪财腐化、残害百姓，更不能不奉行先王之业、消极怠政、酗酒误国。周宣王根据社会发展变化，对土地制度做出有利于平民和奴隶的必要调整；支持秦国征伐西戎，并亲自带兵分三路北伐猃狁，取得胜利，使猃狁控制的一些戎狄部落重新臣服于周。

以上事实说明，在西周建国初期，以周公为代表的一代代贤德之人和辅佐大臣，曾自上而下、从中央到地方广泛持续而又强势地推行周公亲自制定的"德政惠民""德政化民"等一系列大政方针，不但巩固发展了西周政权，而且在中国历史上留下了"以德治国""以礼治国"与亲民、保民、新民、惠民的优良传统。后来的儒家亚圣——孟子，则由此概括出他的"民本"思想、"仁政"思想、"王道"政治，即"民贵君轻，社稷次之"。

六、"明德慎刑"思想阐明德刑相辅相成

这里所谓的"明德"，是要昭示或宣明周人或世人所先天具有的一种美德。这种先天德性在后天社会生产实践中，又可重塑为一种勤劳为民的德行。而这种德行正是历代先祖们在艰苦环境下，磨炼形成的中华民族的第一个文化符号。所以在《皋陶谟》中，就有"九德咸事，俊乂在官"的说法。

周人在从殷纣王手中夺取政权的同时，大胆冲破殷商时期的"神鬼崇拜"与神权束缚，开启了人的人文精神，恢复了人的德性，拓展了人的智慧，把人从"尊神事鬼"的从属地位，提升到"尊礼近人"的主体地位。这是周公和周人的伟大功绩。

周公在《尚书》中一再强调，要"既用明德""勤丁明德"，其正是为了昭示和宣示人的先天德性与后天实践中形成的德行，在创业和守成中的重要意义。比如，在《周易》所反映的游牧生活时期，"德"字先后出现过五次，都含有"得"的意思。《恒卦》卦爻辞中的"恒其德"与"不恒其德"，就是指能自然而得或不能自然而得。因为那是采摘食物时期，只要肯出力气去采摘就能得到，当然有时也采摘不到，但无论如何总是需要辛苦劳动。到了农

耕时期，就更需要下大力气去耕田种植，待谷物长了起来，还要锄苗浇水，施肥除草，这更需要有吃苦耐劳和无私奉献的"厚德""纯德"。

所以，周公特别重视"明德"，不但将选拔具有"贤德品行"之人作为设官立政的标准，而且还将"明德慎刑""敬天保民"提升到政治思想和建国方略的高度，作为治国理政的根本。

在《多方》《康诰》诸篇中，周公反复强调要"明德慎刑"，坚决反对鲁莽行事、不教而诛的暴虐行为，认为那是导致夏商两朝灭亡的主要原因。从整体来看，"慎刑"或"慎罚"思想乃是周公"德治"政治的一个重要组成部分，或者说，"慎刑"理念是与"明德"理念相对应的一个重要的思想范畴。

《吕刑》是西周中晚期的作品，是吕侯针对周穆王初年滥用刑罚以至引起政乱民怨的社会现象而写的，其目的在于劝导周穆王"明德慎罚"，应采用中刑以治理国家。这一思想正是对周公"德治"理念最好的继承和发展。文中有关"惟敬五刑，以成三德"的说法，是说德教是第一位的，刑罚是辅助性的，不但对"德""刑"关系做出了明确的规定，而且也对周公"德主刑辅"或"德刑兼顾"的德治思想进行了深入的阐释。

其实，所谓"慎刑"或"慎罚"，在周公看来，就是在"德治"的前提下并不放弃刑罚，但要谨慎从事，刑罚要适中，狱官要良善，要严格区分惯犯与偶犯、故意犯罪与过失犯罪的界线。在《康诰》一文中，周公在反复阐明"尚德慎刑"道理的同时，又具体规定了施行刑罚的五项准则及四条刑律的实际要求，为周初的法制建设奠定了思想基础。

周公提出的施行刑罚的五项准则是：其一，要严明刑罚，将惯犯与偶犯、故意犯罪与过失或无意犯罪严格区别开来；其二，要像看待孩子生病一样，看待犯罪之人，这样犯罪的臣民，就会自觉地守法守纪，一心一意过安定康乐的生活；其三，要亲自掌管刑杀大权，切实做到你不刑人杀人，就没有人敢刑人杀人；其四，对于犯罪案件要慎之又慎，必须考虑五六天甚至十天才做出断定，不得草率；其五，判断案件，要依据殷人的常法，不要顺从个人心意。

　　周公提出的四条刑律是:其一,老百姓凡因偷窃、抢夺、内外作乱、抢劫财货、强横不怕死而犯罪者,应该如实给予处罚。而民众对于这些犯罪行为,是没有不怨恨的。其二,罪大恶极的犯罪之人,绝对不能赦免。特别是那些不孝顺、不友爱的事件,做儿子的不认真照顾父亲,而大伤父亲的心;做父亲的不爱怜自己的儿子,反而厌恶儿子;做弟弟的也不顾天伦,对哥哥极不友爱。父子兄弟竟然到了这种地步,不惩罚他们就会造成社会混乱。其三,诸侯国的庶子、训人和正人、小臣等官员,犯了罪过其影响危害更大,不处罚就会助长恶人,应迅速根据条例处理。其四,凡诸侯不能教育好他们的家人和内外官员,让他们作威肆虐,完全违背王令者,也应处罚。因为这些人的行为,已经超出了德教的范围,所以不能用德教去治理,而应当予以惩罚。

　　这里,我们可以清楚地看出,周公将"明德"即进行德教与"慎罚"即慎重处罚,做出了极为严格的区分,并使二者相辅相成、相得益彰。

　　但有一种看法认为周公的"德治"思想,似乎是以道德代替法制,以空头说教代替制约机制的建设,以人格力量的感化代替有效制度的监督,甚至视"德治"为万能的政治手段,一味依赖德治而将其他配套的制约措施统统放在一边。这其实是对周公"德治"思想的一种误解,是将"惟敬五刑,以成三德"的"德主刑辅"或"德刑兼顾"的完整思想割裂开来的必然结果。

　　按照这种看法,周武王死后,"三监"及淮夷联合叛乱,周公辅助成王率兵东征,平定叛乱并彻底消灭殷商,也就失去了必要的政治和理论依据;而且,东征后又杀掉武庚和管叔,流放蔡叔,分封武王同母少弟康叔为卫君,使其居河、淇商墟之地,继续治理殷商余民,也就让人难以理解。恰恰相反,所有这些都正好说明周公"明德慎刑"思想的全面性和完整性,说明它是将"德治"思想与"慎刑"思想,或"以德治国"与"以法治国"即德治与法治巧妙结合的产物。对此,我们绝不能做出片面理解。

　　周公的"明德慎刑"思想,是一个以明德为主,既要宣示西周王朝的恩德,又要慎重处罚那些犯有不同罪过的人,并使之改过自新的全面而又完整的治国理政策略。但在后来的治国实践中,特别是周穆王时期,却有着很大的偏差与失误，这恰恰与周穆王的不求"懿德"，只喜好炫耀武力，违背"先王耀德不观兵"的遗风有着很大的关系。周穆王时期，由时任司寇的吕侯主持制定的《吕刑》，也是针对当时严重的政务弊端而作的。

周穆王是历史上著名的旅行家。他继位时，立国已100多年的西周王朝开始出现"王道衰微"的现象，一些少数民族纷纷拒绝向周王朝纳贡，西方犬戎的力量也逐渐强大起来，穆王便欲出兵征伐。据《竹书纪年》记载："（穆王）十二年，毛公班、井公利、逄公固帅师从王伐犬戎。冬十月，王北巡狩，遂征犬戎。"

对此，他手下的一位大臣，据说是周公的后人，时任王室卿士的祭公谋父曾力劝他应与民众休养生息，不可轻言用兵。"先王耀德不观兵"，就是祭公谋父劝阻穆王的一句名言，他还以周人始祖后稷"稼穑积德"与不窋"自窜戎狄"而"时序其德"的良好美德为例，说明周人先祖与戎狄之间夙有渊源，更应该处理好与戎狄之间的关系。穆王根本不听，仍对东方与南方的一些少数民族时而征伐时而拉拢，逐步失去了控制力量。

由于穆王的过分扩张和连年的穷兵黩武，致使国库空虚，国力耗费殆尽，周王室出现由盛而衰的发展趋势。为了弥补国库亏空，穆王便下令让吕侯主持，并根据夏禹赎刑之法，制定刑法以颁布天下，命之为《吕刑》。该法行文甚长，又颇多典故，虽也对穆王的严刑峻法有所批评，但内容多是以钱赎刑，只要舍得拿钱，就可以减刑免刑。这种以钱赎刑、以钱免刑的做法，与周公"明德慎刑"的思想完全格格不入，简直是南其辕而北其辙的失德少礼之举。

根据《周礼》的规定，天子拥有六军，诸侯拥有三军，一些小诸侯也拥有一军。而其兵源与兵赋又来自六乡、六遂。大的军事征伐行动，则需召集诸侯派兵参加。周穆王连年征伐，必然要连年征兵纳赋，而深受其害者乃六乡、六遂的民众，当然各路诸侯也会因劳民伤财而心怀不满。就在这种情况下，穆王才想出以钱赎刑、以钱免刑的办法，用以解决国库亏空的问题。然而这种卖官鬻爵、以钱赎刑、以钱免刑、废法缺德之事，实与西周立国立政以厚德尚礼为根本是背道而驰的。

七、"勤俭无逸"思想是以勤俭育德养廉

周公在还政于成王自己退居二线之后，怕成王贪图享乐而荒废政事，便极其诚恳地告诫成王，要勤于政务，不可逸乐。史官记录了周公的诰文，这就是著名的《无逸》。

在这篇诰文中，周公首先开宗明义地指出：要无逸而不贪图享乐，就必须先知道耕种庄稼的艰难辛苦，才会知道老百姓的辛劳和痛苦。这是《无逸》全文的纲领。周公的原话是：

呜呼！君子所，其无逸。先知稼穑之艰难，乃逸，则知小人之依。相小人，厥父母勤劳稼穑，厥子乃不知稼穑之艰难，乃逸乃谚。既诞，否则侮厥父母曰："昔之人无闻知。"

这段话的意思是说：唉！君子做官不可贪图安逸享乐。首先要了解耕种收获的艰难，然后再逸乐，就会知道老百姓的痛苦。看那些老百姓，他们的父母勤劳地耕种收获，他们的儿子却不知道耕种收获的艰难，贪图安逸享乐。时间久了，就轻视侮慢他们的父母说："老人没有知识。"

接下来，周公引述了殷周两朝的历史事实，再次从正反两个方面论述了为官"无逸"的重要意义。这里，周公先从正面论述殷朝的中宗、高宗、祖甲和周朝的周文王等四位贤明君主勤劳俭朴、神态庄正、心怀敬畏、恭敬谨慎、深入民众、体察下情、勤于政事、善良无逸的事迹，来说明他们之所以能够长久在位，并受到百姓尊敬爱戴的原因，就在于他们事必躬亲、勤俭无逸、育德养廉，形成了优良传统。然后，再论述殷朝的几个短命君主，他们在位时间短促，不受百姓欢迎，不知勤劳无逸，像走马灯似的忽明忽灭。这确是不知勤劳无逸的反面教材。

周公提到的第一位贤明君主就是殷王中宗，即殷代第五世君主太戊。周公说："唉！我听人说，过去殷王中宗，神态端庄，心怀敬畏，自己谋求天命，自己去奋力创业打江山；治理百姓，也恭敬谨慎，不敢荒废政事，贪图安逸。"所以，中宗太戊在位长达75年。

周公提到的第二位贤明君主就是殷王高宗，即殷代第十一世君主武丁。

周公说："高宗做太子时，长期在外劳役，于是他爱护老百姓。等到他即位，有时沉默，三年不轻易说话。或许是因为他不轻易说话，话一说出来就和顺合理。他不敢荒废政事，贪图安逸，使殷国美好和睦。从老百姓到群臣，没有怨恨他的。"所以，高宗在位59年。

周公提到的第三位贤明君主就是殷王祖甲，即殷代第十二世君主帝甲，他是武丁的儿子。周公说："他以为代替兄长称王不合理，便逃亡到民间，做了很久的平民百姓。等到他即位以后，方知道老百姓的痛苦，能够安定爱护人民，对于孤苦伶仃、无依无靠的人也不敢轻慢。"所以，祖甲在位33年。

周公说："从此以后，在位的殷王生下来就安闲逸乐，不知耕种收获的艰难，不知老百姓的劳苦，只是追求过度的逸乐。从这以后，在位的殷王也没有能够长寿的。有的十年，有的七八年，有的五六年，有的只有三四年。"

周公提到的第四位贤明君主，就是西周的开国君主周文王。周公说："啊！只有我们周的太王（即文王的祖父）、王季（即文王的父亲）能够谦虚谨慎，敬畏天命。文王穿着平民的衣服，从事开山垦荒、耕种田地的劳动。他和蔼柔顺，善良恭敬，保护安定百姓，爱护关心孤苦无依的人。从早晨到中午，从中午到下午，他忙得没有闲暇吃饭，以求万民和谐。他不敢乐于嬉游田猎，不敢用各国进献的赋税享乐。"文王中年即位为君，在位50年。

在《逸周书》中，也记载了周文王克勤克俭，勤劳无逸，"车不雕饰，人不食肉"，生活俭朴，一心一意地以民为本、以农立国，为建设"蕞尔小邦"之周而辛勤工作几十年。

据《竹书纪年》记载："文王即位之四十一年，在帝辛释西伯之次年"，文王又一次迁徙都邑，即把都城由周原迁至程邑鲜原（今陕西西咸新区）。《诗经·大雅·皇矣》中的"度其鲜原，居岐之阳，在渭之将"，就是指把都城迁至鲜原这件事，已经成为万国学习的榜样。

但就在文王迁都程邑鲜原的第三年，岐周境内遭受特大灾害，文王采取一切以民为本的应急措施，使国家不但经受住了灾荒的考验，而且取得农业丰收，"财殖足食"，国家富强。《逸周书·大匡解》就记载了周文王领导民众救灾的实情。他"旁匡于众"，鼓励与依靠人民生产自救，政府出力，采取

"粮穷不转，孤寡不废"的助农政策。在危难时刻，文王仍以鳏寡孤独为念，关心社会老弱群体。同时他还严于律己，号召各级官员与民共度时艰，"车不雕饰，人不食肉"，废除所有官方礼乐排场，并积极"资农不败务"，使"藏不粥籴，籴不加均。赋洒其币，乡正保贷"，坚持以民为本、以农立国的重农观念与优良传统。

《逸周书·程典解》更将文王勤劳无逸，深入民众，根据民情国情治国理政的种种举措做了细致的描述，充分显示了文王非常重视德政礼教的重要意义和作用。他指示官员要助"余体民，无小不敬"，应拳拳以庶民为念，"协其三族，固其四援，明其伍侯，习其武诫，依其山川，通其舟车，利其守务"，治理国家应在民事、交通、经济、国防等方面都了然于胸，为民为国皆要无微不至。尤其难得的是，文王虽认为应地尽其利，物尽其用，但要慎取慎用，"生穑省用，不滥其度""薮林不伐，牛羊不尽齿不屠"，不滥砍树林，不滥行开发，这种保护自然生态平衡的观念，文王早在3000年前就已提出。文王还提出"于安思危，于始思终，于迩思备，于远思近"的哲理箴言，对中国传统思想观念造成深远影响。总之，周文王的勤俭无逸和勤政爱民思想与生活作风，使其成为周人的楷模和榜样。

周公最后又告诫成王勤于政事的基本方法，那就是绝不可沉溺于观赏、安逸、嬉游和田猎之中，也绝不可使老百姓进献的赋税供自己安逸享乐，这不但不能使老百姓顺从，而且也不能使上天依从。一定不要像商纣王那样迷惑昏乱，把酗酒作为酒德啊！

还要像古人那样互相劝导、互相爱护、互相教诲，像老百姓那样没有互相欺骗、互相诈惑，更要像殷王中宗、高宗、祖甲及周文王等四位贤明君主那样"皇自敬德"，以勤劳无逸涵养自己的德行，形成敬业敬德的优良传统和精神。成王作为继位之王一定要以此鉴戒啊！

八、"宗法一统"思想旨在反分裂而一统华夏

周人之所以能以"小邦周"一举灭亡"大邑商"而崛起渭上，建800年基业，除了周人的艰苦奋斗、积蓄力量、讲求战略对策之外，更重要的是，

周人长于发挥族权制度和族权观念的巨大作用，以凝聚族群内部乃至其他方国、部族的各种力量。周人在取得政权之前，即"由公刘时代的氏族组织及族长权威的军事性移民集团，经过两次迁移，到太王王季时，已发展为以农耕为主，有宫室宗庙及比较制度化的政治组织"①。取代殷商之后，西周王朝除实行宗法性"父子相传"的王位继承制度之外，又多次进行分封，将周王族的成员分封出去建立诸侯国，以屏藩周室。所以，在《尚书·周书》中，多次出现"宗周""宗人""宗礼""宗庙"等词，它们都含有"宗法""宗族"的意思。

周人的族权制度和观念，本源于我国原始社会的氏族制度和祖先崇拜，后经较长时间的转化改造，才逐渐成为西周乃至春秋时期比较典型、比较严密、比较完善的宗法制度和宗法思想。周公的宗法思想正是对这一族权制度和观念的继承和发展。

随着阶级社会的出现，私有制力量的发展壮大，以及原始血亲关系在阶级社会的严重遗存，以父系家长对权力与财富的继承为基本特征的氏族制度在夏王朝建立之后，又与"家天下"的王权制度相结合，遂使原始社会"天下为公"的时代内涵转化为"天下为家"的时代特征，即由古代的禅让制转变为夏王朝以后的世袭制。到了西周时期，特别是经过周公的继承和发展，族权与王权的结合逐渐演化为依据血亲关系的亲疏远近来确定王权继承顺序，规定宗族内部各自的权利义务以及尊卑贵贱的等级区别。从此，"大人世及以为礼"（以子继父为世，以弟继兄为及）的王位世袭和诸侯分封，便成为宗法制度与宗法观念的重要内容。

为了国家的长治久安，周公在"制礼作乐"的过程中，经过多次分封诸侯的实践，形成以区分嫡庶、首先确立嫡长子优先继承权为重点的基本规则，在宗法家族内部同样区分出大宗、小宗和嫡出、庶出，以保证嫡长子的特殊权力和地位。可以看出，这种宗法制度和宗法思想的核心正在于嫡长子的王位继承权和继承制。换句话说，嫡长子是合法的王位继承人和接班人，这是

① 许倬云. 西周史 [M]. 北京：生活·读书·新知三联书店，1994：69.

西周宗法制度也是周公宗法思想所明确规定的一条基本原则。

周公姬旦，作为武王、成王时期的辅佐大臣，不但制定确立了嫡长子继承王位的宗法制度，而且也以身作则地忠实践行了这一宗法思想的基本原则。作于西周初年的《金縢》，以其可信的史料记载了周公对武王和成王毫无僭越之意的忠诚笃信。据该文记载，周灭商后二年，武王生了重病，周公即作册书向先王祈祷，请求替代武王去死。事后，史官将册书放进金属装束的匣子，武王死后，成王继位，周公摄政。"三监"却散布流言，说周公欲取而代之，中伤周公，并勾结殷商遗民背叛王家。周公遂领兵东征，一举平定了叛乱，但成王仍然怀疑周公，后来得知金縢之书确属真实，方幡然觉悟，并亲自出郊迎接东征归来的周公。史官们记录了这件大事，命之为《金縢》。

以宗法思想为重要内容的王权政治秩序，发展到西周时期已基本成熟，并以制度化的形式确定了下来，为后世君王所效法。自称"朕为始皇帝"的秦始皇，其先王秦孝公在支持商鞅变法之时，曾下令"燔《诗》《书》而明法令"，更有甚者，对"有敢偶语《诗》《书》者弃市"。可见其禁绝《诗》《书》的坚决态度。但在秦始皇统一六国之后，却仍对《尚书》中有关"嫡长子继承王位"的宗法思想大加赞赏，而且欲使其"千万世，传之无穷"（《史记·秦始皇本纪》）。这说明宗法思想对封建社会的发展起着重大的历史作用。

《诗经·小雅·北山》曰："溥天之下，莫非王土；率土之滨，莫非王臣。"这是说西周时期已经形成了"天下一统"的政治局面。这里的所谓"一统"是指整个华夏区域接受周天子统一领导，成为西周王朝的"家天下"，或直接称为"王家"。所以，周公在《多士》一文中，为了分化瓦解殷遗民，竟把殷王室与周王室都称为"王家"，说什么"惟我事不贰适（敌），惟尔王家我适（敌）"，意思是说，我们不把你们这些士人当作敌人，只把你们的"王家"当作西周"王家"的敌人。而且，周公指责殷纣王昧于天意，不能听从、考虑先王勤劳家国的教导。"矧曰其有听念于先王勤家"，这里，先王勤劳从事的明明是国家大事，却偏要说成是"勤家"，这分明是"家国一体"和"家国同构"的基本观念支配下的一种说法，把"天下一统"说成是天子"王家"的"一统天下"。

在《武成》中，多次提到"大统未集""天下弗服"，还要继续努力。但当"天下大定"可以"垂拱而治"的西周王朝，在其"一统天下"立邦扩土也已基本完成之时，就要适时转变国策，实施"偃武修文，归马于华山之阳，放牛于桃林之野"、裂地封国、"重民五教"等种种让民休养生息的怀柔政策，这是非常重要和必要的。

所以，该文告诉各诸侯国的大君和百官："我们的先贤后稷教民稼穑，创业立家，公刘则能够继承前人的功业，到太王古公亶父时，开始了王者的事业，王季更勤劳王家。我的文考文王能够成就王业，大受天命，安抚天下，大国畏惧他的威力，小国怀念他的美德。但文王即位九年，统一天下的大业还没有完成，我小子（即武王）要继承文王遗志，征伐殷商以安定统一天下。"

可以看出，西周王朝自灭商建业到"一统天下"，是由几代人来完成的，而这一代一代的王家首领，都有着"统承"联系即嫡系血统或血亲关系。这在古代来说，就叫作"统承先王，修其礼物"（《尚书·微子之命》），即由有着嫡系血统关系的后代君王来继承先王的意志和礼制文物，以保证其宗法关系绵延不断。这也是"一统天下"即由同一姓氏的嫡系血亲来完成统一大业的重要内容之一。

"宗法一统"思想，虽然具有宗法制度和宗法思想的含义，但对国家的统一、民族的凝聚、人民的安定团结，都有着极为重要的历史意义和现实意义。我们中华民族优秀的传统文化，之所以能在5000多年的历史发展长河中，一直处于"天下一统"而不曾分离、不曾断裂，不能说不与"宗法一统"思想的延续发展有着重要关系。

九、"文治武备"思想乃周公治国方略的重要一环

在周公的治国理念中，"明德慎罚"和"德政礼制"思想始终居于主导地位，这是由周公"道德天命"观念或"天人哲学"这一核心理念所决定和支配的。周公在漫长的创业建国和种种变革实践中，不但逐渐认识到"天不

可信"和"民之所欲，天必从之"的深刻道理，而且还看到了所谓"皇天无亲，惟德是辅；民心无常，惟惠之怀。为善不同，同归于治；为恶不同，同归于乱"等变动不居的社会百态和种种表现。于是，周公渐渐清楚地看到，只有奋力冲破"鬼神崇拜"与"神谕天命"的束缚，开启人的人文精神，拓展人的德行智慧，提升人的世俗地位，也只有以人的思民之利、保民之心的道德实践之力，去认识和利用天地自然发展规律之天力，并在"天人合一"的思想基础上，通过天人互动、天人合作、天人互助，才能认识、把握和掌控人的生命运转规律，创建人的生命实业，完成人的历史使命，实现人的存在价值。这就是周公"道德天命"思想的实质，也是我们对其做出的一种现代诠释。

周公正是在这一"道德天命"核心理念的指引下，生发出种种有关治国理政的文德或文治之说。我们前面所叙述的，都在说明周公"修文德以治国怀远"的种种可行方案。但是，在周公的心目中，武王灭商的"牧野之战"、扫除"三监"的"东征平叛"、斩首武庚的"力挽狂澜"都历历在目，始终使他不能忘怀。所以，周公在《立政》中告诫成王："现在，先王贤明的子孙，您已做君王啊！您可不要在各种狱讼案件上犯错误，只让主管官员去治理。您要治理好军队，循着大禹的足迹，遍行天下，直至海外，使普天之下没有人不臣服。以此显扬文王圣德的光辉，继续武王的伟大功业。"

这里，周公特别强调，要成王不能太多地去关注狱讼案件，应放手让主管官员去处理。自己则应"克诘尔戎兵以陟禹之迹，方行天下"，就是要成王在百忙之中，首先治理好军队，循着大禹治水之足迹，遍行天下，要牢牢掌控军队，以预防不测，即预防内部或外部的叛乱、侵扰之事发生。这就是说，要有预防性的军事准备。应该说这种"文治武备"思想，是周公治国方略中的重要一环，也是周公治国理政思想的一个重要组成部分。

周公的"文治武备"思想，也有其形成发展的历史原因。它是回顾与总结周人先祖长期游牧生活经验教训的产物。

周人始祖后稷原本生活在邰地，但他的下一代，即后人不窋却被戎狄打压而"自窜"到北地（今甘肃庆阳），后来才在公刘的带领下，举族迁徙至豳地一带。周人之所以能够迁至豳地，是由于公刘以"三单"的形式，即将青壮年劳力编制成类似于武装民兵的军事组织，以武力保护族群老少和妇女儿童，使之安全地长途跋涉，直至到达目的地。

周人到达豳地，又在太王古公亶父的领导下，从事各项建设。但当戎狄再次前来侵扰时，太王却礼让对方，将牛羊和谷物送给他们，以表诚意，可戎人却要强占他们的土地，由于当时还没有武装力量，也没有武装防御的意识，所以，太王只好再次忍让迁徙，将周人族群迁到岐山周原，周人这才有了定居建国之地。应当说，这是周人以沉痛的教训换来的一片安居之地。而这个教训正是周人当时缺乏武装或军事防御思想，致使几代周人围绕泾渭二水转了一个大圈，即从邰地出发，最后又回到邰地。

在《逸周书·程典解》中，文王也一再强调，不但要拳拳以庶民为念，"协其三族，固其四援，明其伍侯，习其武诫，依其山川，通其舟车，利其守务"，而且要在民事、交通、经济、国防等方面了然于胸，为民为国皆要无微不至。这才是治国理政所必须切实关注的问题。

十、"革故鼎新"思想重在破除时弊、坚持维新

《诗经·大雅·文王》这样说："周虽旧邦，其命维新。"虽然周人还没有将"维新"二字和"变法"之说联系起来，使其成为"变旧法以行新政"，从而推动社会不断前进的一种力量，但统观《尚书·周书》的有关章节，仍然可以清楚地看出，周公和周人随着形势的不断变化，及时转换治国策略的"维新"认识和思考。比如，《泰誓》与《牧誓》两篇文告叙写武王伐纣之时，周公及周人领导阶层，动员联合各诸侯邦国，统率伐纣大军，以"戎车三百""虎贲三千"，向朝歌进发，用武力夺取政权，彻底剪灭殷商的盛况。但在夺取殷商政权，建立西周王朝之后，又迅速"罢兵西归"，实行"偃武修文"的治国方略，提出"明德慎罚""敬天保民""德政礼制"的管理思想和怀柔政策，并施行"建官惟贤，位事惟能"的贤人政治，推动吏治改革，以达"重民五教，惟食丧祭，惇信明义，崇德报功，垂拱而天下治"（《尚书·武成》），即让武王垂衣拱手而天下得到治理的目的。

　　特别是在对待殷商遗民的政策上，周公采取了比较稳妥的办法，建立"新大邑于东国洛"，让四方臣民与殷商遗老遗少都聚集到这里，并封卫康叔为卫君，"居河、淇商墟"，专事治理卫国。同时又实行"以殷治殷""殷人治殷"的策略，使其弃旧图新，以"作新民"。对于"三监"与淮夷的联合叛乱，则采取坚决平叛的方针，使整个局势很快得到控制。

　　在社会法制建设和移风易俗方面，周公也随着不断变化的形势，在《康诰》《酒诰》《梓材》《无逸》《多士》《多方》等文告中，提出施行"慎刑慎罚"的五项准则和四条刑律的具体内容，并提倡戒酒、无逸、节俭朴素的生活作风，反对殷商时期遗留下来的群聚酗酒、赌博斗殴等种种社会恶习，对形成新的社会风尚和养成良好的生活习惯都有重要意义。

　　这里，我们特别强调一下周公第二次亲自主持分封同姓和异姓诸侯的实际情况，以说明"周虽旧邦，其命维新"，即随着时势的变化而不断维新以求发展。

　　西周的分封制实际是从周公、成王开始的。殷商时期实行方国联邦制，诸方国、部落虽然对商王朝有一定的贡纳，但基本上是独立的，他们对殷商王朝并没有多少依附关系。周武王执政时期，试图走殷商的老路，便分封了殷纣王的儿子武庚为"三监"之首。但他死后，"三监"伙同东方诸国发动叛乱。因此，周公制礼作乐不再循规蹈矩，而另辟蹊径开创了分封诸侯的新局面。其特点是，所封诸侯大多为姬姓宗亲，而且其德行甚佳，他们与周王室有着血亲关系，这就是说以血亲关系为纽带，通过分封制把那些有德行的宗亲连接起来，使亲者更亲，尊者更尊，在这种"尊尊、亲亲"的基础上，形成不同层次、不同规格的贵族等级制，更有利于维护西周王朝的君臣关系，也更有利于"藩屏王室"的长治久安。应当说，这即是西周分封制的实质所在。

　　一德一礼，一里一外，乃是内外相依、相辅相成的一种亲密无间的宗亲关系。周公就是以礼乐之器以彰其德，所以，后人才有所谓"以礼养德""礼仪养人"之说，这些说法与"礼治尊亲"之说有着同样的意思。

　　那么，人们要问西周所分封的姬姓诸侯与异姓诸侯到底有哪些人？

我们还是先说姬姓。据《左传·定公四年》记载：

> 昔武王克商，成王定之，选建明德，以藩屏周。故周公相王室，以尹天下，于周为睦。

《左传·僖公二十四年》记载：

> 昔周公吊二叔之不贤（指"三监"），故封建亲戚，以藩屏周。管、蔡、郕、霍、鲁、卫、毛、聃、郜、雍、曹、滕、毕、原、酆、郇，文之昭也（即皆文王之子）；邘、晋、应、韩，武之穆也（即武王之子）；凡、蒋、邢、茅、胙、祭，周公之胤也（即周公之子孙）。

《左传·昭公二十八年》记载：

> 昔武王克商，光有天下，其兄弟之国者十有五人，姬姓之国者四十人，皆举亲也。

《荀子·儒效》也曰：

> 周公兼制天下，立七十一国，姬姓独居五十三人。

从以上四条材料来看，僖公二十四年记载，虽有分封者姓名，但只有 26 国，昭公二十八年记载计封 55 国，荀子所记姬姓封国为 53 国，共立 71 国。从武王克商，尤其是周公东征所灭之国的数字来看，荀子所说比较接近实情。

另外，从各分封诸侯国所分到的殷商旧族、礼物器具、疆界土地等三项来看，也是完全不同的。

分封至鲁国的是鲁侯伯禽。据《左传·定公四年》记载：

> 分鲁公以大路（辂，御车）大旂，夏后氏之璜，封父之繁弱，殷民六族：条氏、徐氏、萧氏、索氏、长勺氏、尾勺氏。使帅其宗氏，辑其分族，将其类丑，以法则周公，用即命于周。……分之土田倍敦，祝宗卜史，备物典策，官司彝器，因商奄之民，命以《伯禽》，而封于少皞之虚。

这就是说，鲁国本是封给周公的封国，但周公辅佐成王，摄政当国，不能离开王室朝廷，所以，只好由其长子伯禽代父受封。正由于周公的特殊地位，所以分配给鲁公的不但有御车、大旗、贵族的玉璜器物，还有整套礼乐器具及仿王室的各级官员，而且分配给鲁国的殷民六族，仍保留其宗氏分族组织，以帮助鲁侯伯禽治理山东商奄之民。

分封至卫国的是卫康叔。因其封地在殷商王畿之地，旧贵族与殷商遗民较多，直接关系到西周政权的安危，因而受到周公的特别关注，不但其封地广阔，而且赏赐丰厚。在赏赐的器物中，有王子、母弟出封时的大辂车辆、少白旗、大红旗、旃旗及大吕铜钟。分到的七族都是有专业技能的氏族，如制陶、造旗、做繁缨、铸铁锅等。对于卫康叔的封地，据《左传·定公四年》记载：

> 自武父以南及圃田之北竟（即南达今河南许昌，北至新郑市南一
> 带），……命以《康诰》，而封于殷虚。皆启以商政，疆以周索。

即因居殷商故地，风俗文化的不同可以沿用殷朝的旧政策，但疆界土地却要按照周法。

分封至唐（晋）国的是叔虞（成王之弟）。据《左传·定公四年》记载：

> 以大路，密须之鼓，阙巩沽洗，怀姓九宗，职官五正，命以《唐
> 诰》，而封于夏虚。启以夏政，疆以戎索。

这是说分封到晋水旁边的唐国（今山西翼城一带，后改国号为晋），地处原殷商北方一线，又是夏人旧墟，由于周人自命为夏人的后裔，所以"启以夏政"，即尽可能保持周人的本来面目。山西在商时已有戎狄，鬼方即为晋南方国之一。所谓"疆以戎索"，大约是说晋国有戎化的趋势，唐叔虞受赐"怀姓九宗"，"怀"与"槐"相通，是鬼方的姓，唐国是周人在晋南的一部分鬼方降服后，即派唐叔虞率领周人在鬼方的旧地上建立起有职官五正的政权。

据《史记·周本纪》记载："武王崩，成王立，唐有乱（即唐国作乱），周公诛灭唐。"接下来讲述了年少的成王与其弟叔虞在一起玩耍，成王拾起一片桐树叶子，削成"圭"状给叔虞，并开玩笑说以此封于你。史官闻之，即让叔虞谢恩，并请成王择吉日册封。成王说："我是与弟游戏。"史官说："天子无戏言。言则史书之，礼成之，乐歌之。"遂封叔虞于唐（晋），这就是流传千古的"削桐叶封唐"的故事。

分封到燕、齐的则是召公与齐太公这两位朝廷重臣及其后人。

燕国初封在河南郾城，"三监之乱"平定后，召公驻军徐奄，为了追击逃

亡的武庚残部，周公立即命召公"元子"就封燕国（今河北蓟州）。及伯禽封鲁，召公遂移封北土，在易州建立燕国。北京市房山区董家林古城密集的黄土坡墓地，发现西周中晚期的铜器铭文，证明这座古城即是燕国的都城。燕国西周势力的建立，显然与"卫"和"成周"情形相似，是商周上层的交融合作，其底层则仍是殷商遗民。

齐国则是周人分封东方的另一个大国。据《史记·齐太公世家》记载："武王已平商而王天下，封师尚父于齐营丘。"在平定"三监"叛乱之后，周公见形势严峻，便让姜太公急赴营丘，以控制新收复的东方国土。师尚父奉命离开镐京："东就国，道宿行迟（约行至营丘西百余里）。逆旅之人（由东向西的行人）曰：'吾闻时难得而易失。客寝甚安，殆非就国者也。'太公闻之，夜衣而行，黎明至国。"师尚父一行到达之后，立即组织军民与莱夷作战，击退其进攻，又让官员发布告示：一切按旧制度行事，尊重当地风俗习惯，政令礼仪从简，恢复生产，保证社会稳定发展，取得较好效果。

西周分封的唯一异性小国为"宋"。据《辞海》词条介绍：宋，古国名。子姓，开国君主是商纣王的庶兄微子启。公元前 11 世纪，周公平定武庚叛乱后，把商的旧都周围地区分封给微子，建都商丘，有今河南东部和山东、江苏、安徽间地。微子曾对殷纣王淫乱不堪的无耻行为看不惯，而且多次规劝，甚至与太师、少师商量对策，最后太师劝微子出逃，对周人灭商采取顺应态度，所以周公东征杀武庚后，就册封微子为宋国国君，并作《微子之命》申饬之，告诫微子奉其先祀，管束殷民，拥戴周王室。

从上述西周分封同性和异性诸侯的整体情况来看，周公亲自主持的新的分封制度与办法，对稳定发展新生的西周政权有着极为重要的意义。正如许倬云先生在其所撰的《西周史》中说的："建立东都成周和在东方分封大批姬姓与姜姓诸侯配合在一起，为周王国的统治打下了稳固的基础。这个基础上，不但有姬姜的宗族控制了战略要地，更在于经过一番调整，周人与东土的部族糅合成为一个文化体系与政治秩序下的国族。殷商自称大邑，却无'华夏'

的观念。这些周王国内的各封国，自号华夏，成为当时的主干民族。"① 应该说，这是周人在中原核心地区及东、南、北各战略要点大封同姓和异姓诸侯的真实目的，对巩固西周王权和形成华夏大文化圈都有着极其重要的意义。

另外，在新的分封制度，即第二次分封诸侯施行之后，洛邑成周也随之建成。这个时候谁居成周就成为一个关乎全局的大问题。西周统治集团经过多次反复协商，最后决定让周公居洛治洛，一方面安抚殷民，一方面变革旧俗。成王将这一重大决策册告天下，命之为《洛诰》。对此，周公作为成王的叔父和辅佐大臣，仍跪拜叩头，告诉成王要认真考察诸侯们对待享礼（即朝见天子之礼）的态度，谨防有些诸侯"享多仪，仪不及物"的虚假现象，即他们看起来很重视觐见之礼，而且贡献的礼物很多很贵重，但他们对国君的命令执行贯彻得如何，是不是礼仪赶不上礼物呢？这样老百姓就会认为可以不朝享了。

所以，周公明确地告诉成王，洛邑成周将成为新的"惇宗将礼"之圣地，即国家举行隆重典礼、安排盛大祭祀活动的册封地和祭祀地。应当说，这也是周公革新旧制的一项重要措施。

十一、华夏文化上古文德礼仪之父：周公姬旦

我们以上所叙有关周公文德礼仪的十大思想，对周公立国安邦、治国理政的基本理念，做了比较全面的概括，体现了周公"祀德纯礼"与"德政礼制"思想的丰富内涵。正是周公这十大文德礼仪思想体系，勾画和昭明了中国优秀传统文化早期发展阶段的基本轮廓，也集中彰显和反映了那个时代文明的一些基本特色。他不但继承和丰富了自"人文初祖"轩辕黄帝以来，直到夏、商、周上古三代立德、厚德、敬德的传统，而且还将文德思想与礼仪思想连接起来，并提升到"崇德尚礼"的高度，构建起文德礼仪思想体系，从而终结了上古华夏思想文化，成为华夏文化上古文德礼仪之父。其具有许多鲜明色彩，像纯朴的人文精神，自然的人伦关系，神秘的敬畏思想，率真

---

① 许倬云. 西周史［M］. 北京：生活·读书·新知三联书店，1994：122.

的人性观念，强烈的忧患和鉴戒意识，深厚的保民、惠民、爱民、化民、新民理念等，都是人类在进入文明社会初级阶段后所积累沉淀而形成的一种极其朴素自然的思想认识，对中华文化和中华文明的历史发展以及我们今天所从事的伟大复兴事业，有着重要的历史和现实意义。

周公的文德礼仪思想体系是在《尚书·周书》中提出来的，他那"道德天命论"的核心命题，即"天人哲学""天人合一"，成为《周易》与《诗经》的指导思想，这说明在 3000 年前的西周王朝，周公以"道德天命论"为核心命题的文德礼仪思想，就已深入人心，并成为人们的行为准则。尽管《周易》《诗经》并没有签署周公的大名，但人们只要认真地通读以上两书就会发现，周公的"道德天命"与其文德礼仪思想，简直跃然纸上。

第四章　上古和悦文化之范：失传《乐经》旨归

众所周知，《乐经》是我国已失传的一部经典著述。它和我国最早流传下来的所谓"五经"，有着同等重要的意义。据说《乐经》记录着我国上古或远古时期对历代英雄人物和三皇五帝的颂歌乐舞，以及那个时代流传下来的音乐理论、乐器乐人等。它和"五经"一样，都如《春秋左氏传》所说："楚左史倚相能读《三坟》《五典》《八索》《九丘》。"即上世帝王遗书也。它的失传，对于我们了解上古音乐理论和古代乐曲发展变化等问题，都是很大的损失。

由于我国上古时期，诗歌与音乐舞蹈是紧密地结合在一起的，所以，不但《墨子·公孟》有"儒者诵诗三百，弦诗三百，歌诗三百，舞诗三百"的说法，而且《史记·孔子世家》也说："三百五篇孔子皆弦歌之，以求合《韶》《武》《雅》《颂》之音。"由此可知诗歌在古代与音乐舞蹈关系密切，因此许多人把《诗经》或诗歌看成是古代的《乐经》。明代的刘濂在《乐经元义》中说："六经缺《乐经》，古今有是论矣。愚谓《乐经》不缺，三百篇者《乐经》也，世儒未之深考耳。"郑樵在《乐府总序》中也说："古之达礼三：一曰燕，二曰享，三曰祀。所谓吉凶军宾嘉，皆主此三者以成礼。古之达乐三：一曰风，二曰雅，三曰颂。所谓金石丝竹匏土革木，皆主此三者以成乐。礼乐相须以为用，礼非乐不行，乐非礼不举。自后夔以来，乐以诗为本，诗以声为用，八音六律为之羽翼耳。"

郑樵的这段话，既讲了礼与乐的密切关系，也讲了诗与乐，即诗歌与乐舞的密切关系。这对于我们探寻古代歌曲乐舞及其所要表达的思想情感，都有着重要意义。我们不妨循着我国上古历史的足迹，对其身后遗留下来的歌曲乐舞举其要者，予以探寻汇集，或许可以窥得失传《乐经》的背景和一些蛛丝马迹。

一、上古歌曲乐舞探源溯流举要简论

我国先秦时期的许多典籍中，都有关于上古或远古流传下来的古曲古调，以及为三皇五帝等历代开创伟业的英雄人物所作的赞美颂扬之歌曲乐舞。比如《吕氏春秋·古乐》《诗经·大雅·大武》中就有记载，另外，《周易》中的《比卦》与《兑卦》，以及《荀子·乐论》等先秦典籍中也有对失传《乐经》的评论。

《荀子·乐论》开宗明义：

> 夫乐（yuè）者，乐（lè）也，人情之所必不免也，故人不能无乐。乐则必发于声音，形于动静，而人之道，声音动静，性术之变尽是矣。故人不能不乐，乐则不能无形，形而不为道，则不能无乱。先王恶其乱也，故制雅颂之声以道之，使其声足以乐而不流，使其文足以辨而不䚡，使其曲直、繁省、廉肉、节奏足以感动人之善心，使夫邪污之气无由得接焉。是先王立乐之方也，而墨子非之，奈何！

这段话说明先王立乐之道的根本目的，在于表达人的思想感情，表达人的喜、怒、哀、乐，而这正是人情之所不能免也。但先王"贵礼乐而贱邪音"，是因为"圣人之所乐也，而可以善民心，其感人深，其移风易俗，故先王导之以礼乐而民和睦"。这正是先王和先贤立乐之道的根本。

所以，荀子才有所谓"礼有三本""乐有三和"之说。这是荀子对西周王朝施行"崇德尚礼"的"礼仪之制"或礼仪文化的基本看法。故荀子在《礼论》中说：

> 礼有三本：天地者，生之本也；先祖者，类之本也；君师者，治之本也。无天地，恶生？无先祖，恶出？无君师，恶治？三者偏亡，焉无

安人。故礼，上事天，下事地，尊先祖而隆君师，是礼之三本也。

荀子在《乐论》中又说：

> 故乐在宗庙之中，君臣上下同听之，则莫不和敬；闺门之内，父子兄弟同听之，则莫不和亲；乡里族长之中，长少同听之，则莫不和顺。故乐者，审一以定和者也，比物以饰节者也，合奏以成文者也。足以率一道，足以治万变。……

> 故听其雅颂之声，而志意得广焉；执其干戚，习其俯仰屈伸，而容貌得庄焉；行其缀兆（乐舞的行列位置），要其节奏，而行列得正焉，进退得齐焉。故乐者，出所以征诛也，入所以揖让也；征诛揖让，其义一也。出所以征诛，则莫不听从；入所以揖让，则莫不从服。故乐者，天下之大齐也，中和之纪（纲纪）也，人情之所必不免也。是先王立乐之术也，而墨子非之，奈何！

这里，荀子不但说了"乐之三和"，即"和敬、和亲、和顺"，而且还讲了上古乐曲歌舞的盛大阵容和多种功能，但"天下大齐大同"与"天下纲纪中和"仍然是先王先贤立乐之道的根本。

荀子有关"乐之三和""立乐以天下大齐大同""立乐以天下纲纪中和"的种种说法，把古代先王先贤立乐之道，在于引导"天下大和"的根本目的，揭示了出来。而且，荀子的有关说法和《周易》有关卦爻辞的说法，如出一辙。

《周易·比卦》曰："比之自内""外比之""显比"等。对此，《荀子·不苟》解释为"交亲而不比"，即互相友爱团结，不搞小集团。对于显比，《荀子·天论》又解释为"故道无不明，外内异表，隐显有常，民陷乃去"，这里所谓的"隐显"，就是指国内要做到和睦团结，以达到上下左右互相亲善和睦的政治境界。

《周易·兑卦》则"以和平共悦为邦交之根本"。这是因为西周作为大宗主国，曾大封宗亲和功臣以屏藩周室，同时又一直与周围各族有不少纠纷争夺。到了周幽王时期内忧外患更加严重，王室贵族腐化倾轧，诸侯之间离心离德，大有互相蚕食之势，这对西周王室造成很大威胁。《周易》作者对于邦交问题，主张和平相处、和平共悦，反对侵略、反对战争。所以，《周易·兑卦》提倡"和兑（悦）"，反对"孚兑（悦）"与"来兑（悦）"。即提倡和平共悦而反对俘虏对方人员，再让对方归服自己。

《周易》和荀子有关"和平共悦"与"立乐之本"的思想，是从我国古代华夏族群与周围各族人民相互友好相处的生活经验中，总结概括出来的一种极其宝贵的文化理念，当然也就成为我们探寻古代遗留下来的歌曲乐舞所要遵循的一个根本原则。因而，我们只有在这一根本原则的指导下，才能对我国古代歌曲乐舞做出初步的探索。

二、葛天氏八阕乐舞歌颂原始末期农事劳作

据《吕氏春秋·古乐》记载：

> 昔葛天氏之乐，三人操牛尾，投足以歌八阕：一曰《载民》，二曰《玄鸟》，三曰《遂草木》，四曰《奋五谷》，五曰《敬天常》，六曰《达帝功》，七曰《依地德》，八曰《总禽兽之极》。

这里首先要考证的是葛天氏生活在何时何地。但由于葛天氏是传说中的先贤人物，对其所处的时代背景只能有一大概了解。

据《文选·上林赋》李善注引考：在先秦古籍尚无清晰记载的情况下，只能把葛天氏当作传说中原始社会末期的一位部落酋长。他所制作的八阕乐曲，有歌有舞，但很简单，仅有三个人手中拿着牛尾，连跳带唱。可以看出，这是原始社会末期一种极其纯朴的庆祝农业丰收的歌舞形式。八阕歌辞已经失传，仅留各阕题目，如果我们把这八阕题目连在一起，当作一个整体来看，就不难看出，它描述了劳动人民从事农业生产劳动并获得丰收，且以极其喜悦的心情来庆祝丰收的欢乐场景。但他们也没有忘记，这是老天帮忙、老天保佑的结果。其中已经含有最早的天人合作、天人合一的意味了，但同时具有浓厚的迷信和神秘色彩。

从葛天氏的生活中有五谷、草木与狩猎的实际内容来看，他所处的时代应在我国仰韶文化与龙山文化之间，是原始社会末期从渔猎到农耕的过渡阶段，大体是在后稷教民稼穑之前的几百年。

从八阕题目所要表达的内容来看，《载民》应当与劳动人民从事农业生产劳动有关，即耕种稼穑或收割谷物之事。《玄鸟》是歌唱春天来了，燕子也欢快地飞来了，它们呢呢喃喃地叫个不停。《遂草木》是说由于雨水丰沛，所以草木长得非常茂盛，这对庄稼人来说，是一个很好的兆头，它预示着丰收年成的即将到来，农民当然是非常高兴的呀!《奋五谷》叙述五谷作物生长得很好。种植庄稼的劳苦农民，为了种植管理好五谷作物，给它们浇水、除草、施肥。五谷作物也没有辜负劳苦农民的辛勤劳作，它们生长得很好，长长的谷穗，饱满的颗粒，微风吹过，便沙沙作响，像在拍手欢笑。《敬天常》是说人们对天地自然变化的规律，是非常敬畏也非常遵循服从的。农民能按照季节、时令的变化，及时种植五谷作物，并给予适时合理的管理，直至五谷成熟、庄稼丰收。《达帝功》是说五谷丰登固然是老百姓用血汗换来的，是农民共同辛苦劳作的结果。但也是老天保佑、老天助力的结果，可以说是天帝的功德，人们应该首先感恩和歌颂上天的功德。《依地德》是说在歌颂天帝功德的同时，也要感恩土地诸神，是皇天后土给了我们福分，抚养了劳苦的农民和庄稼汉子。《总禽兽之极》是说还要歌颂农人的狩猎生活。这大概是由于原始社会的农业生产水平比较低下，还不能完全满足人们基本的生活需求，因此还要通过狩猎来弥补生活之急需。

三、黄帝《咸池》歌舞彰显天下大行其道、备施其德

据《吕氏春秋·古乐》记载：

> 昔黄帝令伶伦作为律。伶伦自大夏之西，乃之阮隃之阴，取竹于嶰溪之谷，以生空窍厚钧者，断两节间，其长三寸九分而吹之，以为黄钟之宫，吹口"舍少"。次制十二筒，以之阮隃之下，听凤皇之鸣，以别十二律。其雄鸣为六，雌鸣亦六，以比黄钟之宫，适合。黄钟之宫皆可以生之，故曰黄钟之宫，律吕之本。黄帝又令伶伦与荣将铸十二钟，以和五音，以施《英韶》。以仲春之月，乙卯之日，日在奎，始奏之，命之曰《咸池》(即奏十二钟乐命之为《咸池》)。

这段话是说，黄帝曾命令他的一位名叫伶伦的大臣，从大夏山的西边到

昆仑山的阴面，寻找深谷中长成的竹子，选择竹子中间空透而皮厚者，截取两节之间的一段，长约三寸九分，并吹出声音，但要截取十二筒由短而长依次相当者，再到昆仑山下，模拟那里凤凰的鸣叫声，雄鸣为六，雌鸣为六，制成十二律宫商，这就是以吕为本的宫律。从这种乐器的形状来看，似乎类似于唐代乐伶们吹奏的多管"排箫"。其声悠扬典雅、美妙动听，为天籁之音。

但原文又说，黄帝令伶伦、荣将两人铸十二编钟以演奏《咸池》舞曲，这在尚无铜器的黄帝时代恐难实现。所以，《白虎通·礼乐》云："黄帝曰咸池者，言大施天下之道而行之；天之所生，地之所载，咸蒙德施也。"乃训咸为备，读池为施，即备施德于天下也。这大概就是黄帝以十二钟乐或十二管排箫演奏《咸池》之乐的原因。

四、帝颛顼《承云》扬"八风之音"、示天地气正

据《吕氏春秋·古乐》记载：

> 帝颛顼生自若水，实处空桑，乃登为帝。惟天之合，正风乃行，其音若熙熙凄凄锵锵。帝颛顼好其音，乃令飞龙作效八风之音，命之曰《承云》，以祭上帝。乃令鲜先为乐倡，鲜乃偃寝，以其尾鼓其腹，其音英英。

这段话的意思是说，帝颛顼生于一个叫空桑的水乡之地，所以他登上帝位之后，认为正是顺应天地之合，才风清气正。地方上也是一派民风纯正的气象，人们既可以听见各种熙熙攘攘谈笑风生的声音，也可以听见一种凄凄然似乎只做事的声音，更可以听见铿铿锵锵表达看法和意见的声音。这就像天地之间或山上水中发出的一种"天籁"和"地籁"之音，帝颛顼非常喜爱这种声音，便让飞龙去模拟八风之音，以作成《承云》。这就是史书记载帝颛顼的叫《承云》的乐曲。接下来用一个神话故事，来说明将这首乐曲演奏出来的情景。即乐倡"以其尾鼓其腹，其音英英"。

这里所谓"八风之音"，是指从宇宙天地自然之间四面八方所发出的风声，而这确是宇宙自然音乐的来源。据《庄子·齐物论》记载：

夫大块噫气，其名为风。是唯无作，作则万窍怒号。而独不闻之寥寥乎？山林之畏佳，大木百围之窍穴，似鼻，似口，似耳，似枅，似圈，似臼，似洼者，似污者；激者，谪者，叱者，吸者，叫者，譹者，宎者，咬者，前者唱于而随者唱喁。冷风则小和，飘风则大和，厉风济则众窍为虚。而独不见之调调之刁刁乎？

这段话是说，大风吹起以后，就像大地噫气一样，必然会使山峡山口似万窍怒号，山林百木也似穴似口，呼哨唱喁，摇摇晃晃，恢诡谲怪，千姿百态，各有所异，而这里的众窍即"地籁则众窍是已""人籁则比竹是已"，唯有天籁"夫吹万不同，而使其自已也"。这就是说，风声、林声、竹声、地声、山声等，凡天地自然发出的声音，就是"天籁之音"，是最好听的声音。

所以，《吕氏春秋·音律》曰："大圣至理之世，天地之气，合而生风，日至则月钟其风，以生十二律。……天地之风气正，则十二律定矣。"由此可见，上古之人是听风声即模拟风声以制作乐器和乐律的。反过来，又以乐曲歌舞表达人世之正气与互助合作。

五、帝喾三曲即《九招》《六列》《六英》"以康帝德"

据《吕氏春秋·古乐》记载：

帝喾命咸黑作为声歌：《九招》《六列》《六英》。有倕作为鼙、鼓、钟、磬、吹苓、管、埙、篪、鼗、椎、钟。帝喾乃令人抃，或鼓鼙，击钟磬，吹苓，展管篪。因令凤鸟、天翟舞之。帝喾大喜，乃以康帝德。

这段话的意思是说，先秦传说中的所谓《九招》《六列》《六英》等三个乐曲，都是帝喾令咸黑所作，是诗歌、音乐、舞蹈三位一体的乐曲。"招、列、英"三字同"章"，即"九章、六章、六章"是也。但在演奏这些乐曲时，要用鼙、鼓、钟、磬等多种乐器，演奏的乐工还要拍着手，唱着歌辞，并且要有人化装成凤凰和野鸡来舞之蹈之，真正做到诗歌、音乐、舞蹈相结合。帝喾看到这样的乐舞，非常高兴，非常喜欢，因为这三个乐曲反映了他治下的人民"以康帝德"，即敬祝帝喾安康！

六、帝尧乐曲《大章》"言尧德章明"

据《吕氏春秋·古乐》记载：

> 帝尧立，乃命质为乐。质乃效山林溪谷之音以歌，乃以麋鞈置缶而鼓之，乃拊石击石，以象上帝玉磬之音，以致舞百兽。瞽叟乃拌五弦之瑟，作以为十五弦之瑟。命之曰《大章》，以祭上帝。舜立，仰延乃拌瞽叟之所为瑟，益之八弦，以为二十三弦之瑟。

意思是说，《大章》乐曲是舜命质所作的，有歌曲歌辞，歌声乃模拟山林溪谷的声音，乐器有用鹿皮蒙缶的鼓、石磬及十五弦的瑟，演员化装成百兽来舞蹈，仍是诗歌、音乐、舞蹈相结合的乐曲。它大致象征狩猎征服鸟兽之举，为祭祀上天所用之乐曲。之所以命之为《大章》，是宏大乐章之意。《乐记》将"大章"解释为"章之也"，而郑玄注之以"言尧德章明也"，大体符合《大章》乐曲歌辞舞踏之意。

七、帝舜乐曲《大韶》喻"勤劳天命，百工熙哉"

传说《大韶》或《九韶》乃是帝舜的乐曲。据《左传·襄公二十九年》记载：季札亲见《大韶》乐舞的演奏，并给予很高评价。这说明《大韶》乐舞不但很有名气，而且在东周时期依然流传存在。史书上有关《大韶》乐曲的记载也多有所见，但最早记录的还要算《尚书》。

据《尚书·益稷》记载：

> 夔曰："戛击鸣球、搏拊、琴、瑟，以咏。"祖考来格，虞宾在位，群后德让。下管鼗鼓，合止柷敔，笙镛以间。鸟兽跄跄，《箫韶》九成，凤皇来仪。夔曰："於！予击石拊石，百兽率舞，庶尹允谐。"帝庸作歌。曰："敕天之命，惟时惟几。"乃歌曰："股肱喜哉！元首起哉！百工熙哉！"

这里，首先要对《尚书·益稷》的篇名及其主旨加以说明，《益稷》篇名下说："禹称其人，因以名篇。"是说舜帝执政时期，禹治水有功，而益、稷二人却佐禹有功，益即当时东夷部落首领伯益，他在治水方面给予禹很大

132

的帮助；稷即周始祖后稷，他帮助禹教民稼穑。所以《益稷》"既美大禹，亦所以彰此二人之功也"。

但是，这里有关庙堂祭祀乐舞盛况的描写，却是对帝舜《大韶》乐曲的生动陈说。先是舜时的乐官夔说："敲起玉磬，打起搏拊，弹起琴瑟，唱起歌来吧。接着是祖先、亡父的灵魂降临了，前代帝王的后裔、我们舜帝的宾客就位了，各个诸侯国君登上了庙堂互相揖让。庙堂下吹起管乐，打着小鼓，敲柷作为演奏乐曲的开始，笙和大钟交替演奏，敲敔作为演奏乐曲的结束。扮演飞禽走兽的舞队踏着节奏跳舞，韶乐变换演奏了九曲以后，扮演凤凰的舞队成双成对地出来跳舞了。"夔说："唉！我轻敲重击着石磬，扮演百兽的舞队都跳起舞来，各位长官也和着乐曲一同跳起来吧。"舜帝因此作歌。说："勤劳天命，大概像这个样子就差不多了。"于是唱道："大臣们乐意办事啊，君王振作奋发啊，一切事情都会兴旺发达啊！"

从以上的描述中可以看出，《大韶》乐舞是象征百鸟奇兽同时来享，大钟管乐、小鼓石磬交替演奏，《箫韶》九成、凤凰来仪，场面很大且内容非常丰富的一个乐舞，似乎可以称之为古代的交响乐。它是舜的乐官夔以帝喾《九招》为基础而创作的，后又经过商汤等人重新修改加工，遂成为我国古代乐史和乐曲方面的突出成就，在春秋战国时期一直流传、演奏，而且还多次受到儒家创始人孔子与荀子等的赞赏和表彰。

比如在《论语》一书中，孔子不但给予《韶》乐以很高的评价："子谓《韶》尽美矣，又尽善也；谓《武》尽美矣，未尽善也。"（《论语·八佾》）又说："子曰：'行夏之时，乘殷之辂，服周之冕，乐则《韶》《武》。'"（《论语·卫灵公》）而且还亲自体验过："子在齐闻《韶》，三月不知肉味，曰：'不图为乐之至于斯也。'"（《论语·述而》）

由此可见，处于春秋时代的孔子，不但见过《大韶》乐舞的演出，而且认为它比《大武》"尽美尽善"，听了《大韶》以至于三个月不知肉味香，可以说它是儒家向天下宣传和平的最好手段。

我们再看看战国时代的荀子对《大韶》乐舞的评价与看法。荀子在《礼论》中说："故钟鼓管磬，琴瑟竽笙，《韶》《夏》《护》《武》《汋》《桓》

《箾》《简》《象》，是君子之所以为悼诡其所喜乐之文也。"在《乐论》中说："绅、端、章甫，舞《韶》歌《武》，使人之心庄。"在《正论》中又说："和鸾之声，步中《武》《象》，趋中《韶》《护》，所以养耳也。"在《儒效》中又说："合天下，立声乐，于是《武》《象》起而《韶》《护》废矣。"

由此可以看出，即使在战国时代，《韶》《夏》《护》《武》等乐舞，不仅是人们养心养耳、欢快愉悦的最好乐曲，也是黎民百姓喜闻乐见的一种娱乐形式。所以，《吕氏春秋·古乐》也说："帝舜乃令质修《九招》《六列》《六英》，以明帝德。"是说帝舜将帝喾时的《九招》乐曲加以修改加工，遂成《九韶》之乐，使之起到昭示帝德的重要作用。这也是历史上常见的一种做法。

八、《大夏》颂夏禹"勤而不德"、治水有功而不自居

据《吕氏春秋·古乐》记载：

> 禹立，勤劳天下，日夜不懈。通大川，决壅塞，凿龙门，降通漻水以导河，疏三江五湖，注之东海，以利黔首。于是命皋陶作为《夏籥》九成，以昭其功。

这段话说明，夏禹勤劳治水，日夜不懈，足以作《夏籥》以昭其功。这也表明《大夏》是表彰夏禹治水之功，象征大禹治水九章或九段过程的舞曲。《左传》记载季札赞美大夏"勤而不德"，正是说夏禹治水勤劳有功，但仍谦卑礼贤而不居功。所以，大夏又有九夏、九成之别名，故《周礼·春官·钟师》有云：

> 钟师掌金奏，凡乐事以钟鼓奏九夏，《王夏》《肆夏》《昭夏》《纳夏》《章夏》《齐夏》《族夏》《祴夏》《骜夏》。

这里所谓"九夏"，是指钟师用钟鼓在不同的场合、时间、地点来演奏的九章乐曲，至于九夏的九种情况，如王、肆、昭、纳、章、齐、族、祴、骜等的具体含义则难以探寻了。

另外，传说万舞也是夏朝初期的乐曲。除了《诗经·商颂·那》曰"万舞有奕"，《诗经·鲁颂·閟宫》曰"万舞洋洋"之外，《诗经·邶风·简兮》

亦曰：

> 简兮简兮，方将万舞。日之方中，在前上处。硕人俣俣，公庭万舞。有力如虎，执辔如组。左手执籥，右手秉翟。赫如渥赭，公言锡爵。山有榛，隰有苓。云谁之思？西方美人。彼美人兮，西方之人兮。

全诗描写舞蹈演员演奏万舞的实际情况，万舞要分为两个阶段来演奏：第一段是武舞，演员应"有力如虎，执辔如组"，第二段是文舞，演员应"左手执籥，右手秉翟"。

《左传·庄公二十八年》就记载着楚令尹子元为文夫人演奏万舞前段的情景："楚令尹子元欲蛊文夫人，为馆于其宫侧而振万焉。夫人闻之，泣曰：'先君以是舞也，习戎备也。'"这里所谓"习戎备"，即指万舞的前段武舞或曰"干戚舞"。

《左传·隐公五年》又记载着："考仲子之宫，将万焉。公问羽数于众仲。对曰：'天子用八，诸侯用六，大夫四，士二。夫舞所以节八音而行八风，故自八以下。'公从之。于是初献六羽，始用六佾也。"这就是万舞的后半段文舞或曰"羽笙舞"。

那么人们要问，这种前武后文的万舞到底是什么时候创作的？据《墨子·非乐上》记载：

> 于《武观》曰："启乃淫溢康乐，野于饮食，将将铭苋（当作莞）磬以力。……万舞翼翼。"

这里所说《武观》是《尚书》中的一个篇名，它记述了夏启的儿子武观叛变之事。可见夏启时候已有了万舞，它是一个很古老的舞曲，演奏时必配之以管磬羽笙或盾矛干戚等。《墨子·非乐上》又说：

> 昔者齐康公兴乐万，万人不可衣短褐，不可食糠糟，……食必粱肉，衣必文绣。

毫不掩饰地说出贵族统治者为了作乐取欢，可以随意浪费劳动人民创造的社会财富。

总之，万舞创造于夏代初期，在东周时期依旧存在。其传播甚广，宋、鲁、卫、楚、齐等诸多邦国，都有万舞的爱好者。由于万舞场面较大，参与的人员较多，既有武舞，又有文舞，既有和平场景，又有战争场景，对贵族遗老遗少都有娱乐和刺激作用。同时，万舞又适合在宗庙、学宫、聚会嘉礼中举行。

九、《大护》颂扬殷汤讨伐桀罪、安宁黔首之乐

据《吕氏春秋·古乐》记载：

> 殷汤即位，夏为无道，暴虐万民，侵削诸侯，不用轨度，天下患之。汤于是率六州以讨桀罪。功名大成，黔首安宁。汤乃命伊尹作为《大护》，歌《晨露》。

这段话的意思是说，商汤灭夏，除暴安良，以"救护天下"为义举，且大有所获，所以，他让伊尹作了名为《大护》的乐曲，还有名为《晨露》的歌舞，但后者却无所记述，可能已经失传。

此外，殷朝还有一个名叫《桑林》的乐曲。据《左传·襄公十年》记载：

> 宋公享晋侯于楚丘，请以《桑林》。荀罃辞。荀偃、士匄曰："诸侯宋、鲁，于是观礼。鲁有禘乐，宾祭用之。宋以《桑林》享君，不亦可乎？"……晋侯……卒享而还。及著雍，疾。卜，桑林见。荀偃、士匄欲奔请祷焉。荀罃不可，曰："我辞礼矣，彼则以之。犹有鬼神，于彼加之。"晋侯有间。

《左传》杜预注："桑林，殷天子之乐名。"又皇甫谧《帝王世纪》以桑林为大护的别名。两书都言"桑林"是殷天子商汤的乐名。所以，宋鲁晋侯作为诸侯国的国君，不应观《桑林》即天子之乐，这是违礼之举，故晋侯足疾是神之见怪也。

又据《吕氏春秋·顺民》记载："昔者汤克夏而正天下，天大旱，五年不收，汤乃以身祷于桑林，……于是剪其发，磨其手，以身为牺牲，用祈福于上帝，民乃甚说，雨乃大至。"意思是说，汤在桑林向上帝求雨，由此桑林就成为商王朝祭天的主要场所，也随之成为大护的别名。

十、《诗经·大雅·文王》乃文王治岐安邦之曲

据《吕氏春秋·古乐》记载：

> 周文王处岐，诸侯去殷三淫而翼文王。散宜生曰："殷可伐也。"文王弗许。周公旦乃作诗曰："文王在上，于昭于天。周虽旧邦，其命维新。"以绳文王之德。

这段话的意思是说，周文王在岐山周原继承爷爷太王、父亲王季之基业，治理岐周邦国 50 年，取得显著成绩。因而，殷朝的诸侯邦国，三有其二者，依附文王。殷朝的大臣散宜生劝文王伐殷，文王认为还不到时候。周公乃作诗赞誉文王曰：文王的德行是昭之于天的，周虽是一个"蕞尔小邦"，在氏族社会本是姬姓部落，后与姜姓联合成为部落联盟，但它在自我发展过程中，却有着变革旧习、建设新秩序的意志和力量，并大力赞誉与颂扬文王得天命以兴国的伟大品德和人格。所以，《诗经·大雅·文王》等颂歌赞曲，就成为文王之乐。

那么人们要问，为什么《吕氏春秋》的作者们要把颂扬岐周小邦国君之乐也作为西周歌曲，列入古乐之中，而且是排列在西周建国国君武王之前呢？这是因为在人们看来，文王是西周的缔造者与开国建国的元勋，是西周王朝最有资格的为天之子与天命承担者，也是备受人民尊崇的先祖和深受人民爱戴的领袖。

所以，该篇或《诗经》中其他颂扬文王功德的诗，都把文王作为道德人格的楷模与天意天命的化身，作为聪慧才智与深谋远虑的杰出代表，同时也是人们学习模仿和刻意追求的榜样，是诸侯们对殷商夏桀暴虐无道与西周依德长治久安的借鉴。

据《吕氏春秋》的作者所说，该诗歌乐曲为周公所作，其思想文字都甚为精彩，全诗分为七节。现将《诗经·大雅·文王》全诗简要分述于下：

第一节是说文王得天命而兴国，他和他的后裔建立的新王朝即是其实践道德天命的结果，强大的道德实践之力与上天之力的配合，才使得文王战胜了殷纣王的暴行，取得胜利。周王朝的建立，使岐周这个小邦国的名誉得到

改变，给人民带来了光明和希望。

第二节是说文王兴国福泽了子孙和宗亲，周氏的子孙百代都能够享受到这样的福禄和荣耀。从而歌颂文王勤勉劳苦，并将其显耀威名留给后代子孙，让周人无论在哪儿都会受到世人的敬重。

第三节是说西周王朝有很多人才，简直是"维周之桢（骨干人才）""济济多士"，但这样盛多的人才与骨干力量，却都是由文王培育出来的，正是因为有这样的人才，周王朝的基业才得以世代传承。

第四、五节是说文王之所以能够使周王朝兴盛进而取代殷商，是因为他的德行高尚，正是这"穆穆文王"才有接受"假（大）哉天命"的道德实践之力，以掌握人们命运的运转，符合人心之所向与天意之所归。这也说明天命是无常的，不是任何人都可以接受的。当初坐拥天下的殷商贵族，不是已经成为今天西周的归顺者了吗？

第六、七节告诉人们要以殷商为鉴，"无念尔祖，聿修厥德"，一定要做到敬天修德，只有这样才能以强大的道德实践力量获得天命。同时，也告诫殷商旧贵族要自强自立，爱护人民，顺从天意。

从历史上来看，商汤虽然推翻了夏桀，但是他的后代却没有守住天命，而只有具有文王那样的德行和勤勉，才能得到上天的福佑，使国家长治久安。

全诗动之以情，晓之以理，通过对文王功业和德行的歌颂，说明文王和他的子孙是如何以其强大的道德实践力量取得和接受天命的，用以阐发诠释周公的"道德天命"思想。

从这首诗歌的主题思想、行文特色和语言文采来看，可能就是周公所作，或在周公的示意和命令下由他人所作。

十一、《大武》为颂扬武王克商建周之乐歌

据《吕氏春秋·古乐》记载：

> 武王即位，以六师伐殷。六师未至，以锐兵克之于牧野。归，乃荐俘馘于京太室，乃命周公为作《大武》。成王立，殷民反，王命周公践伐之。商人服象，为虐于东夷。周公遂以师逐之，至于江南。乃为《三

象》，以嘉其德。故乐之所由来者尚矣，非独为一世之所造也。

这段话的意思是说，成王即位于镐京，亲率周六师讨伐殷纣王于牧野，即以锐兵克之，取得胜利，并俘获不少人马。于是便命令周公作《大武》乐歌。但在成王之时，以殷纣王儿子武庚为首的"三监"，伙同东夷诸奄举事叛乱。周公率兵东征三年，直至江南，才扫平反叛。为此，"以嘉其德。故乐之所由来者尚矣"，即《大武》乐歌的内容，并非一时一事，而是包括西周初年经历的好多大事。

由此看来，《大武》是一个具有戏剧性的歌舞，是一个包容多个历史故事并将诗歌、音乐、舞蹈三者合而为一的享有盛名的优秀歌舞。它的歌辞、章节，零碎地保留在《诗经·周颂·武》及其他篇章中，很难窥其全貌。为了能够使广大读者真正看到《大武》歌舞的全貌，并对《大武》歌辞章节、舞容音调等有一概要了解，这里谨将著名史学家高亨先生的《周代大武乐考释》中的基本观点做一简要介绍。

首先，高亨先生认为，《大武》是象征武王统一中国的故事，共有"六成"，就是六个阶段，也就是六场。第一场象征武王出征，第二场象征武王灭商，第三场象征武王去伐南国，第四场象征武王平定了南国，第五场象征周公、召公分别统治东西两方，第六场象征武王班师还朝。由此可见，《大武》的歌辞应该是六章，每场歌诗一章。这六章歌辞都在《诗经·周颂》中，分别是《武》《赉》《桓》《我将》《酌》《般》。而《大武》歌辞的章次，实际应是《我将》《武》《赉》《般》《酌》《桓》。

其次，高亨先生认为，《大武》六章的歌辞是：

其一　我将

我将我享（我献上祭品，举行祭祀），

维羊维牛（祭品中有牛也有羊），

维天其右之（上天一定要保佑啊）！

仪式刑文王之典（哦！文王的德行我要模仿），

日靖四方（天天在平定四方）。

伊嘏文王（伟大的文王），

既右飨之（既保佑我，就应把祭祀来享受）。

我其夙夜（我是从早晨到晚间），

畏天之威（敬畏上天的威严），

于时保之（所以我要时时刻刻保卫我的家邦）。

其二　武

于皇武王（呀！光明的武王），

无竞维烈（没有竞争就是他的辉光）。

允文文王（真有文德的文王），

克开厥后（能够昌盛了他的后世子孙）。

嗣武受之（继起的武王承受了他开创的基业），

胜殷遏刘（战胜殷国，禁止杀人），

耆定尔功（到底成就了你的功勋）。

其三　赉

文王既勤止（文王费了很大的劳力），

我应受之（我就是承受他开创的江山社稷）。

敷时绎思（人们普遍都喜欢这个时代），

我徂维求定（我往前去是为了争取社会平安）。

时周之命（奉承周朝的命令），

于绎思（呀！好喜欢啊）！

其四　般

于皇时周（呀！光明！这个伟大的周国），

陟其高山（走上它的高山顶）。

嶞山乔岳（一眼望去，矮矮的山梁，高高的山岳），

允犹翕河（允水、犹水、翕水、黄河）。

敷天之下（普天之下），

裒时之对（包括这个朝代的国境），

时周之命（都奉承这个周朝的命令）。

其五 酌

于铄王师（呀！辉煌！王的军队），

遵养时晦（在那黑暗的时代屯着养着）。

时纯熙矣（到了新的时代大放光明），

是用大介（就都穿上凯甲去出征）。

我龙受之（我光荣地承受着殷朝失掉的基业），

蹻蹻王之造（王的伙伴真英勇）。

载用有嗣（任用将帅），

实维尔公允师（统兵的人就是你们二公呀）。

其六 桓

绥万邦（安定了天下万邦），

娄丰年（屡次获得丰收之年），

天命匪解（天命永不离开我）。

桓桓武王（英勇过人的周武王），

保有厥士（保佑着他的士子），

于以四方（统治着四方），

克定厥家（能够成就了他的家业）。

于昭于天（呀！将光明洒在人间的上帝），

皇以间之（光明地监察着四方）。

总之，《大武》的六章歌辞与《大武》的六节舞蹈是一致的。它的主题思想在于赞颂武王统一中国的武功与周公召公施行"文德文治"的德治之功。主要内容分别是：其一歌颂天命；其二歌颂文王；其三歌颂武王；其四歌颂周公召公；其五歌颂军队和战士；其六歌颂战争胜利和国家统一；其七歌颂和平和丰年，这七个方面的内容错综交叉紧密结合在一起，形成一个整体，闪耀着历史时代的光芒。

再次，高亨先生认为，《大武》应是武王与周公合作，或命令他们的臣仆所作，如王朝的乐官"大司乐"。

最后，高亨先生认为，《大武》的舞容与音调特色主要有以下几个方面：

141

其一，阵容庞大。按照"八佾舞《大武》"的规定，参加的演员应是64人。

其二，演员要头戴"冕"，手拿"朱干玉戚"。

其三，演奏者应该有比较复杂的表演容态。比如有的演员象征武王，手拿大盾，站得稳稳如山一般。有的象征姜太公，做出发扬蹈厉的容态。在演奏过程中，所谓"始而北出"，即第一场舞象征武王先从镐京北面出兵，再折而东去。所谓"再成而灭商"，即第二场舞象征武王灭商。所谓"三成而南"，即第三场舞象征武王去征伐南国。所谓"四成而南国是疆"，即第四场舞象征武王征服了南国。所谓"五成而分周公左、召公右"，即第五场舞有两个分队，周公领一分队向左转，召公领一分队向右转，象征周公召公分别统治东西两方。所谓"六成复缀，以崇天子"，即第六场舞演员都回到舞台上，做出尊崇武王的姿态，象征武王班师还朝，大家都拥护武王。所谓"《武》乱皆坐，周召之治也"，即乐舞结束时，演员都坐在舞位上，象征中国统一，武力不用，周公与召公来施行"文德文治"。所谓"武坐致右宪左"，即这时演员的坐姿应是右腿屈膝贴在地上，左腿屈膝而翘起，与一般坐法有所不同。

其四，《大武》的音调，多"咏叹之，淫液之"，即咏叹而不需要韵律，并且要将音调特别拉长，以表达周人威武庄重、敬畏笃诚而又乐观进取的思想感情。

综上所述，《大武》的歌辞乐舞、演出的阵容舞姿、场次的辗转分合、演员的屈膝坐态、音调的咏叹淫液、场面的发扬蹈厉，都充分表明《大武》大力彰显了武王统一中国之功与施行德治文治的空前盛况。它是西周王朝最高统治阶层取得完全胜利的产物，是周天子独有的御用歌舞，不但可以用来表示周天子的尊贵，礼仪等级制度的森严，还可以用来宣传武王、周公、召公的荣光，教育自己的宗族和臣仆，并传示自己的子孙后代。

所以，《大武》乐舞的思想性，基本上应予以肯定，它不仅具有积极的历史进步意义，同时也有着较高的艺术成就。即使在先秦人的眼里，《大武》的舞容和音调也是大受人们称赞的。

《左传·襄公二十九年》曰：

吴公子札来聘……请观于周乐。……见舞《大武》者，曰："美哉！

周之盛也，其若此乎！"

《论语·八佾》也说：

> 子谓《韶》尽美矣，又尽善也；谓《武》尽美矣，未尽善也。

季札和孔子都是亲眼看见《大武》歌舞的人，也都是懂得诗歌、音乐和舞蹈的人。从他们两人对《大武》歌舞的评价中，可以看出武王统一中国，获得强大武功和施行文德文治的空前盛况。至于他们的评价为什么存在差异之处，由于我们未曾见到《大武》歌舞，很难做出判断。

总之，《大武》歌舞的思想性和艺术性，都是相当高的。在 3000 年前的西周时期，我们的祖先已经能够创作出具有如此高度的思想性与艺术性紧密结合的音乐歌舞，这是我国历史上一个值得重视的成就。

十二、古乐源于阴阳交错互动和君臣黔首一治

据《吕氏春秋·大乐》记载：

> 音乐之所由来者远矣。生于度量，本于太一。太一出两仪，两仪出阴阳。阴阳变化，一上一下，合而成章。浑浑沌沌，离则复合，合则复离，是谓天常。天地车轮，终则复始，极则复反，莫不咸当。日月星辰，或疾或徐，日月不同，以尽其行。四时代兴，或暑或寒，或短或长，或柔或刚。万物所出，造于太一，化于阴阳。萌芽始震，凝寒以形。形体有处，莫不有声。声出于和，和出于适。和适先王定乐，由此而生。
>
> 天下太平，万物安宁。皆化其上，乐乃可成。成乐有具，必节嗜欲。嗜欲不辟，乐乃可务。务乐有术，必由平出。平出于公，公出于道。故惟得道之人，其可与言乐乎！亡国戮民，非无乐也，其乐不乐。溺者非不笑也，罪人非不歌也，狂者非不武也，乱世之乐有似于此。君臣失位，父子失处，夫妇失宜，民人呻吟，其以为乐也，若之何哉？
>
> 凡乐，天地之和，阴阳之调也。始生人者，天也，人无事焉。天使人有欲，人弗得不求；天使人有恶，人弗得不辟。欲与恶，所受于天也，人不得兴焉，不可变，不可易。世之学者，有非乐者矣，安由出哉？
>
> 大乐，君臣、父子、长少之所欢欣而说也。欢欣生于（和）平，（和）平生于道。道也者，视之不见，听之不闻，不可为状。有知不见之见，不闻之闻，无状之状者，则几于知之矣。道也者，至精也，不可为

形，不可为名，强为之，谓之太一。

　　……故能以一听政者，乐君臣，和远近，说黔首，合宗亲；……能以一治其国者……

这几段话，说明了古代音乐产生的缘由、形成的过程及其存在的作用与重要意义。首先，古代的音乐本于太一。太一出两仪，两仪出阴阳，阴阳变化无穷，上下交错互动，合而始能成章。这就是说，音乐也像世间万物一样，初生时混混沌沌，不甚清楚，有离有合，有终有始，有短有长，有柔有刚，但都化于阴阳，造于太一，这就叫天常，即天地变化的一种常态。事实上，这是上古人们对宇宙本元即太一的基本看法。而音乐就是造于太一、化于阴阳的产物。

其次，音乐虽造于太一，化于阴阳，但还要凝聚以成形体，萌芽以始震发声，只有这种"和适"的声音，才能表达出人们对天下太平、万物安宁的喜爱和欲求之情，才是一种和平与公道的音乐。而那些亡国戮民、君臣失位、父子失处、民人呻吟之乐，并非无乐，只是其乐非乐也。

最后，《吕氏春秋》的作者认为，古代最好最美的音乐或谓之"大乐"，乃是"君臣、父子、长少之所欢欣而说（悦）也。欢欣生于（和）平，（和）平生于道。……道也者，至精也，……为之，谓之太一"。这就是说，只有这产生音乐的"太一道者"，最"能以一听政者，乐君臣，和远近，说黔首，合宗亲；……能以一治其国者……"所以，最好最美的古代音乐，就是歌颂"和平生活、和谐社会"所发出的"能以一治其国者"的声音。

可以看出，《吕氏春秋》的作者们对古乐的重要意义在于歌颂"和平生活、和谐社会"的基本看法，同《周易》有关"内比外和"即对内要团结、对外要"和平共悦"的基本观点及荀子有关"乐有三和"的看法，是不谋而合的。这再次说明古人和先秦典籍有关古乐的基本看法是一致的。

综上所述，我们可以看出，中国上古的三大文化元典，即上古礼仪之典《诗经》、上古智慧之库《易经》、上古文德之府《书经》、已经失传的上古和悦之范《乐经》，不但记载了华夏文化或华夏文明上古时期的发展历程，而且还从思想文化方面完满地总结了上古华夏文化。由此我们可以自豪地说，《诗经》《易经》与《书经》就是我们华夏文化之根基，是华夏文化这棵参天大树的老根。

第五章 《诗》《易》《书》开儒道思想之源

从以上四章的叙述中我们可以看出，中国上古三大元典，即《诗经》《易经》《书经》不但是华夏文化之根，而且还是儒道诸家的思想之源。特别是儒家和道家，他们正是从整理、修订、解读、诠释、阐发、传承上述三大元典（包括失传的《乐经》）中，逐步形成自己的学派风格、思想特色、论述专长、语言技巧等。

一、从《周易》"天人哲学"与"阴阳五行"对接谈起

为了叙述方便，我们先从《周易》的传播谈起。地处欧洲北部的德国，是一个酷爱哲学而且曾经产生过像黑格尔、马克思、莱布尼茨这样伟大哲学家的国度。在18—20世纪的德国，曾经有两位很善于思考哲学问题的德国学者，即莱布尼茨（1646—1716）与理查德·威廉（1873—1930），理查德·威廉来华后自取汉名为卫礼贤。他们两人虽是德国的隔代大学者，但都对中国文化特别是中国古代"四书五经"之一的《易经》，产生极为浓厚的兴趣。

曾被哲学家罗素称为"一个千古绝伦的大智者"的莱布尼茨，年轻时就与中国文化结下了不解之缘。他20岁时就阅读过施皮策尔的《中国文学评注》，这本书中就有关于阴阳、五行、《易经》、算盘、炼丹术的介绍。后来他创立的电子计算机基本原理"二进制"系统，就是在《易经》"六十四卦"的影响和启迪下提出来的。所以，他对《易经》有着很高的评价。他在《论

中华帝国创始者伏羲氏在其著作中使用的字与二进制算术》中说：

> 《易经》也就是变异之书。在伏羲氏之后的许多世纪，文王和他的儿子周公，以及之后著名的孔子，都曾在 64 个图形中寻找过哲学的秘密……这恰恰是二进制算术。这种算术是这位伟大的创造者所掌握而在几千年之后由我发现的。①

他又说：

> 中国是一个大国，它在版图上不次于文明的欧洲，并且在人数上和国家治理上远远胜于文明的欧洲。在中国，在某种意义上，有一个极其令人赞佩的道德，再加上有一个哲学学说，或者有一个自然神论，因其古老而受到尊敬。这种哲学学说或自然神论是从约三千年以来建立的，并且富有权威，远在希腊人的哲学很久很久以前。②

这里，莱布尼茨不但称《易经》"是变异之书"，而且还提出了我国早在 3000 年前就已建立的，周公以道德天命论为核心的"天人哲学"，即"天人合一"的道德学说。

我们再看看另一位德国学者卫礼贤对《易经》的评价。他是 19 世纪来华传教的传教士，但却成为一位对传播中华文化贡献最大、影响最大的"中西文化交流使者"。

他早年曾在图宾根大学学习神学和哲学，1899 年作为传教士来到中国青岛，那时的青岛还只是一个荒芜的小渔村。卫礼贤虽不会说一句汉语，但他很快发现："中国人乃是世界上最友善、最诚实、最可爱的人民。"他还发现，中国根本不存在需要他人去救赎感化或惩戒的所谓异教徒，相反，中国人倒是有着悠久而发达的值得尊敬的精神文化。这使他更加同情中国人民，更加热爱中国文化。因此，在中国生活的 25 年间，他一直对传教不热心，而把主

---

① 武斌. 中华文化海外传播史：第 3 卷 [M]. 西安：陕西人民出版社，1998：1811. 见附录六《20 世纪中国文化传播中的文化自信》和附录七《德国哲人莱布尼茨与中国文化的不解之缘》。

② 武斌. 中华文化海外传播史：第 3 卷 [M]. 西安：陕西人民出版社，1998：1798. 见附录六《20 世纪中国文化传播中的文化自信》和附录七《德国哲人莱布尼茨与中国文化的不解之缘》。

要精力放在办医院、办学校和学习钻研中国文化方面，在传播中国文化方面做了大量工作。

他先后翻译出版了《论语》《道德经》《列子》《庄子》《孟子》《大学》《易经》《吕氏春秋》《礼记》《孔子家语》等，《易经》是卫礼贤最享盛誉、"具有特别大影响力"的一部译著，是在清末名儒劳乃宣（1843—1921）的指导下研读翻译的。卫礼贤穷十年之功，钻研并翻译了《易经》，给予《易经》很高的评价，他说：

> 中国思想学说的基础在于《易经》，老子的道教和孔子的儒教一样均源于此。……三千年最成熟的生活的智慧渐渐集中在围绕着本文的注解和诠释上。而其对东方思想生活的影响一直存在到今天。因此我们可以毫不夸张地说，我们接触的这部书是世界上最重要的一部作品。①

卫礼贤对《易经》的赞美评价，可以说是独树一帜，有以下四点值得人们称赞：其一，认为《易经》思想是中国思想学说的基础，它对春秋战国时期百家争鸣中的各家各派学说，包括墨、儒、道、法、名、兵、医、农、杂、艺等，都有很大影响；其二，认为老子的道家思想学说与孔子的儒家思想学说都源于《易经》思想，这大概是说，老子的道家思想学说源于《易经》的天道思想，而孔子的儒家思想学说则源于《易经》的人道思想；其三，认为3000年前的易学思想，其实就是从极其朴素的自然法则中演绎出来的一种对生活与生命的大智慧；其四，认为易学思想与智慧，对中国和东方思想与生活至今仍有一定影响和作用。

正由于卫礼贤对中国文化中的《易经》元典做出如此高的评价，所以，他翻译的《易经》先后被转译为英文、荷兰文、法文、西班牙文等，一直在欧美各国广为流传。

卫礼贤对《易经》评价的第三点，即3000年前的易学思想，就是那时的人们从极其朴素的自然法则中演绎出来的一种对生活和生命的大智慧，正是

---

① 武斌. 中华文化海外传播史：第3卷 [M]. 西安：陕西人民出版社，1998：2019. 见附录六《20世纪中国文化传播中的文化自信》和附录七《德国哲人莱布尼茨与中国文化的不解之缘》。

我们所要谈论的有关天人哲学中的天与人的对接、天人与阴阳五行的对接。这实际上亦是天道自然法则与人道社会法则的对接。为什么会产生这种以极其朴素简单的天道自然法则取代或包容人道社会法则的现象呢？

其原因大致是人类本身才从原始的部落氏族中走了出来，从依靠采摘食物发展到依靠种植食物的生活阶段。这就是说，人类才从自然崇拜走到祖宗崇拜和英雄崇拜，开始对自我有了一个清楚的认识。这个时期，人类对世界的认识虽然有很大的进步，但还不能将人类社会与产生人类的大摇篮自然界完全区分开来。所以，人类对天人两界的认识，只能从朴素的人伦自然法则中演绎出来。这是人类思维方法上的一大进步，也体现了我们华夏民族先辈的大智慧。

二、儒家对天人哲学"人道"社会法则的阐发

《淮南子·人间训》曰："知天而不知人，则无以与俗交；知人而不知天，则无以与道游。"这同《荀子·解蔽》中批评庄子与老子的思想学说"蔽于天而不知人"有着异曲同工之妙。这句话恰恰说出了儒家和道家之所长与所短。老子创立的道家正好是蔽于天而不知人，即长于论天、论地等有关自然天道的问题，而疏于论人论事；孔子创立的儒家，则长于谈论人治、人伦、人事、人文、人才等有关社会人道的问题，而疏于论天道和有关自然变化之事。

众所周知，孔子生活在春秋中后期的战乱年代，这个时期孕育于奴隶社会内部的封建生产关系，已经有了极其明显的发展。从奴隶主贵族中蜕化而来，以及从下层人士中上升或因军功起家的新兴地主阶级，随着经济地位的变化，逐渐形成具有独立政治集团利益的阶级，并迫切要求取得政治权力。他们趁战乱和斗争风云，利用奴隶和平民的力量，与奴隶主贵族展开激烈的夺权斗争。这个时期"私门"与"公室"的斗争就是其集中表现和反映。

这里所谓"公室"即指诸侯国君，他们大都是维持旧制度的守旧派，所谓"私门"则指士大夫阶层，他们大多是从旧贵族中转化过来的新兴地主阶级的政治代表。在旧的井田制日趋崩溃、私有土地不断发展的时代，不少

"私门"千方百计争夺土地和人民，成为拥有大量私产的富有者，如当时晋国的郤氏，《国语·叔向贺贫》说"其富半公室，其家半三军"，鲁国的季氏也"富于周公"，一时出现了"私肥于公""大夫皆富"的局面。与这种经济地位的变化相适应，政治上也必然要有一个大的变革，"田氏代齐""三家分晋"就是这种大变革中出现的新现象。

孔子面对这种社会大变革，带着极复杂的感情，带着对周天子失去共主地位、诸侯霸道、卿大夫专权导致礼崩乐坏、王权衰落、天下大乱甚为痛心疾首的无奈心情，提出"克己复礼，天下归仁"这样应对变革潮流的政治口号。

孔子之所以提出这样的政治口号，与他对西周礼仪文化有着独特的爱好和兴趣有很大的关系。童年时期，聪明好学的孔子，连游戏玩耍也要摆弄各种祭器，仿效大人们祭祀时的礼仪动作。孔子11岁时曾跟从鲁太师学习周礼，到20岁左右，已掌握很多文化知识，有"博学好礼"的美誉，并曾做过"相礼"，从事"儒"这一职业。"儒"本是古代从巫史祝卜中分化出来的一种社会职业，凡从事这一职业者，都有一定的文化礼仪与礼乐知识，专为贵族人家做"相礼"，主持婚丧祭祀。后来，孔子又做过"委吏"（仓库管理人员）、"乘田"（管理牧场牛羊），还做过贵族季氏家族的史官。中年以后，担任过鲁国的中都宰，后升任司空、司寇等职。56岁时曾任鲁国代理宰相，兼管外交事务，虽只有短短三个月，却将鲁国治理得有声有色，后遭到齐国的诟病。

于是，孔子去职以周游列国，先后到过卫、宋、郑、陈、蔡、楚等地，共历时14年而终不见用。晚年返鲁，一方面继续整理华夏文明的经典文化元典，专心编修鲁国史书《春秋》；另一方面大规模开办教育事业，广收弟子，开坛设教，培养精通六艺的有用人才。正因孔子曾做过"儒"，后来又成为著名学者，所以，由他创立的以创新阐发并推广普及西周周公所肇造的文德礼仪文化为宗旨的"仁学"，便被称为"儒学"。

正是由于上述种种原因，孔子面对春秋战国的社会大动乱和大变革，不但提出"克己复礼，天下归仁"的政治口号，而且还对西周礼仪文明和德治文化有着一往情深、留恋不舍的感情，并甚为感叹地说："郁郁乎文哉！吾从周。"他要求诸侯国与卿大夫们要各守本分，克制私欲，遵守周礼所规定的等级关系与名位尊卑的生活秩序。但孔子这一保守性的命题，却包含着合理性的内核，那就是"天下归仁"。

《诗经·鄘风·相鼠》中，描写了那些诸如"三监"们背地里干着背叛西周王朝之事，嘴上却讲着尊卑礼仪的人和事："人而无仪，不死何为？""人而无礼，何不遄死？"于是，孔子也在《论语》中说："人而不仁，如礼何？人而不仁，如乐何？"意思是说，一个人不讲仁德，他如何对待礼呢？又如何对待乐呢？这里，孔子已经将礼乐文化所要表达的人的思想境界，提升到"仁"的高度，亦即"仁者爱人""泛爱众而亲仁"的广阔领域。这就是说，孔子之所以要复兴和弘扬西周时期由周公遗留下来的这份宝贵的思想文化遗产，是因为其中所包含的立德、敬德和德治的积极因素，同样可以将人们的精神境界提升到"仁"的高度和领域。

孔子认为，要实现"仁"的理想境界，即通过个人的内在修养，以形成"仁"这一美好人性和社会，复兴与弘扬周礼，即将西周治理国家与社会的"德政""礼治"主张加以实施与推广，并使之深入社会民间的各个方面，同样是可以收到好的效果，出现新的局面的。"仁"是孔子礼乐伦理思想的最高范畴。在《论语》一书中，"仁"字出现的次数最多，先后共109次，孔子从各种不同角度对"仁"做出解释，"仁者爱人""克己复礼为仁"就是他给"仁"所下的最主要的定义。钱穆先生在其《国史大纲》中认为："仁只指人类内心之自然的倾向与自然的要求（故称之曰人之性）。"是说人的自然本性有着追求人性真善美的多种倾向与要求，比如儒家提倡的孝悌，就是"根据于人性之仁"。所以，孔子好礼，多注重人类群体之美好人性的实现。

作为儒家思想核心的"仁"，包含着儒家对美好人生和美好人性的热切追求，表达了儒家"己欲立而立人，己欲达而达人"以及"己所不欲，勿施于人"的高贵品质，也体现了儒家以忠恕诚信待人处世，以关注民生、呼唤仁政为治国理政的历史使命。所以，"仁"的思想范畴统领着忠、恕、孝、悌、宽、恭、信、敏、惠、智、勇、刚、毅等道德规范，不仅有着普遍的进步意义，而且达到一个相当高的水平。其实，《论语》所阐发的这些规范，与其说是道德，不如说是智慧，是一种从极朴素的自然法则中演绎出来的关于生活与生命的大智慧。

事实上，孔子也正是在无数次重复的专业性礼仪活动中，在长期从事有关礼乐诗书的教学与研究中，看到了人，发现了人的群体性和社会性。所以，他提出并创建了"仁者爱人"、以人为本的"仁学"或儒学，开启了"仁者爱人""立人达人"的人治的新时代，以"人治"取代"礼制"，从而终结了礼制和奴隶制的时代。

我们可以看出，孔子在《论语》《孔子家语》《仪礼》《礼记》及《周易大传》等书中，从人本主义、人伦主义、人道主义、人文主义、人才主义等方面，对"仁"这一儒家最高范畴的论述，正是对人之礼与人治时代的呼唤。尽管孔子在有生之年遭到种种挫折，其理想未能得以实现，但他有关"人治"的思想和学说，却对中华文明的形成和传承产生了极为深远的影响。孔子的所谓"人治"，既有人人自立自治，又有贤良理政治世、辅佐王道明君的意思。孔子作为儒学的创始者和奠基者，以及中华文明的创新者，堪称中华优秀传统文化之父，后人尊其为"至圣先师""万世师表"，是受之无愧的。

孔子为了实现"仁"和"人治"的理想，不但在思想理论上做出了许多深入的阐发，而且在实践上也采取了积极有效的措施。

三、孔子所复兴的"八礼"实源于周之"五礼"

首先，孔子所讲"克己复礼"的"礼"，就是《仪礼》一书中所全面阐述的"八大礼纲"。而这里孔子及其一传或二传弟子所创新发展的"八礼"，实际上是对西周时期周公所践行的"五礼"做出的适时调整和充实。

周公践行的"五礼之制"，我们在讨论《诗经》的部分章节时已经有所涉及。所谓"五礼"，即吉礼、凶礼、军礼、宾礼、嘉礼等，而其中以吉礼为"五礼之冠，"是对天地日月山川河流人神祖先的祭祀之礼，以为百姓祈求福祉与保佑平安。凶礼为防救灾荒、哀悯忧患、救死扶伤之礼，其中包括札（病疫）礼、桧礼、恤礼、问疾礼等。嘉礼为"亲万民，和四方"以协调人际关系、沟通联络感情之礼，包括飨礼、燕礼、乡饮酒、大射、养老、优老、帝王庆贺等。宾礼为接待邦国诸侯及宾客来使之礼，包括"时见""时聘""殷见"诸侯之礼。军礼为师旅操演、征讨不轨与阻击来犯者之礼，包括校阅、田猎、征战、马政（即养马）之礼。

汉代的《周礼》一书，对上述五礼都有明确规定，而且对施行五礼的政府官员，即包括"天官冢宰""地官司徒""春官宗伯"等在内的"六官"，除有专门职务规定外，还有以礼施教的职能。

孔子在王权衰落、礼崩乐坏的情况下，为了适应春秋时期的变革大潮，提出"克己复礼，天下归仁"的政治口号，而他和他的一传及再传弟子们所要复兴的礼仪，正是《仪礼》一书中所讲的"八礼大纲"，即"八礼之制"，其具体礼目是冠、昏、丧、祭、乡、射、朝、聘等。《礼记·昏义第四十四》曰："夫礼始于冠，本于昏，重于丧祭，尊于朝聘，和于乡射，此礼之大体也。"是说礼仪规定贯穿于人生的始终，是激励士人积极向上，由卑贱到尊贵的重要关节点。总而言之，士人一生修身立业，并为之奋斗的八大礼目具体如下：

其一，冠礼。为成年男女施行加冠教育之礼。冠礼的主持者不是家长，而是乡里有德行者，整个礼仪充满着对冠者的教诲与期望。冠礼之后的男子，可以参加社交活动，社会也以成人之礼来约束他。其礼仪包括冠礼前的准备、行礼过程、冠礼辞令、冠礼礼义等。

其二，昏礼。男子在冠礼之后，始可行娶妻成亲之礼。娶妻要经过纳彩、问名、纳吉、纳征、请期、亲迎等六个仪节。经过这些仪节，男子方可亲自前往迎亲，选择阳往阴来的黄昏，是因为这时阴阳交接最为适当，故名昏礼。《仪礼·士昏礼第二》曰"往迎尔相，承我宗事"，是说迎接你这位贤内助，以继承我们的宗桃之事。

其三，丧礼。为诸侯之士的父母、妻子、长子丧亡时所用之礼，故名士丧礼。丧礼在古代属于凶礼，因死者的身份、等级不同，丧仪也就有着严格的区别。主要仪节有招魂、报丧、沐浴、小敛、大敛、设奠、朝夕哭、卜葬日等。另有极为琐碎的丧服规定之丧服礼。

其四，祭礼。为诸侯之士岁时于宗庙祭祀祖父、父亲之礼，属于吉礼。按规定，天子、国君祭祀用太牢，即牛、羊、猪各一头；卿、大夫用少牢，即猪、羊各一头；诸侯之士用一猪，即所谓特牲。上士应是父、祖别庙，中士、下士则是父、祖同在一庙。

其五，乡礼。为招待乡间贤能之士及年高德劭者，并教民礼让、敦化成俗之礼。其中又分为乡饮酒礼与乡射礼。古代诸侯之乡的乡学，每三年要向诸侯推荐一次有学识的人才，并以乡饮酒礼招待之，其仪节为谋宾、迎宾、献宾、乐宾等。乡射礼则于每年春季举行，在于会聚民众习射，教民以礼让，其核心活动是教练、比赛、观摩等三番射。

其六，射礼。为天子、诸侯、卿、大夫选拔属下善射之士而升进使用之礼，此为大射之礼。射礼有四种，即大射、宾射（贵族朝见聘会使用）、燕射（贵族平时娱乐使用）、乡射（民间习射）。大射侧重于选拔优秀人才。

其七，朝礼。为诸侯见天子之礼，又称为觐礼。古代天子命诸侯按指定季节前来朝见，春见曰"朝"，夏见曰"宗"，秋见曰"觐"，冬见曰"遇"。朝礼、觐礼当是晋见天子时的通行之礼。

其八，聘礼。为天子与诸侯、诸侯与诸侯之间指派卿大夫以相互聘问联络感情之礼。聘礼又分为大聘、小聘。大聘为高级别会见，使者要带极为贵重的礼品，并有执玉、辞玉、受玉等一系列仪节。

上述八大礼目在《仪礼》一书中都有全面系统的描绘。《礼记·内则第十二》也曰："二十而冠，始学礼……三十而有室，始理男事……四十始仕，方物出谋发虑……五十命为大夫，服官政。七十致事。"这一说法与孔子"三十而立，四十而不惑，五十而知天命，六十而耳顺，七十随心所欲，不逾矩"的说法如出一辙，也说明《仪礼》一书乃为孔子与其弟子所著，其目的是要复兴西周的礼仪旧制并加以创新发展，以适应新的时代要求。

其实《仪礼》中所概括叙述的八大礼目，多为周公所制定，因为在《尚书》《逸周书》《国语》《左传》《毛诗》等文献中，可以看出周代即已出现比较程式化的一些礼仪，如冠礼、觐礼、缩礼、丧礼、祭礼等，而且其仪节与《仪礼》所见相同或者相似。而《仪礼》一书只不过是将这些礼节按照士人入仕发展的需要，加以调整充实、创新发展罢了。这种变革和调整后的礼仪规定，成为后世各朝各代所遵循的基本制度，对稳定社会发展发挥了重要作用。

四、孔子特重"士礼"并寄厚望于"志士仁人"

孔子在复兴和弘扬西周礼仪制度的同时，为了实现"以人为本"的"仁"的理想，不但特别注重"士礼"，即将礼仪规定按照士人进入仕途的发展顺序做出"八礼之制"的安排，而且还千方百计地教养士人、培育士人，并寄厚望于"志士仁人"，期望他们能成为建设"仁政"、推行"王道"、令国家长治久安的栋梁之材。

在孔子看来，要实现"以人为本"的"仁"的理想，绝不能依靠那些腐朽堕落、贪图享受的贵族老爷，或称之为"小人儒"的人物，而要依靠那些有志气有生机、"知其不可而为之"的"君子儒"或"志士仁人"。为此，他在《论语》中多次谈到对这类"儒者"的期望和要求。比如他对自己的学生子夏说，你要做君子式的儒者，而不要做小人式的儒者。什么是君子式的儒者呢？就是那些通晓周礼及其典章制度，且道德品质与个人修养都很高尚的"怀德"与"怀刑"（关心法度）的儒士和"士志于道"的赞礼者。

至于何谓"士"，以及士的标准与要求是什么，孔子也多次做过回答。比如子贡问："如何才配称为'士'？"孔子说："对自己的行为有羞耻之心，出使到别的国家不辱使命，方可称为'士'。"子贡又冒昧地问："次一等的呢？"孔子说："同宗族的人称其孝顺父母，同乡里的人称其敬爱兄长。"子贡再冒昧地问："再次一等的呢？"孔子说："'言必信，行必果'，虽浅薄固执，仍可作为次一等的，而现今那些从政的'斗筲之人'，又算得什么呢？"多年跟随自己和保护自己的子路问"士"，孔子则直截了当地回答："切切偲偲，怡怡如也，可谓士矣。"意思是说，朋友兄弟之间多多互相勉励督促，待人也要亲切和气，这样就可以称得上"士"了。

在《论语》中，孔子特别提到当时被人称为"仁人""惠人"的郑国大夫子产，说他"有君子之道四焉：其行己也恭，其事上也敬，其养民也惠，

154

其使民也义"。正是由于他具有上述四德，所以在郑简公、郑定公时执政20多年，推行过许多改革措施，得到国人的拥护，成为春秋末期杰出的礼学政治家。

孔子为什么能如此不厌其烦且耳熟能详地回答他的弟子有关"君子"与"儒士"的提问呢？我们从中也可以看出，孔子明显是带着强烈的感激之情来介绍这些跟随他周游列国多年的"游士"的，因为他们正是孔子实现"以人为本"的"仁"的理想境界的希望所在。

其中特别是那位刚勇过人、因好斗遇祸而危及生命的弟子——子路，孔子曾不止一次提到过他。他同孔子一起做过季康子的家臣，长期跟随并保卫孔子，热烈追求"仁"的理想，但却十分不幸，竟猝死于卫国的孔悝之乱。连鲁哀公听到这一消息，都惊叹怜恤不已，遂"恤由之丧，哀公使孺悲之孔子，学士丧礼，士丧礼于是乎书"（《礼记·杂记下》），即鲁哀公让鲁国人孺悲向孔子学习士丧礼，士丧礼因此便开始记载于礼书。

由此可见，在子路猝死之后，孔子以极其悲痛的心情，为了感怀跟随他周游列国的"游士"与"志士仁人"所担负的历史使命，便在西周礼仪的基础上建构完成了以实现士人的德行、言语、政事、文学为主要内容的"士子"践行仁德的礼仪体系。应当说作为"三礼"之一的《仪礼》一书即是这个时期的作品。全书以"士礼"为中心，以"士人"毕生活动的主要阶段为节点，形成如《礼记·昏义第四十四》所云"礼始于冠，本于昏，重于丧祭，尊于朝聘，和于乡射，此礼之大体也"。对于士人终生参与政务活动的顺序和阶段，《礼记·内则》也曰：

> 十有三年，学乐，诵诗，舞《勺》。成童，舞《象》，学射御。二十而冠，始学礼，可以衣裘帛，舞《大夏》，惇行孝弟，博学不教，内而不出。三十而有室，始理男事，博学无方，孙友视志。四十始仕，方物出谋发虑，道合则服从，不可则去。五十命为大夫，服官政。七十致事。

这里，"二十始学礼""四十始仕""五十命为大夫，服官政""七十致事"的说法，与《论语》中"仕而优则学，学而优则仕"的看法似有相通之处。可见，正是《仪礼》开启了孔子及其弟子的游士生活与游士之风，为战国时期"国君养士"与"君子养士"，开展学术交流，形成"百家争鸣"，用华夏文明推动中国最终达到政治统一开了先河。应当说，这是孔子及儒家门徒弟子周游列国的最大功绩。所以，如果说西周是王的时代，东周是诸侯的时代，春秋是大夫的时代，那么战国就是"士"的时代。春秋战国时期的名"士"有荆轲、苏秦、张仪、范雎、甘罗、邹忌、冯谖、商鞅、孙膑、田忌等。其后的孟子、荀子也正是沿着这条"游士"之途，传播宣传与提升充实儒家礼乐文化。孟子将周公的"德政"思想提升为"仁政"之说，将"惠民"思想提升为"民本"与"王道"之说；荀子也将周公的礼仪思想提升为地主阶级"隆礼明法"的理论基础，从而为华夏主流文化的整合统一提供了重要条件。

五、孔子的功绩是将礼仪文化实践化、制度化

从礼仪文化的发展历程来看，西周建国之初，周公到中原华夏地区"肇造"和开创了"西土"礼仪文化，并实际践行了以吉礼（即祭祀之礼）为五礼之冠的"五礼之制"，这种礼仪制度虽长于效法先王先祖，但西周王朝的最后两个皇帝，即周厉王和周幽王却背离祖训、暴虐无道、横征暴敛、失去民心，从而导致西周帝国迅速溃败，以致王权衰落、礼崩乐坏、诸侯割据、天下大乱，整个国家进入大战乱、大动荡的年代。

孔子正是在战乱变革的时代，提出"克己复礼，天下归仁"的政治口号的，以适应时代的变革大潮。孔子虽然带着自己的弟子周游列国，宣传自己的政治主张，同时也与不同学派的士子进行辩论，但他的有关实行礼仪制度的政治主张，却未能被那些诸侯国掌权的贵族所接受。就在他出游列国的过程中，孔子发现，唯有他的弟子是最可靠的，因为他们以孔子的信仰为信仰，以孔子的"以人为本的仁学"为最高思想境界。于是，孔子不但开启了游士生活与游士之风，还编制了以士人为主的礼仪纲目，对西周曾经践行的礼目、礼节重新进行了调整和创新。与此同时，又大力培育"志士仁人"，扩充"士人"队伍，提高宣传质量和力度。孔子这样做的目的是要培养士人阶层，并让他们在国家政府的各级组织部门中成为宣传、推广、普及、发展礼仪文化

的骨干力量。

正是经过西周建国初期周公对礼仪文化的倡导和践行，以及孔子与其弟子这样一批"志士仁人"的大力传承创新与发展，遂使礼仪文化和典章制度大行其道，并逐步凝聚沉淀在华夏文化和华夏文明的底层，形成华夏传统文化的"母型"与长久发生作用的文明"基因"。后来各朝各代的明君贤臣，又通过科举考试选拔那些精通诗书礼仪文化的贤良优秀士人，不断充实扩大和强化入仕的士人阶层，遂使礼仪文化更加普及和深入人心，形成良好的国民素质。应当说，这是孔子周游列国，开启"士游"之风，重视"士礼"礼仪，培养"士人"弟子，将礼仪文化推广到社会各个角落的最大功绩。

在明末清初，乃至1840年鸦片战争之后，一批又一批的西方传教士来到中国，他们为了取得良好的传教成果，也不得不采取一种"合儒"的策略，即利用中国文化典籍特别是儒家的经典书籍，来说明西方基督教的教义，这是因为儒家礼乐思想在中国，特别是在士大夫和知识分子阶层中，具有深厚的社会基础和巨大的神圣权威，所以，西方传教士们只能用儒家典籍来附会、比拟、论证西方基督教教义。他们认为儒家所讲的"天"与"上帝"，就是基督教的"天主"，儒家所讲的"忠孝廉耻"，就是基督教的"敬天爱人"，而儒家的"仁"就是基督教的"爱"，如此竟把两个南辕北辙的东西硬拉到了一起。

难怪法国学者伊莎白尔·拉瑟拉在《欧洲人眼中的儒学教育》一书中说："耶稣会的传教士们原想以外来者的身份、凭借其优势影响并进而改造一些人，但他们一旦接近宫廷，就改变了初衷，甚至反其道而行之"，成了中国礼仪文化的爱好者和交流传播者。所有这些都一再说明，在中国，不但儒家礼乐文化思想深入人心，而且士人、士大夫阶层与广大知识分子都成为传播礼乐文化与礼乐文明的中坚力量。

古之所谓十三经，包括《周易》《尚书》《毛诗》《周礼》《仪礼》《礼记》《春秋左传》《春秋公羊传》《春秋穀梁传》《论语》《孟子》《孝经》《尔雅》等，就共同承载与传承着这一礼乐文明的文化"母型基因"，以及其所生成的华夏族群独特的生活方式、思维方法、价值取向、民族精神，并内在包含着中华文明的道德、礼仪、仁爱、和平、己立立人、己达达人、"己所不欲，勿施于人"等深层理念，引领着中华民族在坎坷不平的道路上不断前行。

所以，从古到今的志士学人，对周公和西周礼仪文化及孔子和儒家的礼乐教育思想，都无限尊崇与敬仰。荀子作为先秦时期的儒学大师，就认为周公、孔子皆是在他之前的"大儒"。唐代的韩愈也认为儒家事业按两条线发展：一条是建立伟大功业的帝王人物，有尧、舜、禹、汤、文王、武王等；另一条是创建理论思想学说的巨人，有周公、孔子、孟子等。此后人们常常将周公、孔子并提。比如魏晋玄学家嵇康，在他以道家自然思想批评儒家圣人及"六经"典籍以礼乐思想教化人们时，就宣称要"轻贱唐虞而笑大禹"（《卜疑》），"非汤武而薄周孔"（《与山巨源绝交书》），这里所说的"周孔"就是指周公、孔子。明末清初的学者李贽也将周公与孔子并提，称为"周孔"。

现代学者梁漱溟更明确将中国数千年文化传统称为"周孔教化"。他在《中国文化要义》中说："中国数千年风教文化之所由形成，周孔之力最大。举周公来代表他以前那些人物，举孔子来代表他以后那些人物，故说'周孔教化'。周公及其所代表者，多半贡献在具体创造上，如礼乐制度之制作等。孔子则似是于昔贤制作，大有所悟，从而推阐其理以教人。道理之创发，自是更根本之贡献，启迪后人于无穷。所以在后两千多年的影响上说，孔子又远大于周公。"[①]这就是说，在"周孔教化"中，周公的贡献在于文化制度上的创造，是根本性的贡献；孔子的贡献在于对儒学发扬光大，传播与教育后人。

由此看来，周公的文德礼仪思想和孔子的仁爱教化思想，是一脉相承而又相互关联的整体，它们之间虽既有联系又有区别，但都是礼乐文化的合理内核与重要组成部分，二者缺一不可。因此，当我们谈论儒学对中国传统文化的影响时，就不能不谈周公，不能不谈周文化及其代表性的著作《周易》《尚书》及原生态诗乐舞三位一体的《诗经》。由于周公的礼仪思想为儒家学

---

① 梁漱溟. 中国文化要义 [M]. 上海：上海人民出版社，2011：99-100.

说奠定了坚实的基础，所以谈中国传统文化，不能不谈儒家、儒学；谈儒学，又不能不谈周文化；谈周文化，就不能不谈周公。

但近几十年来，不但不再有"周孔"并提的说法，而且在有些专讲礼仪的书籍中，周公竟然变成了传说人物。更有甚者，一部专论西周史的专著，其中只可见周公的事迹，却不见周公的名字，作者似乎有避提周公名字的嫌疑。

如今，随着中国综合国力的增强和政治经济的崛起，国家已明确将我国优秀传统文化纳为治国理政的重要资源，并将传承发展中国优秀传统文化提升到国家战略的高度，因而，在复兴华夏文化、振奋民族精神大业的当下，千万莫因传承历史文化理念的不同，将为"肇造"创建华夏文化做出伟大贡献的文德礼仪之父——周公，在我们这一代人的记忆中抹去！

六、道家对天人哲学"天道"自然法则的揭示

如果说儒家从"人道"社会法则方面，对孔子礼乐文化思想的创新发展和普及实践进行了卓有成效的阐发，那么我们接下来将要讨论道家是如何从"天道"自然法则方面，来揭示中国传统文化的重要组成部分自然主义思想的。

主张"道法自然"并创立先秦道家学派的老子，是春秋末期的著名哲学家。据《史记·老子韩非列传》记载："老子者，楚苦县厉乡曲仁里人也，姓李氏，名耳，字聃，周守藏室之史也。"即老子是今河南省鹿邑县人，是周朝管理王室藏书的史官。

传说孔子曾赴周问礼于老子，在昭公二十七年（前515），孔子乘坐着辚辚牛车，翻过邙山，渡过洛河，怀着虔诚的心情来到了当时全国的政治、经济、文化与礼仪中心——东周首都洛邑。据《孔子家语》记载：孔子向周大夫苌弘学习了音乐，参观了"郊社之所"，"考明堂之则，察庙朝之度"，甚是感叹地说"我来到文化和礼乐制度的圣地了"，当然同时也拜访了当时的国家图书馆馆长老子。

"孔子入周问礼处"就在今天的洛阳老城区东关大街北侧，两位先哲进行

了简洁睿智的对话，就仁、义、礼、道等问题进行了思想交流，在各述其说中擦出耀眼的思想火花。当然，孔子对待老子就像对待自己的老师一样尊敬。老子则教导他，让他去掉身上的"骄气与多欲，态色与淫志"等无益于身的东西，做到"深藏若虚""容貌若愚"。临走时，老子又送给孔子一段表明道家思想的话："聪明深察而近于死者，好议人者也。博辩广大危其身者，发人之恶者也。为人子者毋以有己，为人臣者毋以有己。"这段话对孔子的触动很大，他在返回鲁国途中，对随同弟子说："鸟，吾知其能飞；鱼，吾知其能游；兽，吾知其能走。走者可以为罔，游者可以为纶，飞者可以为矰。至于龙，吾不能知其乘风云而上天。吾今日见老子，其犹龙邪！"可见老子的思想像龙一样让人捉摸不定，而又如此高深，确是周时隐逸文化的突出表现。孔子 42 岁就辞而退隐，整理诗书，对此我们不能不想到是受老子的影响。

其实，老子正是眼见周室已衰，周礼崩坏，诸侯割据，天下大乱，便辞世西行，入函谷关隐居，而不知其所终，但在他隐居期间，曾应函谷关令伊喜之请求，"乃著书上下篇，言道德之意五千余言而去"，为后世留下了一份珍贵的文化遗产——《道德经》，或曰《老子》。

《老子》一书的思想结构，可以用"体用范畴"来表达，即道是德的"体"，德是道的"用"。这就是说，道是宇宙的本体，它不依赖任何物体而独立存在，并永远自行运动，"独立而不改，周行而不殆"。道运行而产生天地，天地运行而产生万物。《老子·第一章》就说："道可道，非常道；名可名，非常名。无名天地之始，有名万物之母。"意思是说，道无名无姓、无色无味，但却是决定和支配一切的本体，而那些可以讲出来、可以叫出来的就不是我们所说的道。道可以产生天地万物，所以，老子又说："道生一，一生二，二生三，三生万物。万物负阴而抱阳，冲气以为和。"万物是阴阳二气和合而生，所以，老子的道或"大道"含有自然主义的意思，这就叫"人法地，地法天，天法道，道法自然"，即道本身就像万物那样自然而然。在先秦古圣人中，老子最先将"道"作为哲学范畴提了出来。殷人尊上帝，周人敬天，而老子则在殷周的宇宙主宰之前放置一个"道"，作为天地万物的来源，这首先在思想上与有神论划清了界线，从而把先秦哲学引入一个新的天地和境界。

老子的所谓"德",其实就是自然无为。因为道的本身是"常无为而无不为",所以作为道的功用的圣人之"德",也就是自然无为。老子反对外力的营造和以智术治国。既然国家制定了法律条文和道德准则,就应该是圣人无为而治,这是对法律条文和社会道德准则的一种尊重。若像儒家那样仍以智术治国,便是有为,也是以己之私见,加之于法律之上。所以老子之德,乃谓之"上德",即无心之德。那么,老子是不是否定人的作为呢?老子的回答是:"是以圣人,欲不欲,不贵难得之货;学不学,复众人之所过。以辅万物之自然,而不敢为。"意思是说,道家的圣人,不以常人所欲为欲,不学常人所学的德,他只不过是替道辅万物之自然变化,而不敢自为。

总之,我们可以将《老子》一书所提倡的"尊道贵德"的基本精神和整体内涵概括为:道可道,非常道;德不德,是有德。是说可以言说的道,就像我们常讲的为学之道、为官之道、治水之道等,那是具体之道,而非我们所讲的支配一切、决定一切的常道;而过于营造、过于雕饰的德,非我们所讲的德,唯有那种原始的朴实无华的德,才是有德。所以,老子提出要"返璞归真""回归自然",并将"鸡犬之声相闻,老死不相往来"的"小国寡民"政治理想,作为他理想中的社区生活而加以描绘。

七、老子以"天道"自然思想批评人世之不公

老子对天道的描述有着多方面的含义。《老子·第七十七章》曰:

> 天之道,其犹张弓欤?高者抑之,下者举之,有余者损之,不足者补之。天之道,损有余而补不足。人之道,则不然,损不足以奉有余。孰能有余以奉天下?唯有道者。是以圣人为而不恃,功成而不处,其不欲见贤。

这段话虽讲自然天道,但首要是说生态平衡问题。他以自然与社会做对比,指出天道公平,它不受社会人事的干涉,昼夜交替,寒来暑往,新陈代谢,取长补短,始终维系着自然界日复一日不停运行的均衡秩序,保持着山清水秀、天蓝星明和原有大地一片葱绿的自然生态。但人道却完全不同,陷入混乱失衡而不公平、不公正的人为状态,它不是损有余而补不足,而恰恰

相反，是损不足以奉有余，即减少不足的，用来供奉有余的。

那么，谁能拿出多余的财物来供给天下呢？只有那些"有道"的人。因此，圣人为万物尽了力而不恃其能，办事成功而不自居功，不愿意表现自己的贤能。

老子正是以这种公平、公正、公道的所谓"天道"思想，批评种种剥削压迫言论，反对以暴力镇压人民，反对苛捐杂税，对奴隶主贵族们提出了强烈的抗议。比如，在《老子·第七十四章》中说：

> 民不畏死，奈何以死惧之？若使民常畏死，而为奇者，吾得执而杀之，孰敢？常有司杀者杀。夫代司杀者杀，是谓代大匠斫。夫代大匠斫者，希有不伤其手矣。

意思是说，人民并不怕死，为什么用死来吓唬他们？如果人民经常怕死，凡是闹事的人，我就可以把他抓起来杀掉，谁还敢再为非作歹？国家有掌管刑律的职官执行死刑，硬要代执掌者去杀，等于硬要代大工匠砍木头，很难有不砍伤自己手的。

《老子·第七十五章》又说：

> 民之饥，以其上食税之多，是以饥。民之难治，以其上之有为，是以难治。民之轻死，以其上求生之厚，是以轻死。

这段话将广大农民受奴隶主压迫的道理，讲得非常深刻。意思是说，人民忍饥挨饿，是因为他们的君上取税太多，所以才挨饿。人民群众难以治理，是因为他们的君上生事而胡乱作为，所以难以治理。人民用生命去冒险造反，是因为他们的君上养生的欲求太高，以致物质资本太丰厚奢华，所以逼得人民犯上作乱。君上如果不去追求个人生活上的种种享受，就会胜于那些自奉过度的人。

《老子》还猛烈地攻击了当时统治阶级的所谓"礼仪道德"，反对仁义，反对没落时期的周礼。《老子·第十八章》说："大道废，有仁义；慧智出，有大伪；六亲不和，有孝慈；国家昏乱，有忠臣。"是说人类社会无为而治的大道被废弃了，才有人提倡所谓仁义；智慧产生了，才有人出来做大的诈伪；家庭六亲不和，才有人要求父慈子孝；国家陷于一片混乱，才有人奖励忠臣。

老子这种从天道自然思想出发，反对仁义礼仪，要求恢复原始社会的淳朴道德"慈孝""忠信"，反对暴力镇压和重税，主张无为而治的想法，虽然是不可能实现的一种空想，但其中也包含了一些对于剥削压迫的批评，包含了一些批判的积极有用的成分。

八、老子的"上善若水"与"节俭去奢"

《老子·第八章》曰：

> 上善若水。水善利万物而不争，处众人之所恶，故几于道。居善地，心善渊，与善仁，言善信，正善治，事善能，动善时。夫唯不争，故无尤。

这一章是老子的人生论，他仍然从天道自然思想出发，用水德比喻上善之人的善良德行。水性柔和，灌溉滋润养育万物而不与万物竞高下、争短长，更不去争名争利，总是默默无闻地甘心处于众人所厌恶的卑下之地，唯有与众不同，才接近造化万物的自然之"道"。

水有"七大善性"，皆自然之性。所以上善之人安身立命，总是像水那样随遇而安，善于处于低洼之地，心如止水，与人交往也像水那样博大仁爱，其说话亦像水的汛期那样真诚而守信用；上善之人为政做官，就像水那样清静无为而治，做任何事情也像水那样发挥功能，行动起来如水生风起，善于把握天时地利。所有这些，都是自然而然发生的，正因为上善之人像水那样与物无争，所以不会出现过失与差错。这正如司马迁论述道学特性时所说的"与时迁徙，应物变化"，即动任自然，则其意亦静。这正是道家所提倡的上善之人应具备的优良品质。

《老子·第六十七章》曰："**我有三宝，持而保之：一曰慈，二曰俭，三曰不敢为天下先。慈，故能勇；俭，故能广；不敢为天下先，故能成器长。**"老子这段话是讲他推行道的"三宝"，但把节俭排在第二位，而且还一再强调：舍俭省而求宽广是不可能的。可见老子对节俭办一切事情，是非常重视的。《老子·第二十九章》说："圣人去甚，去奢，去泰。"尽管这里是针对儒家主张"有为"而说的，但反对办事过分，要去掉那些极端的、奢侈的做法，要求"节俭去奢"，还是完全必要的，而且节俭持家，节俭办一切事情，已成为我们中华民族的传统美德。

九、老子"反者道之动"的朴素辩证法

老子提出了对立转化的朴素辩证法观点。《老子·第二章》曰："故有无相生，难易相成，长短相形，高下相倾，音声相和，前后相随。是以圣人处无为之事，行不言之教。"《老子·第四十二章》也说："故物或损之而益，或益之而损。"《老子·第五十八章》则说："祸兮，福之所倚；福兮，祸之所伏。孰知其极？其无正也。正复为奇，善复为妖。人之迷也，其日固久矣。"这里所讲的有无、难易、长短、高下、前后、损益、祸福、正奇、善妖等，都是对立而相互转化的。一正一反、一奇一偶，彼此互转。老子认为这个道理是包含在一切事物之中的普遍规律，只是人们不易理解罢了。

老子认为，一切事物都有一个发展变化的过程，即由小到大、由强变弱、由失败转为胜利或在一定时间坚持不变等种种情况。而这要由事物存在的客观条件来决定，绝不是人的主观意志所能随意掌控得了的。

比如，如果事物过分强盛，统治者的手段过于暴烈，就一定会引起强烈的反抗，并促使事物向反面转化，直至最后灭亡。《老子·第二十三章》就说："故飘风不终朝，骤雨不终日。孰为此者？天地。天地尚不能久，而况于人乎？"《老子·第三十六章》也说："将欲歙之，必固张之。将欲弱之，必固强之。将欲废之，必固兴之。将欲夺之，必固与之。是谓微明。"《老子·第四十二章》又说："强梁者不得其死，吾将以为教父。"这里是说，连暴风骤雨短时间都会过去，老天爷都管不住它，谁还能管呢？因此，人世间的事情，如果手段过分残暴，就不会有好果子吃，最后必然灭亡。应该说，这是老子对奴隶主贵族提出的严重警告。

老子还提出"柔克刚与弱胜强"的普遍规律和重要问题。他在第三十六章中说：当事物发展到极限的时候，就会自动向相反的方向运转，这就是物极必反的自然之机，也是"柔弱胜刚强"的必然结果。《老子·第七十六章》又说："人之生也柔弱，其死也坚强。草木之生也柔脆，其死也枯槁。故坚强

者死之徒，柔弱者生之徒。"《老子·第七十八章》也说："天下莫柔弱于水，而攻坚强者莫之能先，其无以易之也。柔之胜刚也，弱之胜强也，天下莫不知，而莫之能行。"这里，老子提出了一个重要命题，即新生事物是不可战胜的，它虽柔弱，但却具有较强的生命力，足以战胜那些貌似强大却垂死挣扎的腐朽事物。老子看到了这一新的情况，并为新生事物的发展成长助威呐喊，实在难能可贵。

老子的辩证思想，还特别关注如何保持事物发展的有序性，使事物不至于因跳跃性较大或速度过快而中途受挫，甚至衰败。老子把这种状态称为"不盈"，即达到一定限度就要保持那个状态而不变。《老子·第十五章》说："保此道者不欲盈。夫惟不盈，故能蔽不新成。"只有保持不盈，最后才能成功。这似乎是在要求应保持一定程度的韬光养晦状态。所以，《老子·第四十四章》说："是故甚爱必大费，多藏必厚亡。知足不辱，知止不殆，可以长久。"只要不超过一定限度，知足知止，就能长久。

为此，《老子·第四十五章》说："大成若缺，其用不敝。大盈若冲，其用不穷。大直若屈，大巧若拙，大辩若讷。"《老子·第四十一章》又说："明道若昧，进道若退，夷道若纇。上德若谷，大白若辱，广德若不足，建德若偷，质真若渝。大方无隅，大器晚成，大音希声，大象无形。"这两段话的意思是说，成而若缺，方为大成。巧而若拙，方为大巧。这种包容了反面成分的正面事物，才是比较完满的"道"所要求的事物，这种结合了"反"的"正"，才是比较完满的所谓大成、大盈、大直、大巧、大辩、大方、大器、大音、大象等，它们才真正体现了"道"的"大格局"。

老子提出了对立转化的道理，但他却着眼于如何才能保持不转化，而达到"不失其所者久，死而不亡者寿"，即死而不朽的精神状态。

老子的"反者道之动，弱者道之用"正是对他的辩证思想的最好诠释，是说反是事物发展变化的普遍规律，柔弱是运用道的力量以保持相对而言比较长久的关键。但柔弱只能延缓反的到来，并不能阻挡反的运行。

十、老子"道常无为而无不为"的"自化"思想

《老子·第三十七章》曰："道常无为而无不为。侯王若能守之，万物将

自化。化而欲作，吾将镇之以无名之朴。无名之朴，夫亦将不欲。不欲以静，天下将自定。"这段话的意思是说，道永远是无为的，但没有一件事情不是它所为。侯王如果能遵守道的法则，万物将自动向他归化。归化后，如果有欲望发生，我将用"无名之朴"来镇安他们。人们没有不正当的欲望，因而就能安静，天下自然会稳定、太平。

这一章是老子提出的无为而"自化"的政治理想和主张。他要让人民无为而"自化"，即根据条件自我化育、自我转换、自我调整、自我作为以便自我完成。但如果在自生自长的过程中萌生"欲作"的现象，就镇之以"无名之朴"，使其清醒，并消除欲望，天下自然走上轨道，民风真朴而自定。这就是道的造化原理。

《老子·第五十七章》又说："天下多忌讳，而民弥贫；民多利器，国家滋昏；人多伎巧，奇物滋起；法令滋章，盗贼多有。故圣人云：'我无为而民自化，我好静而民自正，我无事而民自富，我无欲而民自朴。'"《老子·第十七章》又说："太上，不知有之；其次，亲之誉之；其次，畏之；其次，侮之。信不足焉，有不信焉。悠兮其贵言。功成事遂，百姓皆谓我自然。"是说贵族统治者如果是无为而治的统治者，他们不再干涉或尽量少干涉人民的生活，人民也就不再受到他们的干扰。安然而自在自成、自给自足地去安排自己的生活，过好自己三十亩地一头牛、老婆娃娃热炕头的小日子。这完全是老子对"鸡犬之声相闻，老死不相往来"的社区生活的追求，是小国寡民政治理想的一种幻想。

《老子·第八十章》中就对小国寡民思想做出如下描写："小国寡民，使民有什伯之器而不用也，使民重死而不远徙。虽有舟舆，无所乘之；虽有甲兵，无所陈之；使民复结绳而用之。至治之极，民各甘其食，美其服，安其居，乐其俗。邻国相望，鸡犬之声相闻，民至老死不相往来。"其实，老子在这里所追求的，仍然是要回到没有压迫、没有剥削的原始社会，虽然这是一种倒退的思想，但却是普通平民百姓所期盼的一种社会和生活，正是由于老子对这种封建社会小农经济自给自足、自生自成、自由散漫、天高皇帝远、日出日作、日落日息的生活的深情描述，使得《道德经》一直受到人们的喜爱和欢迎，并被士人们反复地进行诠释和解读。

　　司马迁在《史记·老子韩非列传》中说："老子，隐君子也。"在春秋末期，就有一些厌倦人世的隐者，常居山林而不出。孔子在《论语》中就曾记载了荷蓧、接舆、荷蓧丈人、长沮、桀溺等自称"辟世之士"的隐者。他们大都是由没落贵族下降为平民百姓，过着自食其力的平民生活，而且对当时的社会有着一种强烈的不满情绪。老子本人曾做过周室图书馆馆长，应当算是有一定社会地位的君子贤士，但其出身很可能是没落贵族，中途降为平民，到晚年又过起隐居生活，因此他的思想在某些方面同情农民，并反映了平民阶级的要求和愿望。

第六章　中国传统文化生成发展
与双线纽结整合模式结构特征

中华文明源远流长、历史悠久，早在 5000 年前，即北方仰韶文化向龙山文化过渡时期，"人文初祖"轩辕黄帝就率领他的族群，开启了人类文明的新时代。

据《国语·晋语》记载："昔少典娶于有蹻氏，生黄帝、炎帝。黄帝以姬水成，炎帝以姜水成，成而异德，故黄帝为姬，炎帝为姜。"这就是说，黄帝和炎帝本是兄弟二人，黄帝在姬水边长大，所以姓姬；炎帝在姜水边长大，所以姓姜。

由此我们可以看出，姬、姜二氏族本是由一个原始氏族分化出来的，其原始氏族就叫作胞族。姬、姜二姓即二氏族，按当时的文化习俗，可以世通婚姻，行氏族外婚制，而在部落或胞族中则行内婚制。其后二族又形成二胞族或二部落，并与当时所在地即今陕西关中地区近亲近邻之氏族部落联合，遂形成黄帝氏族部落与炎帝氏族部落及其部落联盟。

一、"人文初祖"黄帝开启源远流长 5000 年文明

正是在黄帝氏族部落与炎帝氏族部落的共同努力下，西部关中等地不但成为仰韶文化的典型代表，而且经过与邻近地区的交流沟通，又使其提升到

龙山文化的较高水平。著名史学家张岂之先生在其主编的《五千年血脉》一书中，对黄帝的生卒年代提出自己的看法，将其生年确定为大约公元前2708年，将其卒年确定为大约公元前2598年。这一基本看法，不但与通行的认为黄帝距今已有5000年左右的说法比较一致，而且与多年考古发现中的历史遗存基本相符。① 如果这一判断成立，那么黄帝所处的时代，就是我国新石器后期仰韶文化向龙山文化过渡的时期。又据史料记载，黄帝时代在器物文化的发明创造方面已取得显著成就，诸如井、火食（即熟食）、衣裳、冠冕、釜甑、陶器、舟楫、车、杵臼、旃（即毡子）、宫室、棺椁、伞、镜、货币、几案等。又据晋崔豹《古今注》卷上记载："黄帝与蚩尤战于涿鹿之野，蚩尤作大雾，兵士皆迷，于是作指南车以示四方，遂擒蚩尤而即帝位。"

所以，黄帝在"与炎帝战于阪泉"之前，已如司马迁《史记·黄帝本纪》所说："诸侯咸归轩辕。轩辕乃修德振兵，治五气，艺五种，抚万民"，并"作教化民"，为华夏民族奠定了坚实的基础。

黄帝时代，虽是原始酋长制向人类文明国家过渡的重要时期，但完全意义上的国家尚不存在，只有到了夏禹的时代才算正式产生了国家。据方诗铭、王修龄《古本竹书纪年辑证》所说："黄帝至禹，为世三十。"这就是说，黄帝之后几百年才产生形成国家。但从史料记载中可以看出，国家的雏形在黄帝时代已经出现，这说明氏族制度向文明国家的过渡，是一个极其复杂而又十分漫长的过程。

黄帝时代的末期，其思想精神文化也不断发展提升。比如"天"和"人"的观念，特别是生活中常常出现的"德"的观念，也因人们的生活方式由原来的采摘食物变成后来的种植食物，其已不是得到的"得"，而变成须要付出艰辛劳动才能获取的"德"。"德"字的内涵已经成为人们对社会、对公众做出多大贡献的人格和品质。《周易》中的"德"字，就有这种情况。对于天与人，《史记·封禅书》中记载："黄帝作宝鼎三，象天地人。"可见，那时的人已经看出了天、地、人的相依相存关系。又如，《竹书纪年》中说黄

---

① 见附录三《对"人文初祖"黄帝东迁的文化解读》。

帝"生而能言，龙颜"。还说："黄帝以土气胜，遂以土德王。"这两条材料后来在《周易》中，被演绎为象征天、地的乾、坤二卦，《周易大传》中又提炼出"飞龙在天""天行健，君子以自强不息""地势坤，君子以厚德载物"等思想。"自强不息""厚德载物"就由此成为中国优秀传统文化中最基本的人文思想和民族精神。

二、周公、孔子3000年前"肇造"创新华夏文化

据《左传·昭公九年》记载，作为黄帝后裔的东周天子来到晋国地面，为了调解甘人与晋国之间的土地矛盾，竟直接批评晋国的大臣梁丙，他说："我自有夏以后稷，魏、骀、芮、岐、毕，吾西土也；及武王克商，蒲姑、商奄，吾东土也；巴、濮、楚、邓，吾南土也；肃慎、燕、亳，吾北土也。"

这段话不但说明周人始祖后稷是黄帝的后裔，而且还说明周人的先人生长在夏代的土地上，因此，周人常自豪地称自己是"有夏"之人。这样看来，周人既是黄帝的后裔，又受夏代文化的熏陶，所以，对黄帝以来历代先人的优良传统必是心生敬畏而予以认真地继承和发展。

周公正是忠实于祖宗遗训的辅佐大臣，他在《康诰》中开宗明义："孟侯，朕其弟，小子封。惟乃丕显考文王，克明德慎罚；不敢侮鳏寡，庸庸，祇祇，威威，显民，用肇造我区夏，越我一、二邦以修我西土。"意思是说，康叔，我的年轻的弟弟，你的伟大英明的父亲文王，能够崇尚德政，慎用刑罚；不敢欺侮无依无靠的人，善于任用那些可以任用的人，尊重那些可以尊重的人，畏惧那些应该畏惧的事，并很爱护人民，因而到中原华夏地区开创我们的活动区域，和几个友邦共同治理我们的西方国家，同时也肇造我们的华夏礼仪思想文化。

在这篇诰文中，周公反复强调，要求助于"殷先哲王用保乂民"、求闻于"古先哲王用康保民"，意思是要遍求殷代和古代圣明先王保护和安定百姓的遗训和教化殷人以"作新民"的方法。在《立政》中，周公还讲述了夏、商两代设官立政的经验，告诫成王必须奉行文王、武王设官理政的常法，任用贤人及有德之人，培养那些"忱恂（诚信）于九德之行"，即历史上所谓诚

信并具有九种德行的常人善人，只有这样的"其惟吉士"，才能"用励相我国家"，即努力治理我们国家。而且，他还提出要学习大禹统一中国，以促进周王朝的发展。

由此我们可以看出，周公非常重视历史上的先王先哲们治国理政的成功经验，也非常重视祖宗和前辈的遗德遗训。而且，他正是在遵循历代先王先哲与祖宗前辈立德、崇德、厚德、敬德的基础上，提出"制礼作乐"的礼仪制度，提出以"道德天命"为核心命题的"祀德纯礼"即"崇德尚礼"的文德礼仪思想文化体系，从而对那些在封疆裂土和治国理政中，做出伟大贡献、立过巨大功德的栋梁之材与贤能人才，给予不同等级的褒奖，并对他们加以提拔重用，以发挥他们的作用，使西周王朝保持长治久安。

但事与愿违，西周王朝真正实践周公提出的"崇德尚礼"主张，像"成康之治"那样"四十余年刑措不用"，百姓能够安居乐业，也不过就是100多年。西周末期，除了有短暂的"宣王中兴"之外，其君王甚少作为，乏善可陈，厉王、幽王不但丧德，而且弃礼，一心贪图个人私利而置国家前途命运于不顾，致使王权衰落，礼崩乐坏，民生凋敝，社会动乱。随之而来的必然是西周的衰亡。

孔子为了拯救国家，安定民生，在春秋末期，面对社会大动荡、时代大变动的局面，提出"克己复礼以归仁"的政治口号，期望在"以人为本""仁者爱人"的思想文化基础上，将周公主张的礼仪制度加以创新发展和弘扬复兴。

于是，如前所述，孔子带着他的学生周游列国，四处奔走呼号，宣传他的政治主张，但当时各国的贵族统治者，不但不予理睬，而且还对他冷嘲热讽。孔子并没有因此而灰心丧气，反而更加坚定。他一方面办私学，教以六艺之学，大量为社会培养有理想的"志士仁人"；另一方面提倡"士游"之风，鼓励士人走向社会，走向仕途，用"人本""仁爱""仁政""王道"思想和经他创新的"八礼之制"来教化人民，提高他们对礼仪制度的认识，增强他们对实践和普及礼仪制度的信心与勇气。

孔子为了创新发展和实践普及周公"肇造"的礼仪思想文化，除了与他的弟子撰著《仪礼》一书，以创新完善以"士人""士礼"为中心的"八礼之制"之外，晚年还特意修订、增删、整理"六经"，使华夏礼乐文化及上古历代沿革的"元典"，得以完整保留。所以，周公虽"肇造"创建了华夏礼仪文化，但时间太短暂，真正创新发展和普及实践礼乐思想文化与各项礼仪制度的，还是儒家的创始人孔子，以及儒学的后继传人。他们的历史贡献与功德，可以说是至伟哉，至大矣！

三、两汉时期形成传统文化"儒道互补"的生命主线

从前面的叙述中我们可以看出，中国优秀传统文化，是在西周时期由周公"肇造"创建，于春秋末期又由儒家的圣人孔子加以创新发展，到了两汉时期，方基本形成"儒道互补"（即儒家的"人道"与道家的"天道"相互补充、融合为一）的生命主线，又经过唐宋以至明清时期的进一步完善，最后形成传统文化"三教合一"的生命副线，生命主线与副线的会通融合与纽结整合，遂使中国优秀传统文化达到了尽善尽美的程度。

可以看出，中国优秀传统文化是一个完整的层级结构，其特征就是"儒道互补"的生命主线与"三教合一"的生命副线，紧密融合而牢不可分，各自发挥着积极作用。如果我们用道家常用的体用范畴来加以表述，那就是"儒道互补"为体，"三教合一"为用。

下面，我们先从中国传统文化"儒道互补"生命主线的形成历程讲起。

公元前206年，刘邦灭秦立国，建立了统一的西汉王朝。这位平民出身的沛县小吏，对于儒家不懂也不大尊重，更不会特别重视。比如，高阳人郦食其欲见刘邦，其麾下骑士就对他说："沛公不好儒，诸客冠儒冠来者，辄解其冠，溲溺其中，未可以儒生说也。"再如，太中大夫陆贾常常喜欢在刘邦面前称说《诗》《书》，竟被刘邦骂曰："乃公居马上而得之，安事《诗》《书》？"陆贾却不以为然地反诘一句："居马上得之，宁可以马上治之乎？"问得刘邦哑口无言。陆贾这才说道："汤、武逆取而以顺守之，文武并用，长久之术也。"意思是说，商汤和周武王，都是以武装力量夺取天下，再用文德文治功夫治理天下，方能保证国家和社会的长治久安。这就叫"文武并重，因时而

用"。听到这里，刘邦才高兴地说："试为我著秦所以失天下，吾所以得之者何，及古成败之国。"此后，应刘邦的要求，陆贾的《新语》十二篇，就是一篇篇写成后在朝堂之上宣读过的。

可见，刘邦虽是一位不读书且"谩而无礼"的粗野武夫，但他最大的长处却是知人善用、礼贤下士、"好谋能听"，对于谋士们好的意见总是言听计从，为己所用。所以，刘邦这样说："运筹帷幄之中，决胜千里之外，吾不如子房。镇国家，抚百姓，给馈饷，不绝粮道，吾不如萧何。连百万之众，战必胜，攻必取，吾不如韩信。三者皆人杰，吾能用之，此吾所以取天下者也。"

刘邦正是在经历长期战乱和异族侵扰，特别是在秦始皇焚书坑儒以来，社会生产力和各种文化典籍遭到空前破坏，继而又有西楚霸王火烧咸阳数月，秦宫收藏的古籍文献荡然无存，以致造成"书缺简脱""礼崩乐坏"，需要及时转变国策，实施"偃武修文""休养生息"的严重情况下，开始汉文化的重建工程。

公元前180年开始的"文景之治"，即汉文帝刘恒与汉景帝刘启执政时期，由笃信黄老道家清静无为思想的文帝皇后、景帝母亲窦太后与丞相陈平、阴阳家张苍等执掌朝廷大权，他们大力提倡道家的"无为而治"，施行"轻徭薄赋，与民休息"的农业政策，使社会经济持续发展，呈现出盛世局面，史称"文景之治"。但是，由于他们过度实施无所作为消极应对一切的无为政策，遂对社会发展造成极为不良的影响和后果，比如在公元前154年，即汉景帝三年，就曾发生过吴、楚等七国诸侯起兵叛乱，史称"吴楚七国之乱"。

他们对儒家和儒术甚为反对，甚至在公元前139年，以窦太后仇视儒术为由，将反对黄老道家思想、推崇儒术的窦婴与独崇孔孟的田蚡二人都罢了官，而且还将"鲁诗学"的开创者申公撤职赐归，申公的两个学生即赵绾、王臧也都下狱而被迫死去。

由于黄老道家"无为而治"的严重影响，汉文帝元年，太中大夫贾谊早已提出的"兴礼乐，以立汉制，更秦法"的建言，诸如复兴礼乐文化，确立经学教育等一套治国之术，都只好暂缓实行。而当时所盛行者唯方士阴阳之术，诸如吐纳、炼丹与自谓能呼风唤雨、成仙登天、可长生不死之术。其影响之大，竟使汉代人思想中满是阴阳五行，在天文、地理、宗教、政治、军事、教育、医学、卫生等一切日常琐事中没有不以此为指导的。例如刘向所撰写的《洪范五行传论》，就是为当时的外戚专权服务的。

当然，也有一些好的影响。比如中医专著《黄帝内经》，最后定稿或补充完成于汉代，所以阴阳五行学说就成为它的重要指导思想。如《汉书·翼奉传》曰："阳用其精，阴用其形，犹人之有五藏六体。五藏象天，六体象地，故藏病则气色发于面，体病则欠伸动于貌。……阴阳失节，害及身体。"又如《汉书·礼乐志》说："人函天地阴阳之气，有喜怒哀乐之情。"

当时不被统治者重视的儒家，看清了这个诀窍，知道要有一套像方士那样的本领，方可得到当权者的青睐而被重用提擢。所以，儒家学者中就有人认为，邹衍用以推断自然命运和王朝兴衰的"五德始终"之学最为合适可行，也最容易被他们所接受。

其实，邹氏就是凭借他的一套"深观阴阳消息"的本领，周游魏、燕、赵等国，备受各国诸侯的尊敬和礼遇。而那些儒家学者，为了玩弄儒术，就把当时流行的阴阳五行学说同社会历史变迁联系起来的"机祥度制"，作为后来兴起的谶纬学说的核心内容。只有这样的学说才更符合统治者的口味，使得人世间的皇帝与天上的上帝更加缩短距离而混为一体。正如邹氏"闳大不经"的"谈天"说道，增加了皇帝的神秘性和欺骗性。所以，儒家学者用邹氏的阴阳五行学说来演绎他们的"五德始终"之说，则更加恰当不过了。

公元前135年，即汉武帝建元六年，儒家倒霉的命运终于有了转折翻身的一天。崇道抑儒的最大权力人物窦太后，因年长而与世长辞，这样，阻拦儒家前进的大门终于被打开了。

四、汉武帝推行董仲舒"独尊儒术"文化政策

公元前134年，即元光元年，汉武帝开始推行董仲舒提出的"罢黜百家，独尊儒术"的文化政策。命令各郡国举孝廉各一人，以示政府部门重视儒学教育，把儒教置于国家治国理政之首。其实，早在六年之前，即建元元年，

汉武帝执政之初，就已颁诏天下"举贤良方正直言极谏之士"，汉代儒学大师董仲舒，以"天人感应"为中心思想的"天人三策"而应诏上策。说明"王者承天意以从事"，并建议"诸不在六艺之科，孔子之术者，皆绝其道，勿使并进"。董仲舒的"天人三策"，深为汉武帝所欣赏并立即采纳。

董仲舒以公羊学而立身博士，他将《春秋》公羊学有关"大一统者，天地之常经，古今之通谊"的基本观念，既看成是对《春秋》中"王者无外"观念的发展，又看成是对秦汉以来大一统中国的一种经典文献的支持。所以，他对《春秋》大义多有发挥，形成自己一整套基本命题和规则，比如大一统、张三世、存三统和异内外等。

然后，他又将人事与天道结合起来，用邹衍"五德始终"说及阴阳五行学说，说明汉初王朝的合法性及其改制的次序等问题，把人事政治与天道运行强力结合起来，以阴阳五行的"天"与王道政治的"人"即"天人感应"为其理论的轴心，从而形成他的所谓"天人感应"的目的论学说，并开启了儒道互黜互补是真、儒家独尊独统是虚的历史新局面。这是因为董仲舒的儒学思想，已经不同于孔孟的儒学，其中不但充满了"人道"与"天道"相结合的成分，而且还多了许多神学的色彩。其实，董仲舒的君权神授目的论，就在于确立君主专制权力和社会统治秩序。

董仲舒虽然将"天"作为宇宙人间的最高主宰，即"百神之大君"，但在他的思想体系中，天却更多的是与多种因素相联系的天人关系结合体。而这些因素就是天、地、人、阴、阳、五行共十端："天为一端，地为一端，阴为一端，阳为一端，火为一端，金为一端，木为一端，水为一端，土为一端，人为一端。凡十端而毕，天之数也。"（《官制象天》）而这十端又可以相合而成四时、五行，即"天地之气，合而为一"，天不但可以使五行相生，而且还可以使五行相胜，从而达到天人之间的彼此沟通感应，协和统一，稳定持久。这就是道，既是天道，也是人道，既是自然事物的运行法则，也是人间世事的统治秩序。用董仲舒的话说，就是："道之大原出于天，天不变，道亦不变。"（《汉书·董仲舒传》）

董仲舒还根据儒家伦理思想提出"三纲""五常"思想学说，并极力提高它的神圣地位。所谓三纲，即"君为臣纲""父为子纲""夫为妻纲"；所谓五常，即仁、义、礼、智、信。

汉代初期的"文景之治"，崇尚黄老，力主无为，实施"轻徭薄赋，与民休息"的农业政策，使农业经济得到发展，但是，在政治上却导致了封建等级权威的削弱。这是道家思想主导下的无为君主所难以解决的。对此，贾谊提出了严格的等级制度，建立了礼治文化。董仲舒继续贾谊的工作，在"天人感应"神学目的论的基础上，为封建等级制度做了多方面的论证。他在《奉本第三十四》中说："礼者，继天地，体阴阳，而慎主客，序尊卑贵贱大小之位，而差内外远近新旧之级者也。"意思是说，天道要求人间建立以礼治为重要内容的封建等级制度，把君、臣、父、子、夫、妇这些最基本的伦常等级关系梳理清楚。

董仲舒的儒学，虽然以所谓阴阳五行之天道，论证了人道之天子存在的合理性和合法性，但他提出的所谓"天谴"理论，却诱发了后来的谶纬之学，造成不良的社会效果。致使道家学者王充等人，群起而攻之。他们以道家的天道自然思想为理论武器，对董仲舒的天谴之说进行了连续不断的批判。这对于端正董氏所说的三纲、五常思想，维系社会的基本道德秩序以及董氏所提倡的孝道，清除思想文化中的神学色彩，都有积极意义。这说明儒道互通互补、相互交流融合，对中华文化的形成发展，也有着极其重要的作用和意义。

这正如任继愈先生在其《儒道两家思想在中国何以影响深远长久不衰》一文中所说的："秦汉到鸦片战争，二千年间中国贯穿着一对基本矛盾：政治的高度集中与经济的极端分散。强化集中，是中央政府的职能；要求自给自足，不要政府过多干预，是自然经济的本性。政府要权力集中，农民要分散，正是在这样一对矛盾中，儒道两家充分发挥了他们的作用。"①

西汉初年，儒家虽处于受压制的地位，但在汉武帝执政之后，重用儒学大师董仲舒，并以行政手段推动儒家思想，遂使儒家得到前所未有的发展。

---

① 任继愈. 天人之际 ［M］. 上海：上海文艺出版社，1998：57.

董仲舒作为汉代大儒，将孔子的仁学思想同阴阳五行之说相结合，创立了天人感应、君权神授的神学经学思想体系，并以此来解释人们所关心的天时、地利、农耕、行政、战争等自然与社会现象，基本满足了社会各方面的实际需求。董仲舒的儒学配合西汉大一统政权，对促进中华民族的统一，增强民族凝聚力，有着重要历史意义。

虽然总体来看，道家思想在汉代扬儒抑道的文化大环境下，不可能有较大发展，但因道家崇尚"自然"、"守柔不争"、"谦卑低下"、"节俭去奢"、否定等级界限、反对人世不公、追求辩证发展等，对调和阶级矛盾、缓解人们之间因各种原因造成的不断增长的不满情绪，都有着不可替代的重要作用。尤其如前边所说，道家以自然思想对儒学的神学因素进行了大力挞伐。因此，在汉末儒学日渐走向衰落的情况下，道家学说却得到发展，并形成以《淮南子》与《论衡》为代表的，在批判汉儒虚伪浮夸之风的同时，宣扬"无为政治"的新道家思想。产生于东汉时期的道教，也把道家思想作为他们响应农民起义的思想旗帜。

由此可见，汉代道家的命运，始终是同儒家连在一起的，他们既互黜又互补，既背反又相通。这也说明道家思想学说乃是中国传统文化中不可或缺的重要组成部分。他们虽然各自在"天道"与"人道"领域中占有优势，也有着一定差别，但都主张以家长制为中心的自然经济制度，都认为父慈、子孝、君仁、臣忠是人伦之道的应有之义。这样，在两汉儒道互补的文化发展格局与文化相融的气氛中，培育形成的重视人伦、人道、人本的人文主义精神就成为中华文明的优势所在。因此，汉唐时期形成的儒道互补的格局，乃是中华文化形成的一条生命主线。

唐代以来，虽然有儒家与佛教、道教之间思想理念上的种种矛盾，但儒道互补互通，即儒家"人道"思想与道家"天道"思想紧密结合，似乎已经成为一种文化发展之定式，随之三教之间的矛盾也就浮出水面。

五、唐宋时期形成传统文化"三教合一"的生命副线

傅玄作为魏晋南北朝时期的著名思想家，他在佛教与道教泛滥成灾，危

及社会安定、影响政权稳定的情况下，在其《举清远疏》中说："近者魏武好法术，而天下贵刑名；魏文慕通达，而天下贱守节。其后纲维不摄，而虚无放诞之论盈于朝野，使天下无复清议，而亡秦之病复发于今。"是说魏晋南北朝以来，由于佛教的传入和中国化，以及道教的不断传播，致使"虚无放诞之论盈于朝野"而淹没了儒学对仁义和礼乐文化的教化宣传，并使儒家和儒学处于衰落状态。这对社会和国家的发展来说，是极其不利的，应当大力振兴并提升儒家和儒学思想的地位。

当然，这个时期的执政者也清楚地看到了这一点，并先后采取"灭佛毁道"的行政措施，对佛教与道教进行了极为严厉的打击。比如，我国历史上有名的"三武一宗"灭佛之举（即公元 446 年北魏太武帝灭佛、公元 574 年北周武帝灭佛、公元 845 年唐武宗灭佛、公元 955 年后周世宗灭佛），就是以行政手段下达命令，让各级政府部门监督执行拆毁庙宇与道观，遣散宗教僧徒。据史书记载：公元 574 年，北周武帝宇文邕举兵攻破北齐之后，即下令废除北齐境内佛教，破坏寺庙 4 万所，尽赐王公为宅第，并勒令 300 万僧尼解散还俗，还有一些道观同时被毁。

这里，仅就北周武帝宇文邕毁禁佛道的目的来看，实是为了推崇儒学、提高儒家地位，以修五礼之缺，正六乐之坏，为以儒学思想为理政之本打下牢固基础。由此看来，历史上发生的"灭佛毁道"事件，并不是要消除佛教、道教思想和人们精神上对宗教的需求，而是要消除它们对国家社会乃至经济发展所造成的不良影响。同时，也是为了能够将宗教宣传与宗教传播控制在一定范围之内，从而使其促进人们之间的和睦团结，有利于社会的进步发展。

为此，周武帝时的宰相苏绰草拟《六条诏书》，将"养民心，敦教化"放在首位，主张实施汉代礼治改革的文化政策，扶植儒学，灭佛毁道，并明确将董仲舒提倡的"独尊儒术"的"儒术"二字，改称为"儒教"，即儒学教化的意思，将儒家"三礼"即《周礼》《仪礼》《礼记》列为教化黎民百姓、改变社会习俗的首选之书。对于儒、释、道三家，北周的统治者也采取包容的态度，将其名次排列如下：一为儒教，二为道教，三为佛教。据《续高僧传》记载，北周武帝曾主张用儒学统一三教，公元 569 年，即天和四年，北周武帝曾召集名僧、名儒、道士"亲量三教优劣废立"，并"辨释三教先后，以儒教为先，道教为次，佛教为后"。

但这种排列次序在隋唐发生过多次变化。比如隋文帝时，雅好佛学的李士谦曾论"三教优劣"。据《佛祖统纪》记载："李士谦雅好佛学，兼善玄谈。有客问三教优劣，士谦曰：佛日也，道月也，儒五星也。时以为至论。"但到了唐高祖武德七年，即公元624年，据《旧唐书·陆德明传》记载：高祖幸国学释奠，命三教学者讲论，陆德明辨析其要，"高祖亲临释奠，时徐文远讲《孝经》，沙门惠乘讲《般若经》，道士刘进喜讲《老子》，德明难此三人，各因宗指，随端立义，众皆为之屈。高祖善之，赐帛五十匹"。由此可见，李唐王朝对儒、释、道三教持不偏不倚的态度。

从此以后，不但有三教之称，而且在平等互信的基础上展开争辩讨论，为隋唐时期定期举行"三教会谈"提供了有利条件。可以看出，北周隋唐不但扶植儒学，而且还大力推动儒学复兴，并使儒、释、道三教论争，成为继儒道互黜互补二元文化发展格局之后，三元互动互融文化发展格局的重要内容。

就"三教论争"的问题来看，当时道教学者所争辩的问题是如何成仙，人有没有"仙性"，即人有没有"仙人禀异气"，人能不能"通神成仙"，人又是如何经过修炼才能成仙的。佛教学者所争辩的问题则是"佛性"，即佛教信徒"有没有佛性"，能不能"修行成佛"，能不能"超生死，得解脱"等。儒家学者深入思考的问题则是"心性"，即如何提升"自身修养"，从而提高增强"心性"的思辨性和哲理性，促进人的"修身养性的自觉性"。

以上三个问题，虽然其性质完全不同，但集中起来就是一个"心性"思想问题，即意识形态与道德价值观念问题。这对道教与佛教学者来说，无论其来世能不能成佛、成仙，又如何成佛、成仙，在今生今世都要多多积德行善，增强道德修养，提高心性磨炼，做一个真正有益于社会、有利于民众、无愧于祖宗和子孙后代的人。这对儒家学者来说，就是修身养性以成圣贤的问题，至于来世往生，那是"六合之外，存而不论"的"子不语怪力乱神"的问题。

各宗教派别具体而言，都有其最根本的信条，即一种"超生死，得解脱"的理论和方法。比如，佛教的"超生死，得解脱"则要求达到"涅槃"境界，即超出"六道轮回"，采取的方法是通过"戒、定、慧"修行之道，以达"修成正果"，彻底领悟"诸法无我，诸行无常"的真谛。道教则有所谓"冥通成仙"之说，即道士在生前通过修炼的功德，多积德、多行善，再"服食吞符"以积下缘业，方可与神"冥通"而成仙。

就在初唐前后的政界，争辩讨论有关"三教优劣"问题的同时，唐代的学者王通从学术发展的角度，也将"三教合一"与"三教论争"的问题提了出来。这说明"三教"与"三教合一"的问题，是中国传统文化发展中的一个重要问题，对此必须要有一个明确的回答。从"三教"概念的提出和发展来看，大体可分为三个阶段：魏晋南北朝和梁武帝时期、唐宋时期、元明清时期。

最初虽然"三教"连提，但儒、释、道之间却彼此独立而各成体系，之所以连提，说明它们互有影响，互有渗透，互有吸收，互有补充。中间阶段是过渡阶段，彼此在意识形态上可以流通融合，甚至你中有我，我中有你，但依然是独立存在的实体体系。到了最后阶段，才有宗教形态上的三教合一。这说明儒家学派被人们当成非宗教式的宗教了。

《广弘明集》中也提及儒、释、道三家，后来才有"梁武之世，三教连衡"的说法。佛教与儒道双修的现象，在唐宋时期逐步兴盛起来，到明朝达到鼎盛阶段，出现三教鼎立的新潮。于是，三教之间的交流会通空前繁荣，以致出现"中唐以后，天子生日举行有关三教讨论的传统性活动——三教讨论"。武则天时期也曾有编纂《三教珠英》之举。

"三教合一"的概念，在《四库全书》中曾出现八次，而且元代之后明代之前，根本无"三教合一"之说。明代人所说的"合一"，仅有"三教归一""三教一家"之言，主要是指三家在道德价值观念上的一致。

全真道教领袖王重阳，甚是推崇"三教合一"的说法。他说："儒门释户道相通，三教从来一祖风。"宋明理学家王阳明，也主张以儒家思想为主的"三教合一"，因此，有"立三教合一之说，而阴诋程朱为异端，万历中年，群然崇尚，浸淫入于制艺"。

由上面的叙述可以看出，"三教合一"理念的实现，在一定的社会基础和思想基础上，促成了中国传统文化的三元文化发展格局，从而使传统文化得以在儒、释、道三元互动互融中，相互汲取，相互补充，相互融合，在各自得到更好发展的同时，也使传统文化本身得到全面发展。

但是，我们也应当看到，作为思想学派的儒教同作为宗教教派的佛教与道教，三者在互动互通、交流互融之中，一方面可以学习宗教人士的某些修炼功夫和方法，并给予他们以道德思想涵养与修身养性诸多方面，如仁、爱、礼、义、孝等的影响；另一方面，也会受到宗教思想或宗教式修炼方法的某些消极影响。从宋明理学的心派理学与理派理学的发展历程及其实际效果来看，还是有着一定消极影响的。

六、程朱理学思想在实践过程中的功过得失

这里，我们首先从作为明清时代官方哲学与指导思想的程朱理学，特别是朱熹理学思想在实践过程中的功过得失，来看看"三教合一"理念所造成的某些影响。

"三教合一"最突出的表现，则是宋明理学尤其是程朱理学中的朱熹理学思想，这一中国传统文化的集大成者，正是在包容汲取中逐渐成为接续孔孟、发展孔孟的一种新的儒学形态。程颢在《外书·卷十二》中说："吾学虽有所授受，'天理'二字却是自家体贴出来。"他认为"天理"的"理"与"道"都是形而上者，而与之对应的"器""气"则是形而下者。但天理若不配之以良心，就无法落到实处。这样就引出人性的善恶与修养的方法问题。

朱熹正是在二程确立的理学思想框架下，建构起他的"致广大，尽精微，综罗百代"的儒学思想体系。他远承孔孟（指仁义礼智），近接周（敦颐）程（二程）（指天理、太极），改铸老释（指道佛心性思想），吸纳张载（指阴阳之气），遂构筑起他的"理本气末"（包括"理一分殊""性即理也""心统性情"及"居敬穷理"修养功夫）的新的儒学形态，使儒学成为汲取佛学、超越佛学，具有哲理性、思辨性、层次性的一种主流意识形态和官方

哲学。朱熹在构建以理为主的理派儒学思想体系过程中，始终采取了对内开放与对外包容的态度，尤其是对来自印度的佛教文化的宽厚包容，更是充分说明中华文明对一切外来优秀文化遗产，总是善于汲取包容，为我所用。应该说，这既是中华文明的优良传统，也是中华文明的显著特色。

但是，我们也应当看到，朱熹的儒学思想体系，由于受"三教合一"中佛教"性空"思想的影响，其哲学倾向与修持方法都有一些"空谈性命"，视"礼乐兵农，执射执御，鼓瑟会计"等经世致用之学为"末务"而置诸脑后的空灵色彩，尤其是"存天理，灭人欲"这一理学所要反复论证的核心命题，更是要求人们摒弃物欲，否定其与生俱来的自然生活欲求，使之处于准宗教式的道德伦常"牢笼"之中。这不但与二程所说的"唯理为实""理者，实也，本也"的理学本体相悖，而且造成极其严重的后果，正如李塨在《恕谷后集·与方灵皋书》中所说的，致使明代末期"朝庙无一可倚之臣，天下无复办事之官"，可见当时官场已腐败无能至极。

特别要提出的是，朱熹理学有关"饿死事小，失节事大"的所谓伦常教条，更使广大妇女陷入苦难深渊。据史料统计：明朝 277 年间，列入《忠义传》者有 306 人；《孝义传》者 80 人；《烈女传》者 253 人。所以，方苞在《望溪集·曹氏女妇贞烈传叙》中说："尝考正史及郡县志，妇人守节死义者，周秦以前可指计。自汉及唐亦寥寥。北宋以后，则悉数之不可更仆矣。"由此可见，朱熹理学所倡导的忠孝节义，对妇女造成多大的伤害。

七、张载气本理学乃"三教合一"中之佼佼者

关中一代宗师张载，依据《易传》《周礼》中的义理与北方儒学经学求真务实的优良文化传统，构筑起他的以气为主的元气本体儒学思想体系。张载认为，气未聚而无形的状态，就是"太虚"，而"太虚"亦谓之气："知太虚即气，则无无。"（《正蒙·太和》）"太虚"是气的原初形态，聚散变化方成为万物："太虚无形，气之本体；其聚其散，变化之客形尔。"（同上）"太虚不能无气，气不能不聚而为万物，万物不能不散而为太虚。"（同上）这种聚散变化、升降沉浮、动静相感的气，又内在表现为"一物两体"："一物两

体，气也。一，故神（自注，两在故不测）；两，故化（自注，推行于一）。"（《正蒙·参两》）其虚实动静、神秘离奇、运动变化的根本原因，是阴阳二气相互制约、运行不息而形成一定规律的"天秩""天序"，此即谓之"理"。所以，他说："万物皆有理，若不知穷理，如梦过一生。"（《张子语录》）

张载对《易》理的深入探索，其落脚点在于通过"穷理尽性"的修持功夫，使人性本身能够达到涵养"诚"与"圣"的境界。人性有与生俱来的"气质之性"与纯善本然的"天地之性"，前者有善有恶，后者则至善至诚。要由前者达到后者，就要"穷理尽性"以"变化气质"。为此，就要"大其心""养其气"，将依靠感官经验得来的"见闻之知"，提升为符合天道善性的"德性之知"。这样，张载的气本论儒学也就超越传统经学而向着心性、义理、道德修养领域深入，呈现出崭新的面貌。

这里，需要特别提出的是，张载的气本论儒学，除了以气本论哲学反对佛教的"性空"思想之外，还强调施行"礼"教、以"礼"治国、经世致用，将北方儒学经学的务实传统与务实精神贯穿其中。应当说，这是张载关学的一大显著特征。

由于张载身处宋初战乱年代，又徙居陕西关中眉县，目睹关中经济衰落、百姓背井离乡的种种悲惨场景，便慨然上书主持西北军务的范仲淹，欲邀集豪士，夺回西夏侵地。在一代名儒范仲淹的劝解指点下，张载又转而着力于充实自身，他不但读完了《中庸》，还广泛涉猎释典、道藏及儒家经典，并以进士名义在京城讲《周易》，因言"法三代"之礼以治国理政，深得宋神宗赞许而被授以崇文院校书。所有这些，都为其构筑务实性的理学思想体系奠定了基础。

张载对宋明理学最高范畴"天理"的解释，就集中反映了他所要尽力弘扬的务实传统与务实精神，他在《经学理窟·诗书》中说："万事只一天理""天无心，心都在人之心。一人私见固不足尽，至于众人之心同一则却是义理，总之则却是天"。在《经学理窟·礼乐》中对礼（理）做出解释："礼即天地之德也。……盖礼之原在心，礼者圣人之成法也，除了礼天下更无道矣。欲养民当自井田始，治民则教化刑罚俱不出于礼外。"张载主张实行井田制固然实为倒退，但他认为"礼即天地之德"，将"理"解释为"礼"，却甚有新意，也符合关中儒学的务实精神。在《经学理窟·学大原上》中，张载说："学者且须观礼，盖礼者滋养人德性，又使人有常业，守得定，又可学便可行，又可集得义。"又说："学得《周礼》，他日有为却做得些实事。"这说明张载的务实精神是承自周公礼学的务实传统。

最可贵的是，张载在其"横渠四句"即"为天地立心，为生民立命，为往圣继绝学，为万世开太平"的思想基础上，提出了一个既讲"立孝""立德""立礼"，又富有"天人合一，民胞物与"思想的理想社会。他在《西铭》中说："乾称父，坤称母；予兹藐焉，乃浑然中处。故天地之塞，吾其体；天地之帅，吾其性。民，吾同胞；物，吾与也。"天下是一个和睦的大家庭，民众都是我的同胞，万物都是我的朋友。要尊老爱幼、关怀残疾、不悖惇德、讲求仁爱、知化善事、穷神继志。在这样的社会里，我活着，顺天道之自然；我死去，也宁静而坦然。这在当时来说，虽是一种空想，但张载那宽广的胸怀却鼓舞着一代有识之士去为实现自己的高远志向而努力奋斗。

八、王阳明心本理学主张"三教合一"应以理学为本

王阳明以心为主的心本论儒学，是经过多次论战后构筑起来的。宋朝的陆九渊是心学的开创者，朱陆之争乃南宋学术领域的一件大事，他们先后经过四次重大争论，陆九渊"心即理"的心本论儒学与朱熹"析心与理为二"的理本论儒学形成鲜明的对照，"发明本心"而不是"即物穷理"，乃陆九渊的核心思想。心学派别的集大成者王阳明，继陆九渊之后，将心本论儒学加以发展完善，方使其在宋明理学阵营中成为独树一帜的心本论儒学。

王阳明的心学思想体系，主要由"心即理""知行合一""致良知"等三个核心命题组成。"心即理"是其心学思想的基础，他对"心"进行界说："身之主宰便是心，心之所发便是意，意之本体便是知，意之所在便是物。"（《传习录》）又说："心不是一块血肉，凡知觉处便是心"，由此反对朱熹将心与理析而为二。"知行合一"的命题则是针对时弊所下的一服良药，当时有人将知、行分为两件事，以为先知了，然后再行，但却是终身不行。而知行

合一所强调的正是对"天理"的实践。"致良知"则是王阳明心学思想体系的核心，他说生平讲学只是"致良知"三个字。在他看来，"良知"是人心所固有的善性，因此人人都应该是善良的。但现实并非如此。这是由于除圣人外，一般人易被物欲所蔽，所以，"须学以去其昏蔽"，即须下一番"省察克治""致知格物"的修持功夫。

对于上述王阳明"心外无物，心外无事，心外无理，心外无义，心外无善"的心学思想体系，应当如何把握认识？这只能从他构筑其心学理论前后的言行来加以判断。而其关键是，34岁的王阳明因疏救弹劾刘瑾的戴铣，被谪贵州龙场，与囚徒为伍。这种"居夷处困，动心忍性"的逆境条件，给予这位有志作为的年轻人以很大刺激，使其不得不求之于心，自认为"道在是矣"。这即是"龙场悟道"，由此开始其构筑心本论理学体系的历程。

可以看出，"龙场悟道"乃是把握和认识王阳明心学实质的一把钥匙。其实，"龙场悟道"只不过是一个契机，背后有着深刻的社会根源：连年的战乱，民生的乏困，天下的不治，道德的沦丧等，所有这些归根结底乃"学术不明"是矣，致使"文盛实衰，人出己见，……使天下靡然争务修饰文词，以求知于世，而不复知有敦本尚实，反朴还淳之行"（《传习录》）。所以，要明亮学术，就要破除包括士大夫以及君主在内的所有人等心中之"贼"。那么，什么是王阳明所说的"敦本尚实，反朴还淳之行"呢？王阳明在《传习录·答顾东桥书》与《阳明全书·大学问》中，做出了明确的回答：实施唐虞三代的"仁政"，追求礼治三代的"王道"，像周公那样"明德""亲民"以治国，像圣人那样"以天地万物为一体""视天下为一家，中国犹一人"，建构"民，吾同胞；物，吾与也"的"大同"世界、"小康"社会。这才是王阳明"心"中所仰慕的，"注重实践，知行合一"的"天理"。

综观宋明时期正统理学家们，倾注其智慧之全力，尽心构筑起来的以理为主、以气为主、以心为主的三大派别的新儒学思想体系，我们从其宏大的理论规模中可以看出，他们是在隋唐以来一直是佛教心性思潮独领风骚、高高居上的情况下，奋力推动以宗孔孟、卫道统、辟佛老、重建伦理、重建纲常为其理论旗帜的儒学复兴运动，并且取得了显著成绩。不仅彻底改变了

"仁义不行，礼乐不作，儒者之辱"与早期儒学"长于伦理而疏于哲理，详于人道而略于天道"的致命弱点，使"仁义礼乐，治世之本也；王道之所由兴，人伦之所由正"这一儒者之道，重新成为治世之规、王道之本。而且，其理论思想的哲理化、思辨化、层次化及其逻辑结构模型的精密化程度，都有很大的提升。

尤其是整体新儒学范畴体系的形成，似乎具有某种现代性的色彩。像理、气、心三个范畴，各家各派都极为重视"理"的范畴，这样，就使宇宙本体论成为整个范畴体系的思想基础。而在宇宙本体与伦理的关系方面，新儒学又以逻辑推衍方法，从宇宙本体中引申出人性与人道，提出"性即理"、"天地之性"、人心的"良知良能"等，遂使人道（主体）成为整个范畴体系的中心环节。新儒学确立宇宙本体的目的，在于论证伦理纲常的合理性与"以理制欲、以理节欲"修持方法的必要性，这样，各家各派的不同修养功夫范畴体系，就成为上述两个逻辑环节的中介环节，同时，也是新儒学（理学）的最终归宿和逻辑终点。

上述儒学（理学）思维逻辑的层层推衍与范畴体系的精密内涵，以及儒学（气学）"务实求是，安心立命"的传统精神，儒学（心学）"知行合一，注重实践"的优良学风，二者"天人合一，民胞物与""天下为一家，中国犹一人"的人生社会理想，不但是中华优秀传统文化的智慧结晶，也为中华文化应对各种新的挑战（包括内外两方面）做好了准备。

九、五四新文化运动与中国红色洗礼

从文化转型重建的历史角度来看，民主与科学正是五四新文化运动的基本精神。这种希冀以民主来取代封建专制，以科学来扫除封建迷信，对统治中国社会几千年的封建专制思想体系进行批判清理，实质上是对我国明末清初启蒙熹微精神的一种继承与发扬，有着积极的现实意义。当然我们也不能否认，其中出现了一些形式主义的做法，伤及中国优秀传统思想文化，造成不良影响。但总体而论，五四新文化运动的启蒙熹微精神，也为中国近现代文化的发展指明了方向。

特别需要提出的是，自 1921 年中国共产党成立以来，中国民主革命不但有了新的领导力量，而且也逐步形成新的思想理论基础，即马克思主义与中国革命具体实践相结合的产物——毛泽东思想，从而根本改变了中国民主革命的整体面貌和发展前景。正是在毛泽东思想的直接指引下，中国人民经过 14 年的浴血奋战，不但取得了抗日战争和民主革命的伟大胜利，而且还迎来了中华人民共和国的成立。

1949 年，中华人民共和国的成立，标志着中国文化自近代以来的转型重建，已经进入一个新的历史时期，即全面建设社会主义的伟大时期。但"文化大革命"不但使党、国家和人民遭受严重的挫折与损失，而且也使社会主义新型文化体系的建设工作非但没有进展，反而使此前所取得的成就遭到彻底否定。正如《关于建国以来党的若干历史问题的决议》所说："历史已经判明，'文化大革命'是一场由领导者错误发动，被反革命集团利用，给党、国家和各族人民带来严重灾难的内乱。"实际上，"文化大革命"对社会主义文化事业更是一次大规模的摧残，造成的后果是极为严重的。

十、改革开放是中国走向富强的必由之路

1978 年 12 月召开的中国共产党第十一届三中全会，重新确立了马克思主义的思想路线、政治路线和组织路线，将工作重点转移到社会主义现代化建设上来，从而为社会主义新型文化体系的创建开辟了新的道路，提供了极为优良的社会条件。20 世纪 80 年代初期和中期，随着改革开放和商品经济的深入发展，出现了规模宏大的文化讨论热潮，对社会主义现代文化体系的建构起了一定的推动作用。1982 年召开的党的十二大提出"建设有中国特色的社会主义"的伟大思想，使新时期的文化建设工作在物质、制度、思想等三个层面，循序渐进地展开，并实现全方位的变革，为铸造有中国特色的社会主义理论和新文化，奠定了坚实的思想基础。改革开放以来，正是在具有中国特色的社会主义理论、道路的指引下，取得了社会主义建设的伟大成就，使中国的综合国力和人民的物质文化生活水平都有了显著提高。

特别是党的十八大以来，以习近平同志为核心的党中央，更加自觉地以

人的解放和全面发展作为远大目标，将具有鲜明真理性、深刻历史感与强大实践力量的马克思主义，和中国社会主义现代化建设与改革开放的具体实际以及 5000 年来积累沉淀的中华优秀传统文化，紧密有机地结合起来，形成一种强大而战无不胜、攻无不克的精神力量。而这种科学社会主义思想理论，之所以能够深深扎根于中国的实践土壤，并取得伟大成就，根本在于中国优秀传统文化本身包含着社会主义理念的原始基因。我国古代的儒家圣人，早在 2000 多年前就于《礼记·礼运》中提出"大道之行也，天下为公；选贤与能，讲信修睦。故人不独亲其亲，不独子其子，使老有所终，壮有所用，幼有所长，矜、寡、孤、独、废、疾者皆有所养"的美好理想，追求小康社会和大同世界。

中华文化 5000 年的传承是相当丰富的，也是相当有大智慧和大格局的。中国传统文化中的"礼"、"义"、"仁"、"和"、以德服人等理念，"有容乃大""厚德载物"等文化胸襟和气度，都是人类文明的瑰宝。中国先贤在社会实践中所凝聚形成的独具特色的价值思想体系，至今仍焕发出强大的生命力。在这个价值思想体系的魅力链条中，集结凝聚着应对多种挑战、战胜多重困难的价值理念：仁者爱人、以人为本，天人合一、顺天应人，道法自然、执中贵和，自强不息、厚德载物，见利思义、义利结合，正心修身、追慕圣贤，贫贱不移、威武不屈，以和为贵、谐和相处，亲仁睦邻、协和万邦，修身齐家、志存高远，慎终追远、家国同构，华夷一家、国家统一。这种人文、人道、人伦、人本主义的价值理念和思想精神，一直是我们中华民族生存繁衍、永立于不败之地的根本，也是我们走向世界、走向未来的强大精神支柱和精神力量。

十一、新时代"一带一路"引领世界文明多元互通

新时期以来，中国共产党一直高举中国特色社会主义理论旗帜，坚持中国特色社会主义道路实践，继承优秀传统文化精神和思想基因，以实现中华民族和中华文化伟大复兴的中国梦为动力，提出"两个一百年"的奋斗目标和远大愿景，带领全国各族人民苦干实干，一步一个脚印，从胜利走向胜利，

取得辉煌成就，令世人瞩目，令世人赞叹！

2013 年，习近平总书记提出"一带一路"的构想，将复兴我国古代丝绸之路的理念，变为推动全球经济复苏发展的伟大壮举，从而给彷徨中的世界提供了一个全新的经济全球化思路和发展模式，使参与的国家和国际组织在共商、共建、共享和政策沟通、设施联通、贸易畅通、资金融通、民心相通的基础上，通过互利共赢、区域合作、基础设施先行，实现可持续、平衡、包容增长。

2017 年 1 月，在达沃斯世界经济论坛年会上，习近平总书记向济济一堂的世界精英说道："困扰世界的很多问题，并不是经济全球化造成的……导致这一问题的原因，是战乱、冲突、地区动荡。"并对新型全球化发展模式做出了简洁明了的解释：让不同国家、不同阶层、不同人群共享经济全球化的好处。

2017 年 5 月 14—15 日，在北京举行的"一带一路"国际合作高峰论坛上，习近平总书记又在《携手推进"一带一路"建设》的演讲中，提出要将"一带一路"建成和平之路、繁荣之路、开放之路、创新之路、文明之路，推动"一带一路"建设行稳致远，迈向更加美好的未来。这是一个重新定义的全球化发展思路和模式，也是中国向全世界提供的公共产品。说明中国不但在经贸领域已经逐步引领世界走向共同繁荣，而且也将在思想文化领域引领世界走向和平和谐"多元互融互通"的人类文明之路。

可以看出，这里不仅将中华民族和中华文化复兴大业与经济全球化和世界文明多元融合发展结合在一起，使之相辅相成，相得益彰；而且也使中华民族与中华文化的伟大复兴，成为助推经济全球化和世界文明多元融合发展的强大精神力量。

第七章　复兴华夏文化与传承华夏文脉

习近平总书记在中共十九大报告中指出："不忘初心，牢记使命，高举中国特色社会主义伟大旗帜，决胜全面建成小康社会，夺取新时代中国特色社会主义伟大胜利，为实现中华民族伟大复兴的中国梦不懈奋斗。"为了建设新时代的社会主义强国，实现第二个一百年的伟大目标，即在 2049 年全面建成社会主义现代化强国，实现中华民族的伟大复兴，实现华夏文化的再次辉煌，我们就要在传承华夏文脉、弘扬和创新华夏文化上下大力气，花大功夫，切切实实处理好传承与创新的辩证关系。

一、"天人合一"是人生思想之根本观点

我国著名哲学家、思想家张岱年先生在其《中国哲学大纲》中说："'天人合一'，乃是中国人生思想的一个根本观点。中国人生论之立论步骤常是：由宇宙论而讲天人关系，进及于性论，再由性论而讲人生之最高准则；……以讨论人生各问题。"①在该书"天人关系论"补录"天人有分与天人相胜"一节中，作者说中国早期思想家认为，天人关系既有相分即"天人之分"，又

---

① 张岱年. 中国哲学大纲［M］. 北京：中国社会科学出版社，1982：173.

190

有相胜即"天人合一"。而唐代的刘禹锡就曾提出天人相胜学说，他在《天论上》中说：

> 天之道在生植，其用在强弱。人之道在法制，其用在是非。……壮而武健，老而耗眊，气雄相君，力雄相长，天之能也。……义制强讦，礼分长幼，佑贤尚功，建极闲邪，人之能也。

这段话的意思是说，天的功能是生育万物，而人的功能是建立制度。在天，力强的胜过力弱的；在人，确立行为准则，有德有功的受到尊重。自然界只有强弱之分，无是非可言；但人类社会却要建立是非和尊卑的标准。

刘禹锡进而又提出一个独特的观点，即将"天理"与"人理"严格区别开来。认为自然界是有力者居先，这是所谓天理；而人类社会是有德者居先，这是所谓人理。天理即是自然规律，人理即是社会生活的准则。这里，我们可以看出唐代的著名文学家、思想家刘禹锡，已经初步认识到人类社会生活与天地自然界的严格区别了。但是它们又有着密切的联系，只有将二者紧密结合起来，使之协调发展，才能达到"天人合一"即天人相胜的目的。

3000年前，到中原华夏地区开创和"肇造"华夏文化的西周顾命大臣周公姬旦，虽然在思理认识上还没有完全达到刘禹锡对人类社会与天地自然协同发展相互依赖的关系，即"天人合一"的认识高度和水平，但他在《尚书·周书》中提出的"道德天命论"思想学说，却已内在包含了人类社会与天地自然协调统一、有序发展的全部内容，只不过周公是从道德实践与惠民利民的层面，来谈论"人理"与"天理"即人道与天道的一致性问题的。这从周文王治理岐周的实践中可以看出。

据《逸周书·程典解》记载，周公的父亲周文王，在治理岐周小邦的50年中，不但坚持以民为本、以农立国的基本原则，而且还特别重视"德政礼治""以修礼仪"的传统精神。文王迁都程邑鲜原（今陕西西咸新区）的第三年，岐周境内遭受特大灾荒，文王"旁匡于众"，带领并依靠人民群众，实行生产自救，采取"粮穷不转，孤寡不废"的扶贫政策，千方百计维持社会秩序的稳固与安定。与此同时，文王在救灾的过程中，还一再强调要地尽其利，物尽其用，但一定要慎取慎用，"生穑省用，不滥其度"，"薮林不伐，牛羊不尽齿不屠”，不滥砍树林，不滥行开发，这种在防灾救灾的同时，要求保护和关爱自然生态，防止自然生态失调的生态观念，早在3000年前就已提出，实在是难能可贵。由此可见，周公和他的父亲周文王，在治国理政的思想理念中，已经将社会道德实践的功能和力量与天地自然育物的功能和力量，在“天人合一”即“天人相胜”的基础上，紧密地结合在一起，并将其作为华夏文化的思想基础和根基命脉，永世流传。

二、周之“凶礼”“军礼”以预防天灾人祸

为了更好地传承“天人合一”的根本思想，将人类社会道德实践的功能和力量与天地自然育物的功能和力量紧密地结合起来，周公还实行“五礼之制”。即吉礼主要祭祀天地、山川、河流、神明，为民祈求福祉、安康与吉祥；嘉礼主要和谐君臣上下，安抚诸侯百姓，以达政通人和、尊卑有序、社会安宁；宾礼主要聘问诸侯邦国，四时觐见君主，不断联络感情。以上三礼，是西周建设时期周公所践行的治国安邦、使人道的社会法制与天道的自然育物密切结合的三大重要礼仪制度。

而另外还有“凶礼”与“军礼”，凶礼是为了防止水旱灾荒、流行疫病发生，以便全力救死扶伤，抢救人民的生命和财产，所采取的种种具体措施。这完全是针对我国历史上曾经发生过的较大灾害，而设置的一种预防性的礼仪制度。据史书记载，我国曾有“夏水滔天”，即夏朝时期，洪水泛滥，河流暴涨，夏禹为了疏河治水，曾“三过其门而不入”；“汤旱七载”，即商汤时期，接连七个年头干旱不雨，颗粒无收；“周震三川”，即周幽王时期，连续发生月食、日食与地震等自然灾害。据《国语·周语上》记载：“幽王二年，西周三川（泾、渭、洛）皆震。……是岁也，三川竭，岐山崩。”在这样严重的灾害面前，“民莫不逸，我独不敢休。天命不彻，我不敢效我友自逸”（《诗经·小雅·十月之交》）。是说广大民众和作者本人，皆忙于救灾而不敢稍有休息，也不敢效仿友人以自求安逸。天命是不可抗拒的啊，人只能敬畏天命，顺应和利用自然规律。而周幽王和他的卿士叔叔郑桓公，却不顾人民的生死安危，忙于为自己保存财富，营造都城。以致造成极其严重的后果，

使西周王朝在严重的天灾人祸面前丧失民心，失掉政权。

军礼则是为了防卫国家和社会的和平安全，防止内部不法分子的叛乱造反和外部异族的窜入侵扰。比如，在西周建国初期，就曾发生过以管叔为首的"三监"与"四国"之乱，为了平叛"三监""四国"之乱，周公曾亲自领兵东征，经过三年征战，方获完胜。所以，《诗经·豳风·破斧》有曰："周公东征，四国是皇（胆战心惊）。哀我人斯（怜我平民），亦孔之将（这是多么仁慈贤良）。"这是平民百姓对周公"救乱"的热情歌颂。再如《诗经·小雅》中的《出车》《六月》《采薇》等诗，则热情歌颂了周宣王在周室衰微而实行"新政中兴"的历史前提下，领军北伐，抵御猃狁与西戎的侵扰，并取得完全胜利。

以上二礼，虽然是带有防御性的礼仪制度，但对保卫国家的安全和人民生活的安宁来说，却有着重要作用。而且从"天人合一"与"天人相胜"的观点来看，对人类社会与天地自然的协调有序发展，对发挥天道的育物功能和力量与发挥人道的道德功能和力量，都是很有意义的。这就是说，西周践行的"五礼之制"，虽然是我国先民在早期推行的一种比较简便的礼仪制度，但对华夏文化的产生形成与华夏文脉的沉淀积累都有一定的历史意义和重要作用。

三、华夏文脉历史传承中的成功经验

在我国历史进程中，为了能使周公"肇造"孔子创新的、以"道德天命论"为核心的文德礼仪思想体系和制度，即"天之育物力"与"人之道德力"相互对接发展的"天人合一"与"天人相胜"的根本思想，得到世代传承和弘扬，春秋战国以来的各家学术派别，都做出自己应有的贡献。特别是儒家和道家，由于他们的宗旨和思想体系不同，因此他们对华夏文脉的传承与创新、对华夏文化的形成与发展所做出的贡献与其着力的侧重点，也就大不一样。

从司马谈和班固对儒道两家所做的扼要概括来看，儒家"列君臣父子之礼，序夫妇长幼之别"（《论六家要旨》），"游文于六经之中，留意于仁义之际，祖述尧舜，宪章文武，宗师仲尼"（《汉书·艺文志》），其特点是关心社会人事问题。道家则"无为，又曰无不为，其实易行，其辞难知。其术以虚无为本，以因循为用"（《论六家要旨》），"及放者为之，则欲绝去礼学，兼弃仁义，曰独任清虚可以为治"（《汉书·艺文志》），其特点是倾心于效仿自然，并致力于对宇宙本体和根源问题的探讨。

所以，他们从各自擅长的"人道"和"天道"两个方面，对"天人合一"与"天人相胜"的华夏文脉之根本思想，做出了重要诠释与阐发，并初步形成重人轻神、天人并生、重视人道、注重人伦、重视自然、注重生态、擢拔人才、选贤任能、以人为本的人文主义思想理论和道法自然的自然主义生态理念。比如在《周易大传》中，儒道两家同为《周易》一书做出多种评语，他们从"道法自然""阴阳消长"的观点出发，认为："有天地然后有万物，有万物然后有男女，有男女然后有夫妇，有夫妇然后有父子。"（《序卦传》）又说："一阴一阳之谓道。"《系辞上》还提出一个带结论性的观点："立天之道，曰阴与阳；立地之道，曰柔与刚；立人之道，曰仁与义。"

可以看出，春秋战国时期，虽易说纷呈，但居主导地位的易学思潮却只有两家，即儒家的人文主义道德说易学思想和道家的自然主义阴阳说易学思想，它们分别从天道与人道两个方面，对《周易》进行了不同解读，虽有较大差异，但却可以互补。《周易大传》正是在融合两家思想的基础上，形成新的易学观念，并由此出发对《周易》的占筮形式从义理方面进行了解构与重建。总体来看，《周易大传》比较集中地反映了儒家人伦道德观念，并以此为中心吸取融合了道家的天道阴阳观念，可以说，是一种儒道易说融合互补而形成的新的易学思想。对此，《中国文化的整合与认知》一书有着全面深入的阐述。

如前所述，儒家在华夏文化的人文社会道德层面和领域，发挥了主要作用，做出了卓越的贡献，在大力阐发人文主义、人本主义、人道主义、人才主义、人伦主义思想的基础上，不断推动着华夏文脉的历史传承与创新，并逐渐形成华夏文化的主体意识形态，即中国封建社会的制度与思想形态。从某种意义上讲，如果没有儒家所担当的历史主体功能的全面发挥，华夏文化的博大精深与华夏文脉的传承创新，也许总有某些不足之处或某些缺少的成分。

当然，我们也应当看到，道家在华夏文化的"自然生态育物"层面和领域，也发挥了重要作用。首先，在《老子》一书中，提出"万物负阴而抱阳，冲气以为和"，将上帝、神明创造宇宙万物的"创世说"排除在外。这对华夏文化来说，确实是了不起的，是它与西方文化源于上帝"创世说"的最突出的分界线。由此来说，华夏文化如果没有道家的参与、传承和创新，也必然会大大减少它的神秘和精彩。

从横向的互补作用来看，如果说儒家在政治和伦理领域发挥其协调人际关系、凝聚民族力量、促进团结统一、巩固封建政权的功能和作用，从而成为几千年来封建社会的官方哲学，那么道家则在宗教、艺术、美学、军事、科学、医学等领域有着更为显著的贡献和作用。

综上所述，儒道两家虽因其宗旨和体系的不同而形成思想上对立和排斥的一面，即"天人哲学"的"天道"与"人道"相对立，但就其不同体系内部所包含的积极合理的思想资料和各自的功能作用来看，又有相互吸收和相互补充的一面。这种既对立又统一、既排斥又补充的矛盾运动，遂使华夏文化的各个层面得到完满的结合，形成统一的整体。因此，不仅儒家在华夏文脉的传承创新和华夏文化的形成发展史上，有着重要的历史地位；同样，道家在华夏文脉的传承创新和华夏文化形成发展史上的重要地位，也应引起人们足够的重视。因为他们都是华夏文脉历史传承过程中最主要和最基本的动力源泉，也是华夏文化不断发扬光大的历史经验之一。

四、吴楚"七国之乱"的因由与教训

如前所述，西汉初年，汉高祖刘邦作为平民出身的起义领袖，对于儒家学派知之甚少，不但不大重视，也不太尊重。这个时期，由于连年战乱大大伤害了国家的元气，广大民众苦不堪言，整个社会财物困乏，需要休养生息，减少政府的多方干扰。而文帝刘恒、景帝刘启，以及文帝皇后、景帝母亲窦太后，又是"无为而治"黄老道家学说的崇拜者。甚至连丞相陈平与张苍，也是主张"静虚"的道家信徒。所以西汉初期的朝廷，几乎被"无为而治"的黄老道家学派所支配。特别是以窦太后为代表的执政者，主张推行"轻徭薄赋，休养生息""无为而治"，把持朝政，排除异己，对信奉儒家学说的朝廷命官极端仇视，千方百计予以打击迫害。武帝建元二年（前139），因为窦太后仇视儒术，就把反对黄老而推崇儒学的窦婴及崇拜孔孟的田蚡罢了官，同时，将"鲁诗学"的开创者儒家申公撤职赐归，又将申公的两个学生赵绾、王臧下狱致死。

在窦太后看来，为儒者文多质少，而今万石君家不言而躬行，也是少说而多行者。据李贽《史纲评要》记载：窦太后膝下少子，对梁孝王甚为宠爱，尝与宴饮，并从容言曰："千秋万岁后传位于汝。"在旁的窦婴即引卮酒进曰："天下者，高祖天下，父子相传，此汉之约也，上何以得擅传梁王！"太后因此憎婴，将其罢免。梁王却因此更加骄横。

由于"上既躬修玄默"，议论务在宽厚，化行天下。治官理民，甚好清静，务在无为，引识大体，不拘文法。告讦之俗易，吏安其官，民乐其业。禁罔疏阔，刑罚大省。在这种多一事不如少一事的风气影响下，从中央到地方的各级政府官员，皆无所事事，那些好事者只醉心于同从道家营垒中衍化出来的方士闲人交流，学一些推断自然命运和王朝兴衰的"五德始终"之学罢了。所以，在文帝和景帝执政期间，也确实暂时出现了天下太平、官民同乐的所谓"文景之治"的盛世景象。

但是，就在这种"文景盛世"的背后，却酝酿着"七国之乱"的种种怪象，那些被分封到全国各地的刘氏子弟，诸如吴王、楚王等，他们一方面宣扬"无为而无不为"的种种舆论，另一方面又招兵买马，并以"清君侧"为旗号，公然发动"七国之乱"。后虽被周亚夫迅速平定，但这血的教训确实值得关注。从华夏文脉的传承来说，儒道两家只有联合起来，各自发挥自己的长处，优势互补、取长补短，才能不断传承创新，做出新的历史贡献。但他们总是将对方视为仇敌，互黜互对，予以打击，因而才造成不良后果。

五、董仲舒"独尊儒术"与"谶纬之风"

文景之时，道家把持朝政，反对儒家参与，以儒道之间的互黜互对代替了儒道两家互融互补的亲密关系，最终导致"七国之乱"。这是华夏文脉传承创新过程中的一次血的教训。公元前140年，汉武帝刘彻登基，大力提倡儒学，采纳儒学大师董仲舒的建议，以"罢黜百家，独尊儒术"作为文化政策，而对道家和"道法自然"之学，一律采取打压封堵的态度。致使董仲舒的"天人感应，君权神授"的神学目的论学说，在援引道家阴阳五行学说之时，竟将两者融合在一起，将我国历史上早已形成的以反对"神鬼崇拜"为主要内容的"天人合一"即天人哲学思想，变为神学经学目的论学说。这不但是我国文化发展史上的一次倒退，而且诱发了"谶纬之学"与"谶纬之风"的蔓延发展。应该说，这是华夏文化传承创新过程中的又一次深刻教训。解铃还得系铃人，洗刷和清除董仲舒儒学所带来的神学谶纬色彩的，正是儒家所一再反对的道家学者。

董仲舒以公羊学而立身于博士，但其"天人感应，君权神授"的理论学说中，却融合了诸多神神怪怪的阴阳五行之说。其实，将人事与天道结合起来，也是汉初的一种基本思想形态，而邹衍将五行思想与阴阳思想结合在一起，经由《吕氏春秋》的传播，到汉代也基本被儒家所接受认可，并将阴阳五行、五德始终之说，纳入儒家新的经学体系，特别是公羊学之中。

董仲舒因上"天人三策"被汉武帝接受，从此开启了儒家独尊的历史。在策论中，他首先为大一统的政治格局进行论证，认为"师异道，人异论，百家殊方"，是以上亡以持一统；而只有"不在六艺之科、孔子之术者，皆绝其道，勿使并进"，才能"统纪可一而法度可明"。汉武帝采纳了他的建议，儒学也取得了独尊的历史地位。董仲舒又对《春秋》大义多有发挥，形成他的一套基本命题和规则，比如大一统、张三世、存三统和异内外等。

当然，董仲舒公羊学的核心观点是天道至上、天人感应。其天道至上，是为汉代的大一统格局提供理论依据。而天人感应，正是为了满足在天的意志和人的行为之间建立起某种固定联系的需要。这样一来，不但天道的合法性有所依据，天应该是人的行为的最后裁判者。而且天人之间，即君主与百姓之间也有了严格的区别与惩罚关系。一方面，强化了君主的权威，对于那些不尊重天子地位的人，帝王可以予以惩罚，但天的意志却又制约着帝王。

另一方面，天的意志通过"灾异"现象，"谴告"那些不符合民心、不能替天安顿好百姓的天子，甚至可以将"不能奉天之命"的天子"废而称公"。其实，董仲舒这套上天通过"灾异"来"谴告"君主的说法并不可行。武帝建元六年（前135），先后发生了两次灾害，他认为这是上天对帝王的谴告，此事被他的政敌告发给了武帝，董仲舒因此差点人头落地，此后他再也不敢谈"谴告"之说了。

对于董仲舒的"天谴论"和"天人感应"神学目的论，以及其所造成的儒学经学化、谶纬化的发展，汉代的王充等人以道家"天道自然无为"思想为武器，进行了尖锐而又深入的批判。这对于端正儒学的发展方向，将其从神学宗教的影响中拯救出来，使中国文化的人文精神沿着儒道互补的道路进一步发展，有着重要意义。其实，这种理论批判从扬雄、桓谭那里开始，王充继承发展了他们的无神论思想和反对谶纬迷信的批判精神，并使之发扬光大。扬雄对王莽大搞谶纬迷信和篡权活动进行了深入揭露，他说"天地交，万物生""天道无为"，哪有什么"神怪茫茫，若存若亡，圣人曼云"，即将圣人加以神化的事呢?

在扬雄、桓谭之后，王充高举"疾虚妄"的旗帜，在其《论衡》一书中，以唯物主义的"气"一元论作为思想基础，对董仲舒"天人感应"的神学目的论及当时流行的谶纬迷信之风，进行了深刻批判。王充继承了老子、宋尹天道自然无为的思想，自称对于自然界的看法"虽违儒家之说"，却合于"黄老之义"，并发展了先秦以来的"精气"学说。在他看来，天地万物的始原物质就是"元气"，天地实体与自然万物都是由元气构成的，而元气又和云烟云雾相似。所以，他说："天地，含气之自然也""天去人高远，其气茫茫无端末""天地合气，万物自生。犹夫妇合气，子自生矣"。（《自然》）王充这一万物生灭变化是天地间元气聚散结果的看法，对后世"气化论"学者，诸如孙思邈、张载等人都有很大影响。

王充正是以天道自然无为思想，深入批判了董仲舒的天人感应学说。他说："儒者论曰:'天地故生人。'此言妄也。夫天地合气，人偶自生也，犹夫妇合气，子则自生也。"又说："夫天不能故生人，则其生万物亦不能故也。

天地合气，物偶自生矣。"（《物势》）董仲舒认为，天是人的曾祖父，天有意识地降生万民，生君主治世，生万物供人使用。王充反对这些目的论的说法，认为这是将天当作"农夫桑女之徒"，混淆了有意识的人与无意识的天之间的区别，"不合自然"之理。

在《奇怪》中，王充还从元气论和物自生论两方面，驳斥了种种所谓天生圣人的神怪传说。王充指出"儒者称圣人之生，不因人气，更禀精于天"，像纬书上所说，尧母庆都野出与赤龙相感而生尧，刘邦之母也因梦与龙相通而生刘邦。因而尧、刘二人后均成为天子，与凡人不同，这种说法"如实论之，虚妄言也"。王充进一步指出，统治者有意将他们的祖先说得非常神奇，以显示他们地位的高贵，非常人所能比。

对于纬书上所说，君王即位，即是受命于天，必出现祥瑞征兆，如文王有赤雀之瑞，武王有白鱼之瑞等，王充同样依据天道自然无为理论予以批驳。他说："自然无为，天之道也。命文以赤雀，武以白鱼，是有为也。"（《初禀》）是说赤雀、白鱼的出现是一种自然无为现象，而文王、武王即位，却是一种有意识的有所作为，二者不是一回事，或者只是一种偶然巧合。这里王充对祥瑞说的否定，实际上就是对天人感应、君权神授的神学目的论的彻底否定。

可以看出，王充对董仲舒天人感应神学论和谶纬迷信之风的批判，不但深入各个方面，而且触及思想实质，远远超出了前代和同代人的认识。更为可贵的是，他不断求索，不断前进，建立了以"揆端推类""案兆察迹"为起点，以"效验章明""诠订于内"为特征的朴素唯物认识论。这不但从认识论上总结了两汉时期反对谶纬倾向的历史经验，而且从发展观上指出了儒家经学乃至整个华夏文化的前进方向。

六、李约瑟对道家及其"原始的"科学方技的评价

董仲舒"独尊儒术"文化政策的另一个深刻教训，就是他从"罢黜百家"的立场出发，对道家之言之行进行种种排斥和打击，以致在华夏文脉的传承创新和华夏文化的形成发展史上，造成严重后果。使汉代以后科学技术

的发展与生态文明的建设，长期处于停滞状态，从而在帝国主义列强入侵之时，不得不败下阵来。

这里，我们仅就《中国科学技术史》的作者李约瑟先生，对道家、道教和《道德经》的看法，做一简要介绍。李约瑟是英国著名学者，他对老子《道德经》及道家思想学说的研究在西方学术界有重要影响。李约瑟在对中国科学技术史的研究中，对道家思想特别重视，晚年时他甚至称自己是"名誉道家"。他在《中国科学技术史》第二卷《科学思想史》中对道家思想做了充分的分析，仅"道家与道家思想"一章就约 15 万字。李约瑟说："道家思想体系，直到今天还在中国人的思想背景中占有至少和儒家同样重要的地位。它是一种哲学与宗教的出色而极其有趣的结合，同时包含着'原始的'科学和方技。它对于了解全部中国科学技术是极其重要的。"他还说：

　　道家哲学虽然含有政治集体主义、宗教神秘主义以及个人修炼成仙的各种因素，但它却发展了科学态度的许多最重要的特点，因而对中国科学史是有着头等重要性的。此外，道家又根据他们的原理而行动，由此之故，东亚的化学、矿物学、植物学、动物学和药物学都起源于道家。……

　　无论如何，儒家和道家至今仍构成中国思想的背景，并在今后很长的时间内仍将如此。……中国人性格中有许多最吸引人的因素都来源于道家思想。中国如果没有道家思想，就会像是一棵某些深根已经烂掉了的大树。

　　这些树根今天仍然生机勃勃。

可以看出，李约瑟先生对道家及其思想学说，给予了很高的评价，特别是对它的"'原始的'科学和方技"在中国科学技术发展史上的重要作用，给予了充分的肯定。而且他还认为，道家的思想学说，对华夏文化的形成发展，特别是对华夏文脉在"天的自然生育功能方面"的研究创造与传承创新所做出的贡献，同儒家在人文社会方面所做出的贡献，有着同等重要的意义。如果没有道家思想的参与，华夏文化的整体面貌就未必像现在这样神奇精彩。

七、孙思邈医学对华夏文脉的传承创新

就个人来说，孙思邈的中医药学是对"天人合一"的华夏文化和华夏文脉的全面传承与创新。孙思邈的《备急千金要方》与《千金翼方》，合称为《千金方》，是继张仲景之后对华夏传统岐黄医学的又一次大总结、大传承、大创新。

据说孙思邈享年 141 岁，是著名的寿星，也是举世公认的"苍生大医""医圣""药王"。他秉承"大医习业""大医精诚"的岐黄医学精神，为民除瘼，为民消隐，救急解危，济世活人，曾"手疗六百余"大麻风患者，"莫不一一抚养"，且悉心看护。他的医学思想，就是在华夏文化的基础上形成的，以"儒道互补为体，三教合一为用"。在《千金方》的序言中，他曾以天、地、人"三才肇基"，阴与阳"五行俶落"来阐释自己的医药学思想文化，说明他是以华夏医学经典《黄帝内经》与《本草纲目》的岐黄医学，为其学医行医的思想理论依据的。作为信奉道教并被封为"孙真人"的道教医学家，孙思邈对儒家的"仁爱""孝道"思想也甚为推崇，并以之作为行医的"医业伦理"。他参加过当时举办的"三教会谈"，并撰有《会三教论》的文章，可惜均已失传。但在孙思邈的医疗实践中，他却最早而且忠实地践行了以"修身养性"为主的"三教合一"的医学箴言。在他的巨著《千金方》中，既有儒家修身养性的方法，重视人的社会性和群体性，表达了对人的关爱和对人的生命的重视，也有道教、佛教行医养性养生的药方。可见，他对儒、释、道三家采取了兼容并蓄和开放包容的积极态度。

特别值得一提的是，孙思邈认为天下万物具有多样性。从药学理论的观点山发，孙思邈认为，"天下物类皆是灵药，万物之中，无一物而非药者"。基于这一观点，他认为《神农本草》并没有把药物穷尽，因为药物的发展是无穷无尽的，万物的多样性也是随着时空的变化而不断发展变化的，这一开拓性的理论见解，大大丰富了我国药物的品种和来源。而且，他对药物的质量，采药的时节，药材产生的地域特点，土壤、气候、阳光、水分等自然条件的变化，都特别重视。由此，他在《福寿论》中描绘了一种要求人们"合

居人间，承天地之覆载，戴日月之照临""天下一家，济物养生"的"天人合一，颐养天年"的社会生活图景。应当说，这是孙思邈对华夏文脉的全面传承与创新。

八、张载"关学"对华夏文脉的传承创新

宋代关学大师张载的"气本"儒学理学乃是"三教合一"中的佼佼者。他在反对佛老"四大皆空""有生于无"的"空无"思想的前提下，依据《周易》《周礼》与北方儒学经学求真务实的优良传统，赋予"空""无"思想以新义，构筑起他的以"气化"为主的元气本体儒学理学思想体系。张载的这一理论是朴素唯物论的"气化"理论。

在中国文化史上，不但有医学史上的"气化"论，以阴阳气化来解释人与人的生命之生成和存在；而且还有哲学史上的"气化"论，用阴阳气化理论来说明万物的生成与人的"德性"思想的形成。前边所说的孙思邈的医学思想，就是摒弃道教医学家葛洪"气化"之说中神秘成仙的色彩，赋予它更多阴阳合和、变化运行的实际内容，使之成为养生保健、延年益寿的理论依据。

张载的"气化"论则认为，气未聚而无形的状态，就是"太虚"，而"太虚即气，则无无"（《正蒙·太和》）。"太虚"只是气的原初形态，聚散变化方成为万物："太虚无形，气之本体；其聚其散，变化之客形尔。"（同上）而"太虚不能无气，气不能不聚而为万物，万物也不能不散而为太虚"（同上）。这种聚散变化、升降沉浮、动静相感的气，又内在表现为"一物两体"："一物两体，气也。一，故神（自注，两在故不测）；两，故化（自注，推行于一）。"（《正蒙·参两》）其虚实动静、神秘离奇、运动变化的根本原因，是阴阳二气相互制约、运行不息而形成一定规律的"天秩""天序"，此即谓之"理"。他说："万物皆有理，若不知穷理，如梦过一生。"（《张子语录》）

张载对《易》理的深入探索，其落脚点在于通过"穷理尽性"的修持功夫，使人性本身能够达到涵养"诚"与"圣"的境界。人性有与生俱来的

"气质之性"与纯善本然的"天地之性",前者有善有恶,后者则至善至诚。要由前者达到后者,就要"穷理尽性"以"变化气质"。为此,要"大其心""养其气",将依靠感官经验得来的"见闻之知"提升为符合天道善性的"德性之知"。这样,张载的气本论儒学也就超越传统经学而向着心性、义理、道德修养领域深入发展,呈现出崭新的面貌。

张载就是在这样的思想基础之上,于《西铭》一文中提出一个既讲"立孝""立德""立礼""立仁",又完全符合"天人合一,民胞物与"即天人哲学思想的理想社会与生活蓝图。为此,他在著名的"横渠四句"中这样说:"为天地立心,为生民立命,为往圣继绝学,为万世开太平。"由此可见,张载全面复兴传承华夏文化,发扬光大华夏文脉的精神品德,是何等高尚,又是何等厥功至伟!

九、明末清初启蒙熹微对华夏文脉的传承创新

明清之际,学术界一般是指明末万历年间西方传教士利玛窦、方济各、汤若望等人来华,至清中叶雍正、乾隆年间发生"礼仪之争",西方传教士不愿跪拜皇帝,因而被禁止入境这段历史时期。[①] 但从文化的发展和中西文化交流史的角度来看,似乎可以追溯到葡萄牙与中国交往开始。大体而言,这里所说的"明清之际",是从 16 世纪中期(即 1573 年明神宗万历元年)至 18 世纪中期(即 1754 年清乾隆十九年),大约两个世纪。在这段时间之前,有明朝政府的海禁政策;在这段时间之后,又有清朝乾隆年间的闭关自守。明清之际是中国封闭时代中的开放时代,特别是向西方开放的时代。虽然仅仅是局部的、有限的、短暂的开放,但对华夏文化的发展和华夏文脉的传承,以及中西文化的交流都有着非常重要的意义。

首先,这一时期在经济方面出现了资本主义生产关系的萌芽。明代嘉靖、万历年间,长江三角洲的纺织业,以及东南沿海、长江中下游和江西部分地区的陶瓷、榨油、矿冶等行业和农业中都有资本主义萌芽的材料。其中苏州、

---

① 见附录六《20 世纪中国文化传播中的文化自信》。

杭州等城市最为明显。如"机户出资，机工出力"雇佣式的资本主义手工场的出现，"商贾既多，土田不重"所显示的商品经济的活跃发展，都是资本主义萌芽破土而出的突出表现。

其次，社会风气也随之发生变化。"重本抑末"等封建传统观念受到冲击。金钱在世俗生活中突破了传统身份等级关系，城乡世风日奢，"万历以后迄于天崇，民贫世富，其奢侈乃日甚一日"（顾起元《客座赘语》）。影响明清之际文化发展的另一个原因是，来华传教士带来了西方文化，西方的人文与自然科学向中国人展示了一个新的知识世界。

受外来文化的刺激影响，明清之际也是一个群星灿烂、人才辈出的时代，涌现出李时珍、徐光启、宋应星、李之藻、朱载堉、王徵等众多的科学技术巨匠，硕果累累，成就浩繁。数学、物理学、天文学、地理学、医学、植物学等诸多学科以及机械、冶金、水利等技术领域都有大规模的科学总结和新的创新。李时珍历时30年作《本草纲目》，对16世纪以前的中国医学进行了全面总结。全书分为52卷，共收载药物1892种，药方11 100余方。宋应星的《天工开物》总结性地记载了农业、手工业方面的生产技术，是中国古代科技史上一部里程碑式的著作。李约瑟把宋应星称为"中国的阿格瑞柯拉"。明清之际，科学家们在科学技术方面所做出的杰出贡献与伟大创造，不但标志着中国古代科学技术进入全面总结的历史时期，而且也是对华夏文脉的全面传承与创新，弥补了以往在这个方面的严重缺陷。

明清之际，在这种资本主义萌芽出现和缓慢发展，社会结构与社会风气不断变化，以及西学传入的刺激下，除科技领域出现新成就外，在思想文化领域也引起相应的变化，出现了一批对封建君主专制制度和封建等级礼教进行总结性、历史性分析批判的思想家，如王艮、李贽、黄宗羲、顾炎武、王夫之等。他们在对封建制度及其思想体系的批判中，透露出了华夏启蒙思想的熹微。但这只是对封建传统的一种"自我批判"，还不是"作为崩溃时期"出现的历史阶段。

另外，要特别提出的是，明清之际，中西两大文化体系开始了实质性的接触和大规模的、多层次的、多渠道的文化交流。由于当时的欧洲文化正处在历史性转折的关键时期，正处在由中世纪神学文化向近代科学文化蜕变的历史演进过程中，而这时大量西传的中国文化，为这一转折和演进过程提供了新鲜的思想源泉和刺激力量。这就是说，明清之际中国文化的大规模西传，对西方文化的结构性演变发挥了重要作用。

正如费正清在《东亚文明：传统与变革》中所说："在总体上，中国文化由于它的悠久、它的成熟、它的特质优异、它的文化品位上的高层次，它的文化势能是强于欧洲和西方的；也还由于它的在总体精神上、在文化原型上，是迥异于西方的，所以存在很大的互补性，也存在能够激发西方文化在发展中的灵感和启发文化精英们的思路的能量的。……在这个时代，不仅有西方文化向东方、向中国的大量地涌进，受到中国人的欢呼和欢迎；而且，同样的情形，也发生在中国文化向西方的传播上。而且，我们看到，在总体上，反倒是中国文化对西方文化的发展所起的作用要更大一些。这是历史的实情。"

总之，在明清之际，通过文化交流，中国文化和西方文化都各自发挥了互补性的重要作用。一方面，西方的科学文化对华夏文化以很大刺激，使之出现了大批科技人才，并做出杰出贡献和成就；另一方面，中国的儒家伦理与人文文化，又帮助西方文化从中世纪神学文化中走了出来，完成了它的结构性的演变过程。

十、五四新文化运动二次启蒙熹微与文化传承创新

五四运动，是 1919 年 5 月 4 日在北京爆发的中国人民彻底反对帝国主义、封建主义的爱国运动。第一次世界大战结束后，帝国主义战胜国在法国召开了巴黎和会，中国作为战胜国也参加了这次和会，但是，会上却拒绝了中国代表团有关废除日本帝国主义与袁世凯订立的"二十一条"不平等条约，并把中国的青岛从德国人的手里转让给日本。中国代表团在巴黎和会遭到重大失败，消息传到北京，长期积压在中国人民心头的怒火被点燃了。于是，爆发了以北京学生为主，广大群众、市民、工商人士等共同参加的，以游行、请愿、罢工、暴力等多种形式对抗北洋政府的爱国运动。

但是，"五四运动成为文化革新运动，不过是中国反帝反封建的资产阶级民主革命的一种表现形式"（毛泽东《五四运动》）。在这个阵营中，主体是数十万学生，这是五四运动之所以比辛亥革命进步的一个突出表现。五四运动虽然发生于 1919 年 5 月 4 日，但作为深入批判封建专制主义的新文化运动，却是以 1915 年 9 月创办的《青年杂志》（后改名为《新青年》）为标志，以陈独秀、李大钊、鲁迅等人为最有影响的领导者。他们高举"德先生"与"赛先生"即"民主"与"科学"两面大旗，横空出世，在中华大地上高高飘扬，又一次透露出启蒙思想的熹微光芒，不但是对华夏文化的一次新的提升，而且也是对华夏文脉的一次新的传承与创新。它是在新的思想基础，即民主主义思想基础之上，以彻底推翻帝制、建立民主共和为其根本目的。

五四新文化运动，是在中国人民深受封建主义和帝国主义的统治和奴役下发生的。1911 年的辛亥革命虽然赶走了一个皇帝，但换来的却是一个黑暗的民国，袁世凯在帝国主义的支持下，竟然做起黄袍加身的美梦，中华民国名存实亡，孙中山极为痛心地指出："夫去一满洲之专制，转生出无数强盗之专制，其为毒之烈，较前尤甚。于是而民愈不聊生矣！"（《建国方略》）与此同时，在思想文化方面，顽固派兴风作浪，卷起阵阵尊孔读经、复古倒退的逆流。复辟与反复辟的斗争更加激烈，正是在这种黑暗政治的煎熬下，一些具有民主主义思想的知识分子和青年学生奋起抗争，掀起声势浩大的新文化运动。陈独秀在《新青年》创刊号上，撰写了充满激情的《敬告青年》：

青年如初春，如朝日，如百卉之萌动，如利刃之新发于硎，人生最可宝贵之时期也。青年之于社会，犹新鲜活泼细胞之在人身。

在文章中，陈独秀要求青年应以"自主的而非奴隶的""进步的而非保守的""进取的而非退隐的""世界的而非锁国的""科学的而非想象的"资产阶级民主主义思想去批判封建专制主义。而只有新文化运动的真正崛起，才会有民族的振兴、人民的觉醒、思想的启蒙，也"只有这两位先生（指德赛两先生即民主与科学），可以救治中国政治上、道德上、学术上、思想上一切的黑暗"（《本志罪案之答辩书》）。

民主与科学之所以成为五四新文化运动初期的时代思潮，与社会黑暗、帝制复辟、固守传统、迷信陋俗的种种社会弊端，扼杀了现代文化转型重建的勃勃生机有着很大关系。因为在民国以后，"操政权者，皆反对共和政治之人"，他们主张倒退，以封建专制和尊孔读经作为自己的护身法宝，遂使人民备受专制政治之苦。陈独秀在《实行民治的基础》中说："中华民国的假招牌虽然挂了八年，却仍然卖的是中华帝国的药，中华官国的药。"李大钊也在《民彝与政治》一文中指出：民主共和与封建专制是水火不相容的，"民与君不两立，自由与专制不并存。是故君主生则国民死，专制活则自由亡"。所以，新文化运动的倡导者大力提倡"唯民主义"，宣传"民治主义"，主张建立自由民主的国民政府，以取代封建君主专制的独裁政治。

新文化运动的倡导者，提倡科学理性，反对封建军阀和复古顽固派们鼓吹迷信、主张盲从、喜欢武断的种种行为。他们大力宣传无神论，反对尊孔复古，介绍自然科学，高扬科学理性，"主张以科学代宗教"，把人们的思想从迷信盲从与邪说谬误中解放出来。李大钊在《圣人与皇帝》一文中说："我总觉得中国的圣人与皇帝有些关系。洪宪皇帝出现以前，先有尊孔祭天的事；南海圣人与辫子大帅同时来京，就发生皇帝回任的事。现在又有人拼命在圣人上作工夫，我很骇怕，我很替中华民国担忧！"① 可见，所谓的孔学礼教与帝制复辟、黑暗政治是互为表里、相应而至的。陈独秀以进化论的观点和西方资产阶级有关财产所有权的观念，对传统思想文化"独尊一说"进行了批判，指出儒学是封建社会的产物，已经落后于时代，那些与时代背道而驰的东西，应予以否定。

李大钊于 1918 年 7 月发表了《东西文明根本之异点》，认为东洋文明主静，西洋文明主动。从这一静一动的文明差异出发，他在哲学、宗教、伦理、政治等方面对两种文明的具体特征，进行详细比较。李大钊的结论是：要使民族复活，就必须"根本扫荡"这种"静止的精神"和主静的文明。因为这种文明中的"所谓纲常，所谓名教，所谓道德，所谓礼义，哪一样不是损卑下以奉尊长？哪一样不是牺牲被治者的个性以事治者？哪一样不是本着大家

---

① 李大钊. 李大钊散文［M］. 上海：上海科学技术文献出版社，2013：210.

族制下子弟对于亲长的精神？……总观孔门的伦理道德，于君臣关系，只用一个'忠'字，使臣的一方完全牺牲于君；于父子关系，只用一个'孝'字，使子的一方完全牺牲于父；于夫妇关系，只用几个'顺''从''贞节'的名辞，使妻的一方完全牺牲于夫，女子的一方完全牺牲于男子"（《由经济上解释中国近代思想变动的原因》）。而这一学说，正是"未曾变动的农业经济组织反映出来的产物"。由此，他将五四新文化运动总括为推翻父权君主专制的运动，推翻孔子的忠君主义的运动，打破大家族制度的运动。

正是在五四新文化运动这种思想启蒙熹微的时代，鲁迅作为一员主将，以其独特的进化论思想和"偏至"的发展观念，在"尊个性而张精神"的价值目标和文化追求的指导下，对过时传统进行了极为深刻的反省和批判。他先后发表了《狂人日记》《孔乙己》《药》《风波》《阿Q正传》等白话小说，对社会百态及封建家长制下的种种弊端，进行了深刻的揭露，充分显示了启蒙思想熹微精神的伟大力量。从本质上讲，这是对华夏文脉和华夏文化及民族精神的最好传承和创新，是在彻底深入批判中的传承创新。

总体而论，五四新文化运动对中国传统文化中所包含的封建意识及其整个思想体系进行了全面深入的批判，以彻底摧毁复辟帝制的思想基础。当然，五四新文化运动本身也是有缺点的。那时的许多代表人物，在对旧传统、旧思想、旧文化的批判方面，多以进化论为理论基点，有着形式主义的毛病。这正如毛泽东所说："他们反对旧八股、旧教条，主张科学和民主，是很好的。但是他们对于现状，对于历史，对于外国事物，没有历史唯物主义的批判精神，所谓坏就是绝对的坏，一切皆坏；所谓好就是绝对的好，一切皆好。"（《反动党八股》）但这种形式主义的毛病和缺点，并不足以掩盖五四新文化运动在复古逆流严重阻碍社会变革、扼杀民族生机的情况下，冲破思想牢笼的光辉及其思想启蒙熹微精神的伟大力量。

随着新文化运动的深入发展，特别是1917年俄国十月革命的一声炮响，给中国送来了马列主义，中国先进知识分子从马列主义的科学真理中看到了解决中国问题的出路。在五四运动以后中国社会的剧烈斗争中，在中国人民反抗封建统治和外来侵略的激烈斗争中，在马列主义同中国工人运动的结合过程中，中国共产党应运而生。从此，中国人民谋求民族独立、人民解放和国家富强、人民幸福的斗争就有了主心骨，中国人民就在精神上由被动转为主动。可以看出，中国共产党的创立，和俄国十月革命的胜利有着很大关系，也与五四新文化运动的深入发展及其思想启蒙熹微精神的广泛影响有着很大关系。可以说，五四新文化运动的广泛深入发展，为中国共产党的成立从思想上和组织上即干部力量方面做了必要的准备。

但是，至今仍有一些人认为，五四新文化运动只看到了传统文化的伪善性，忽视了传统文化在社会整合中的合理性、必要性，在对传统文化的激进否定中，摧毁了依附于传统文化的道德尊严感及其对社会生活的规范作用，导致了民族虚无主义的泛滥和社会生活的混乱，造成了"传统断裂"，因此，我们就面临着"跨越五四文化断裂带"的任务。这种将五四新文化运动对传统文化中所包含的封建意识及其整个思想体系的批判，等同于"文化大革命"中所谓"破四旧"的看法，是十分荒谬的。"文革"中的所谓"破四旧"，是对古今中外文化精华的粗暴破坏，促使封建传统中的有害部分诸如救星崇拜、盲目服从等陈旧观念沉渣泛起。这与五四新文化运动所倡导的科学与民主精神是风马牛不相及的，怎么能算在五四新文化运动的账上？

十一、最全面、最忠实、最具创造性的华夏文脉传承创新

习近平总书记在十九大报告中指出："中国共产党人的初心和使命，就是为中国人民谋幸福，为中华民族谋复兴。"这里所说的"谋复兴"，就是要在新时代中国特色社会主义思想和道路上，继续砥砺前进，振奋民族精神，复兴华夏文化，传承创新华夏文脉，再造华夏文明的灿烂辉煌！

从"天人合一"的大人哲学思想理念出发，综观习近平总书记十九大报告全文，我们可以看出，他从中国特色社会主义事业"五位一体"的总体布局，即物质文明、政治文明、精神文明、社会文明、生态文明出发，在阐述新时代中国特色社会主义思想和基本方略时，不但将"人的社会道德实践力量"所包括的，诸如坚持党领导一切，坚持以人民为中心，坚持深化改革，坚持新发展理念，坚持人民当家作主，坚持法治与核心价值体系及改善民生

等，列入其中；而且还特别将"天的自然造物力量"所包括的，诸如坚持人与自然和谐相生，建设生态文明是中华民族永续发展大计，树立与践行绿水青山就是金山银山的理念，坚持节约资源和保护环境的基本国策，统筹山水林田湖草系统治理，实行严格生态环境保护制度，形成绿色发展方式与生活方式，坚定走生产发展、生活富裕、生态良好的文明发展道路，建设美丽中国，为人民创造良好生产生活环境，为全球生态安全做出贡献，坚持推动构建人类命运共同体等，列入其中。并使二者即天人之间协调发展，相得益彰。

这充分说明，十九大报告不但将社会、政治、精神、物质文明及国家治理等作为主要内容，加以深入阐述；而且还将"天地自然的涵养孕育造物能力"有关问题，全面清晰地列入中华民族伟大复兴的实践之中。特别需要指出的是，十九大报告再次将"生态文明体制改革"与"保护好人类赖以生存的地球家园"等问题提了出来。可以看出，十九大报告是在新时代中国特色社会主义思想的基础上，最全面、最忠实、最具创造性地对华夏文脉进行了传承创新，是华夏文化和华夏文明的新的发展和创新。

所以，复兴华夏文化、传承和创新华夏文脉，不但是中华民族复兴和华夏文化再度辉煌的重要问题，而且也是关乎世界经济、政治、社会、文化全面发展和世界和平、安全稳定前进的重大问题。人与自然是生命共同体，人类必须尊重自然、顺应自然、保护自然。人类只有遵循自然规律才能在开发利用自然上少走弯路，而人类对大自然的伤害最终会伤及人类自身，这是无法抗拒的规律。

这就需要我们在更高的层级之上、更广的范围之内，努力实现"三个回归"，即"回归天人合一""回归天人相胜""回归天人哲学"；更需要我们团结世界各国各族人民，联合世界多种多样的文明，大家齐心协力，共同砥砺前行，在天地自然育物力量与人类社会实践力量之间，始终营造并保持强大的文化张力，使人类社会的实践力量与天地自然的育物力量紧密对接互动，同存并生，共同构筑人类命运共同体，构筑人类自己的精神家园和生活家园。

附　　录

附录一　对《尚书》有关周公言行的"周诰"十三篇题要解读

有关周公的言论、作为与思想，除了在《诗经》《周易》《逸周书》《周礼》《礼记》等古籍文献中有所反映或记载之外，《尚书·周书》则比较集中地记录了周公一生中最主要的政治活动及其思想风貌。特别是"周诰"十三篇，即《大诰》《康诰》《酒诰》《梓材》《召诰》《洛诰》《多士》《无逸》《君奭》《多方》《立政》《顾命》《蔡仲之命》等，几乎都涉及周公的言行、思想与生活。这里，我们仅就上述篇章做出概括性的题要解读，以供读者参考。

一、《大诰》

所谓"大诰"是普遍告喻的意思。据《史记》的《周本纪》与《鲁世家》记载，周武王在灭商之后辞世，此时，"三监"① 即管叔、蔡叔、霍叔与武庚联合淮夷等发动叛乱，周公决定亲自率兵东征。出师前，他召集各诸侯国的邦君和他们的各级官员，以武王的儿子成王的口吻反复申述理由，说明东征的重要意义，劝导他们顺从天意，同心同德，去平定叛乱。诰文这样说："天惟丧殷，若穑夫，予曷敢不终朕亩？……肆朕诞以尔东征，天命不僭。"意思是说，老天想灭亡殷国，好像农夫一样，我怎敢不去努力完成我的田亩工作呢？我要大规模地率领你们东征，而且天命也不会有差错的，希望你们"弼我丕丕基"，辅助我们伟大的事业吧！

本篇文辞古奥，类似于西周金文，学术界公认其是西周初年的作品。东征是周初的一件大事，周公又直接率兵参加，所以，《大诰》具有很高的史料价值。

二、《康诰》

《史记·卫康叔世家》记载："卫康叔名封，周武王同母少弟也。……周公旦以成王命兴师伐殷，杀武庚禄父、管叔，放蔡叔，以武庚殷余民封康叔为卫君，居河、淇间故商墟。"这篇是卫康叔受命前去卫地就任时，周公告诫卫康叔如何治理卫国的诰辞。全篇阐述了周公明德慎罚、敬天保民的根本理念，具体规定了施用刑罚的准则以及刑律的条目，并特别强调要用德政教化使殷人以"作新民"的思想，来巩固周王朝的统治。

诰文开宗明义："孟侯，朕其弟，小子封。惟乃丕显考文王，克明德慎罚；不敢侮鳏寡，庸庸，祗祗，威威，显民，用肇造我区夏，越我一、二邦以修我西土。"意思是说，康叔，我的年轻的弟弟，你的伟大英明的父亲文王，能够崇尚德政，慎用刑罚；不敢欺侮无依无靠的人，善于任用那些可以任用的人，尊重那些可以尊重的人，畏惧那些应该畏惧的事，并很尊宠人民，因而到中原华夏地区开创我们的活动区域，和几个友邦共同治理我们的西方，

---

① 三监：管叔、蔡叔与纣王儿子武庚共同监管殷民，故曰三监。一说三监为管、蔡、康；一说三监为管、蔡、霍。

建设我们的西周国家。文中反复强调，要求助于"殷先哲王用保乂民"、求闻于"古先哲王用康保民"，意思是要遍求殷代和古代圣明先王保护和安定百姓的遗训与方法。

在这篇诰文中，周公首次提出了"明德"与"保民"的德政思想和民本思想。同时，也反映了周初的政治制度、司法制度以及意识形态，对研究我国古代的政治史和思想史有重要的参考价值。

三、《酒诰》

这是周公命令卫康叔在卫国宣布戒酒的诰辞，所以叫作《酒诰》。殷末的社会风气甚为奢靡，一方面殷朝的统治者崇奉神道，认为自己有世袭天命，可立君治民；另一方面又酗酒乱德，结怒于民，殷纣王建造酒池肉林，放纵淫乐，胡作非为，使男女裸而相逐其间，以燕饮丧其威仪。卫国原是殷商故地，周公想改变这种恶习陋风，告诫卫康叔到卫国去宣传戒酒。诰文认真总结了历史经验教训，阐述了戒酒的意义，制定了严厉的法令条例，具有重要的史料价值。

需要特别提出的是，诰文从正反两个方面总结了殷商戒酒兴国与纵酒亡国的经验教训。说明殷代圣明的先王上畏天命，下畏百姓，施行德政，保持恭敬，从成汤到帝乙，都考虑着治国理政，不敢使自己安闲逸乐，更何况是聚众饮酒。但殷纣王却好酒纵乐，以为有天命在，大作淫乱，贪图安逸，作恶多端，以致招来亡国之祸。"古人有言曰：'人无于水监，当于民监。'"意思是说，人不要只在水中察看自己，应当在民情上察看自己。我们应当以此为戒，汲取殷纣王聚众饮酒导致亡国的经验教训。

《韩非子·说林上》中引用《酒诰》文句称为《康诰》，《书序》以《康诰》《酒诰》《梓材》三篇合用一序。因此，有些学者认为周秦时代只有《康诰》，西汉伏生将它分为三篇。

四、《梓材》

本篇也是周公对卫康叔的诰辞，因文中用"若作梓材"比喻治国的道理，所以，史官取"梓材"二字作为篇名。在诰文中，周公规定了治理殷商故地的具体政策，并深刻阐明制定这些政策的理由，进一步鼓励卫康叔施行明德，和睦殷民，努力完成先王之业。文中提出，要以"厥乱（率）为民""引养引恬"，即教化百姓、教养百姓、安抚百姓为根本方法，顺从常典，宽恕殷人，达到"和悦迷民"、以殷治殷的目的。

在诰文中，周公还用通俗易懂的例子，教导卫康叔要像种田、造房、制器具那样，去认真工作。周公说，治理国家就好比种地，既要勤劳地开垦播种，又要修筑田界，开挖水沟。又好比建造房屋，既要勤劳地筑起墙壁，又要考虑涂泥和盖屋的工作。再好比制作梓木器具，既要勤劳地砍削，又要完成油漆彩饰。应当和其他兄弟邦国一起，施行明德，勤用明德，很好完成建国治国的伟大事业。

五、《召诰》

根据《史记·周本纪》记载，周公执政的第七年，成王已经长大，周公便把朝政交还给成王。成王执政后的第一件大事，便是决定重新营建洛邑"成周"，使之成为西周政治经济文化的重心，与西周政治经济文化的中心丰镐"宗周"相对应，继续向东南方向发展。成王委派召公主持营建工程。本篇诰文记叙了在"成周"的营建过程中，周公去洛邑视察，祭祀天神地祇。后来成王也到了洛邑。召公率领各国诸侯朝见周公和成王，向成王分析了当时的形势，总结了夏殷灭亡的历史教训，正在于他们"惟不敬厥德，乃早坠厥命"，即不认真施行德政，才失去了他们国家的福命。勉励成王施行德政，关怀和爱护百姓，完成文王、武王开创的基业，将殷之"仇民""迷民""顽民"转变为"友民"，以"祈天永命"，即祈求上帝赐给永久的福命！由于召公的诰辞是本篇的主体部分，所以用"召诰"作为篇名。

六、《洛诰》

洛邑"成周"建成之后，周公劝导周成王居洛主持政事，成王根据当时形势，仍要倚重周公治洛，以安定殷民。经过君臣之间的反复商讨，最后决定由周公继续治理洛邑成周，后来，遂有周公及其二儿君陈与四朝元老毕公等连续治洛，"既历三纪"（约三四十年的时间），使其"世变风移，四方无虞"的佳话，成王将这一重大决策以诰文的形式册告天下。

《洛诰》写法独特，大部分内容是史官记叙周公和成王的对话。对话的时间、地点富于变化，内容涉及面广，既有周公与成王在洛邑关于定都的对话，又有在镐京商定治洛的对话，还有成王在洛邑命令周公治洛和周公接受王命的对话，对话中又有引言和祭祀的祝祷词，很难辨清各自的界限。这篇诰文的重要意义，在于提出要以礼仪制度来治理洛邑，安定殷商遗民之心，文中强调应以"惇宗将礼，称秩元祀"，即隆重的礼仪和祭祀制度，达到"勤施四方""和恒四方"，使四方百姓受到德政教化而和悦相处。

七、《多士》

本篇开头说："成周既成，迁殷顽民，周公以王命诰，作《多士》"，故属于诰体，写作时间当在《洛诰》以后。这里的"多士"，就是众士，指殷商旧臣。《孔传》："所告者皆众士，故以名篇。"

三监叛乱，震撼了刚刚建立的西周王朝，使西周君臣清醒地看到，要巩固新生政权，就必须彻底征服殷人，特别是要加强对殷商旧臣的控制，于是，待新都邑成周建成之后，就把殷人迁徙到成周，加以统一治理与教化。殷民留恋故土，多有怨言，周公代表成王发布诰令，说明迁徙的原因是我们周国佑助天命，"将天明威，致王罚，敕殷命终于帝"，即奉行上天的明威，执行王者的诛罚，宣告殷商的国命被上天终绝了。并不是我小小的周国敢于改变殷命，而是上天不把大命给予那信诬怙恶的人。因此，"予惟时其迁居西尔，……时惟大命。……无我怨"。将你们迁居西方，乃是天命所使，你们不要怨恨于我。希望你们顺从天命，长久安居，并继续你们的事业，一定会有安乐、会有丰年的。

八、《无逸》

无，通毋，即不要。逸，安逸、逸乐。无逸，《尚书大传》作"毋佚"。

本篇是周公还政于成王以后，怕成王贪图享乐，荒废政事，所以告诫成王不可逸乐，史官记录了周公的诰文，命之为《无逸》。

诰文的第一段，乃全文之纲领。周公强调指出"君子所，其无逸"，即君子做官，处位为政，不可贪图安逸享乐。而要做到"无逸"，就必须"知稼穑之艰难""知小人之依（痛苦）"，即知道耕种收获之艰难和老百姓的痛苦。这些思想具有进步意义，对研究上古思想史与孟子的"民本"思想都有着重要的参考价值。

九、《君奭》

本篇是周公对召公的答词。君，是周公对召公的尊称。奭，召公名。西周初年，东方各国的叛乱被平定之后，天命说又在各地盛行起来，搞乱了人们的思想。召公担心在朝的政府官员也相信天命，因而怠于政事，便主张事在人为。对召公的言说，周公大加赞赏，并大胆提出："天不可信，我道惟宁王德延，天不庸释于文王受命。"意思是说，上天是不可信赖的，我只要把文王的美德加以推广，上天将不会废弃文王所接受的福命！

诰文又明确地表示倚重与赞同召公的看法，并勉励召公辅佐成王完成大业。史官记录了周公"天不可信"的重要讲话，命之为《君奭》。《史记·燕召公世家》认为本篇作于周公摄政时，《书序》以为作于周公还政于成王以后，《尚书孔传参正》从《史记》之说。本篇系研究我国上古思想史的重要史料，但却被注家们忽略了。

十、《多方》

"方"即是国，"多方"就是众多邦国。在周成王亲政后的第二年，淮夷和奄又发动叛乱。成王亲自征伐，灭掉奄国。五月，成王返回镐京，各国诸侯都来朝会，周公代替成王发布诰令。因为诰令的主要对象是不服从周王朝统治的各国君臣，所以史官记录诰令，命之为《多方》。

本篇的核心思想是强调天命，即顺从民众，"克堪用德"，善于用德政去保护百姓，并顾念天意，以获取上天的保佑和福命。夏、商的兴亡就在于他们的先哲圣王谨慎地施政，明德慎罚，才获取天命，而夏桀、殷纣王则以已有天命为理由大肆逸乐，大肆杀戮，不顺从民意，不遵从上天的教导，最后必然失掉天命而导致灭亡。现在你们这些邦君，也只是享受上天赐予的天命，而不为百姓做事，实在可悲。希望你们遵从天命，服从周王朝的统治。本篇对研究上古天命思想和周初复杂的政治斗争有重要参考价值。

十一、《立政》

"政"与"正"同，"正"谓长也，"立政"谓建立长官也。篇中所言皆官人之道，故以"立政"命篇。

本篇是周公晚年对成王的诰辞，主要讲设官理政的法则与道理。周公东征以后，天下已经日趋安定，周王朝的迫切任务就是健全官员制度，以求长治久安。在诰文中，周公讲述了夏、商两代的设官经验，告诫成王必须奉行文王武王设官理政的常法，任用贤人，即那些"忱恂（诚信）于九德之行"①的"常（善）人"，只有这样的"其惟吉士"，才能"用励相我国家"，勉力治理我们的国家。待贤人立政之后，就不要干涉狱讼案件，集中精力，加强军事力量，学习大禹统一中国，促进周王朝的发展。本篇对研究"成康之治"和周初官制有重要意义。

十二、《顾命》

"顾"，眷顾也。命大臣辅嗣主，郑重而眷顾之也，故命之为《顾命》。

本篇大部分内容是记载周成王的丧礼和周康王即位的典礼，虽与周公并无直接的关系，但其详尽细致的叙述，却是研究周公制礼作乐及周代礼制文明的珍贵史料。如对群臣接受成王顾命的描述，对祖庙的陈设与警卫的叙述，对康王在祖庙接受册命仪式的记叙等，显得庄重而严肃。王国维在《周书顾命考》中说："古《礼经》既佚，后世得考周室一代之古典者，惟此篇而

---

① 九德：指有九种德行的人，即"宽而栗，柔而立，愿而恭，乱而敬，扰而毅，直而温，简而廉，刚而塞，强而义"等。

已。"说明《顾命》是研究周礼的重要史料。

十三、《蔡仲之命》

《蔡仲之命》为周公摄政时的文告。周公东征，平定了三监之乱，将蔡叔囚禁起来，但他的儿子蔡仲却贤明敬德，于是周公就请命成王，封蔡仲为蔡国的君主，史官记载了成王册命这件事，命之为《蔡仲之命》。这篇册命文告中有这样一段话："皇天无亲，惟德是辅；民心无常，惟惠之怀。为善不同，同归于治；为恶不同，同归于乱。尔其戒哉！"意思是说，上天不亲近谁，只辅佐那些贤德之人；老百姓的心中也没有常主，只归向爱戴的君主。行善的方法不同，都归于天下大治；为恶的方式不同，都归于国家大乱。你要谨慎戒惧啊！

这段话是周公主张"道德天命论"的有力证明，要西周的统治者以德政惠民，顺从天心民意，来感动上天，获取上天的眷顾与保佑，并取得上天赐予的福命。

附录二　对西周十大著名出土青铜礼器及其铭文的旨意解读

据史书记载，由于周族先民源于陕西、甘肃交界的泾水与渭水流域的黄土高原一带，并曾和该地区的戎、狄族杂居在一起，所以《国语·周语》有云：周部族曾"自窜于戎、狄之间"。嗣后，周部族逐渐东移至关中地区，与东面的夏、商文明相互接触，社会形态也较早由原始氏族部落组织形式过渡到奴隶社会。从现有历史遗存特别是近些年来在陕西关中地区及其他省区考古发现的青铜器来看，其显著特点是铭文大为增加，而且有不少长篇铭文将铜器持有者的身份地位及铜器铸造的年代与目的，都做了简要说明，是我们研究西周文明不可或缺的重要史料。现仅列举十大著名青铜礼器与铭文于后。

一、利簋

  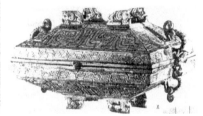

利簋　　　　　　　利簋铭文　　　　　　　长方形的簠

图 1

簋（guǐ），古代盛东西的一种青铜食器，圆口，圈足，无耳或有两耳，也有四耳、方座或带盖的。另有一种长方形带盖的盛食物的青铜食器，名曰簠（fǔ），《周礼·舍人》曰："凡祭祀，共（供）簠、簋，实之，陈之。"可见方形的簠、圆形的簋，都是盛黍稷稻粱的一种食器或礼器。故有"簠簋不饬"的成语，是说"古者大臣有坐不廉而废者，不谓不廉，曰'簠簋不饧'"，是对贪官污吏的一种贬斥。

利簋是与殷周牧野之战有关的带铭铜器，1976年出土于陕西西安临潼南罗村。铭文意为：武王征商时，甲子那天早上，岁祭贞问，黄昏时即胜利而占有了商。辛未那天（即甲子后七天），武王在驻师之地，赏赐右史利铜料，用作檀公宝尊彝（即酒器、礼器）。此铭文的史料价值，在于证实了《尚书·牧誓》与《逸周书·克殷解》中记载的甲子克商的日子，而且不到一天就战胜了商王朝。

二、何尊

何尊　　　　　　　　　　何尊铭文

图2

何尊1963年出土于陕西宝鸡贾村，其铭文大意为：成王作新都，祭武王，祈福于天。四月丙戌，成王告诫同宗的"小子"，他们的祖先奉事文王，文王受天命。武王克大邑商后，廷告于天，表示要居住在"中国"（即国的中心），以治理人民。成王勉励这些"小子"克肖祖德，尽劳敬事，以邀天福。然后记载何受赐三十贝，因此作尊以纪念。

何尊铭文与成王在胜利之后欲迁都中原即"中国"治理人民有关。有的学者特举《逸周书·度邑解》："王曰：'呜呼，旦！我图夷兹殷，其惟依天。其有宪命，求兹无远。虑天有求绎，相我不难。自洛汭延于伊汭，居阳无固，其有夏之居。我南望过于三涂，北望过于有岳，鄙顾瞻过于河，宛瞻于伊洛，无远天室。其曰兹曰度邑。'"将这段文字与何尊铭文相比较，二者都把居中国与受天命相提并论。此铭文中的"中国"观念，与周人自居为西土相对应；将中国与天命相提并论，实为中国正统观念的一种表现。

三、史墙盘

1976年，陕西扶风庄白出土了103件青铜器，有铭者74件。其中最早的商器形制，作于商末周初。庄白整个窖藏当是微史家族历代所传之各种礼器，时代由周初亘延至西周末年。其中最重要的一件就是"史墙盘"，其铭文长达284字，叙述了西周文、武、成、康、昭、穆的事迹及史墙自己历代祖先的功业。史墙时代当在共王与懿王之世，"史墙盘"当作于共王之时。

扶风庄白窖藏（微史家族藏）　　　　史墙盘　　　　　　史墙盘铭文

图 3

史墙盘铭文与周人把商人迁移到周人直接控制的地区，以便有效控制被征服人口有关。铭文大意为：当初文王政治得到普遍拥护，上帝降命赐德，义王有天下万邦。武王开疆辟土，征服四方，击败殷人，不怕北方狄人，也得以征伐东方夷人。成王时代则有刚直大臣辅政，康王继续成王事业，整理疆土。昭王南征荆楚，穆王也遵守教训，当时的天子（大约是周共王）能继续文武的功业，国家安定，天子长寿，厚福丰年，长承神佑。下半段是微史一家的简史，说到高祖原居于微，武王伐殷之后，烈祖始来归顺武王，武王命令周公把他安置于周人本土。乙祖仕周，为心腹大臣。第四代亚祖祖辛教育子孙成才，子孙也多昌盛。史墙的父亲乙公努力经营农业，为人孝友。史墙自己也持守福泽，长受庇佑。

史墙盘铭文有着重要的史料价值。其一是铭文记录了文武至昭穆各代的史实，昭王南征荆楚之事，得以证实。其二是武王时北方边患有消，东夷也待征伐，可补足周代史实。其三是微史一族中，其祖先有三位用乙辛为名号，与殷商习俗相同，似乎微史为殷人之后。其四是微史的祖先作为殷人的史官，在归顺周武王后，受命迁居宗周，并长期定居在那里，所以才有所谓窖藏礼器。微史一家的迁徙西移，正如秦迁天下富户十二万以实咸阳及汉代三选七徙以实陵邑一般，无外乎把东方旧殷隽彦放在周王室耳目可见处，一则强干弱枝，安东方的反侧；二则借重殷文化孕育人才，为新王朝服务。

四、大盂鼎

大盂鼎

大盂鼎铭文

图 4

大盂鼎，清道光年间出土于陕西岐山礼村，是一种盛东西的圆口礼器，属成康时代的青铜器。大盂鼎铭文共 19 行 291 字，内容与征伐西北强族鬼方有关。其铭文记载：周康王二十三年策命其臣盂，并赏赐盂"邦司四伯，人鬲自驭至于庶人六百又五十又九夫""夷司王臣十又三伯，人鬲千又五十夫"。"人鬲""驭""庶人"都是奴隶，"邦司""夷司王臣"则是管家奴隶。大盂鼎现藏中国历史博物馆。另有一器，即小盂鼎，与大盂鼎系同人之器，原器已佚，仅流传铭文拓本，记述周康王二十五年命盂两次征伐西北强族鬼方，俘获告庙情况。两鼎同为研究西周奴隶社会历史的重要史料，也是当时青铜器铸造艺术中可贵的珍品。

五、大保簋与保卣（yǒu）

系著名梁山七器之一，大保七器出土于燕地寿张梁山，可能与召公北逐殷纣王王子禄父之事有关，因其参与"三监"叛乱，故有周公、召公等人的东征之举。后因召公北逐王子禄父有功，其后裔遂徙封于燕。大保簋铭文为："王伐录子圣，厥反，王降征令于大保，大保克敬亡遣。"其中"大保"即召伯召公，"王子"即殷商王子禄父。

图 5　大保簋

另保卣铭文为："乙卯，王令保及殷东或五侯，征兄六品，蔑历于保。""保"即召公，东国是殷商的整个东方，其征讨之责都属保的任务。"五侯"是指武王时齐、鲁、燕、管、蔡等五国。

六、盠方尊与盠驹尊

盠方尊　　　　　　　　　盠方尊铭文

盠驹尊　　　　　　　　　盠驹尊铭文

图 6

　　1955 年出土于陕西眉县李家村，系穆王时制品。其铭文曰："王册令尹……曰：'用司六师，王行，参有司：司土、司马、司工。'王令盠曰：'赞司六师众八师艺。'"即王授权盠统领六师、八师，兼管王府三有司，其权力文武并重，可见是非常大的。

盠驹尊器形为写意马形，可见穆王重视马匹蕃息，铭文曰："佳王十又二月，辰才甲申，王初执驹……王亲旨盠。"执驹是王亲自参加仪式，可见对繁殖马匹极为重视。

七、师篡、师虎篡与师克盨

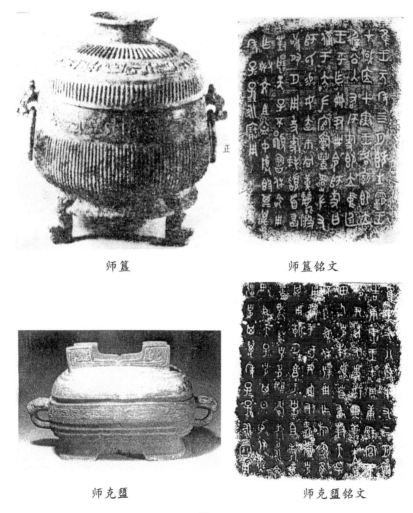

师篡   师篡铭文

师克盨   师克盨铭文

图 7

1961年出土于陕西长安张家坡窖藏，凡"师"职军事官员，不但其统率范围不同，而且多分化为左右及各种次级单位，大都在西周中期以后，甚至

共和之际，基本反映了政事日繁后逐步分化的趋势。如师簋铭文："王呼作册尹克，册命师旋曰：'备于大左，官司丰还左右师氏'。"大致是周人军事单位常有左右之分。《师虎簋》曰："啻官司左右戏繁荆。""戏，三军之偏也。"是说师虎的任务为兼统左右二偏师。《师克盨》云："今女更乃祖考묶可左右虎臣。"师克的任务是"干害王身，作爪牙"，可见统领的亲近卫士（虎臣），也是分为左右二支。

八、毛公鼎

图 8　毛公鼎

西周晚期青铜器，清道光末年出土于陕西岐山。铭文共 497 字（还有说 499 字、500 字），是现存铭文最长的青铜器，记述了周宣王告诫和褒赏其臣毛公诸事，并反映了西周晚期宫中及府中的权力在卿事寮与太史寮，三有司的执掌，与小子虎臣并列，由其直接控制文武官员。这是西周晚期政局之所以不稳定的根本原因。

九、令方彝

令方彝

令方彝铭文

图 9

1929 年出土于河南洛阳马坡，令彝作器的长官是明保，即周公的二儿君陈。铭文记载：他受命主持"三事""四方"，"三事"指政府官职，"四方"指中央以外各地方。明保奉命去成周主持祭典时，先要属员与卿事寮会合。在成周，明保奉命于内外两批人员，即内以三事令管领卿事寮的各主管官（尹），以及东部地方的首长（里君）、大小官员（百工）；外以四方令管领诸侯，包括侯、田、男三类封君，他们在一起。祭祀完，明保吩咐亢与久负责寮友的工作。最后一段乃寮乃友，大约是明保自己的幕寮，而前文的卿事寮系王府寮属（秘书处）。因明保任务特殊，寮属也须向他报告工作。本器制作时代比较早，既是周公儿子，当在西周中期。此时，西周政府已有相当复杂的组织机构，比起初期比较简单的内服、外服来，要精密得多，这是政府组织制度化、规范化的结果。其世官制也给周贵族带来好处，使史官系统（祝、宗、卜、史、乐官）成为政府专门人才，为王室长久服务，并享有贵族特权。

十、卫鼎与卫盉

1975 年出土于陕西岐山董家村的一批 37 件铜器窖藏，即裘卫诸器，应制作于三四代人之间，时间由西周中期到宣幽王时，裘卫是第一代，公臣大约是第二代，旅伯、旅仲是第三代，裘家大约是西周中晚期掌管制皮作裘的小官。从这批窖藏中的卫盉、卫鼎来看，铭文中都提到"贮"或"贮田"的字眼，大致"贮"为租的意思。按照铭文的口气，能够确定贮田既不是出租，也不是价购，而是以一片田地交换另一片田地，或者别的物资。卫鼎是共王时代的铜器，此时大约是土地交易行为方兴未艾之时，遂有此种贮田的过渡现象。

五年卫鼎

五年卫鼎铭文

九年卫鼎

九年卫鼎铭文

卫盉   卫盉铭文

图 10

附录三 对"人文初祖"黄帝东迁的文化解读

以黄帝为杰出代表的轩辕氏部落，在开发西部崛起于黄土高原之后，并未因此安于现状、固守旧土，而是率领部分先民矢志向东迁徙转移。他们经渭水下游，沿豫晋交界的黄河中游两岸向东进发，先在河南郑州建立了新的基点，后又有重要一支渡过黄河，沿太行山脉东侧北上。当进至涿鹿、阪泉等地，先与九黎酋长蚩尤相遇，"黄帝乃征师诸侯，与蚩尤战于涿鹿之野，遂擒杀蚩尤"。后"与炎帝战于阪泉之野。三战，然后得其志"。经涿鹿、阪泉大战，黄帝名扬天下，遂称雄于中原，奠基于华夏，影响及东南，成为率领华夏民族跨入文明时代的文化巨人，因此被称为"人文初祖"。

由此可见，黄帝东迁的重大举措，无论在轩辕氏部落的发展史上，还是在中华民族的形成史上，都树起了一块丰碑，具有深远的历史意义和重要的现实意义。只有搞清黄帝东迁的时代定位，才能真正解读出其中包含的文化意蕴和价值取向。

著名史学家张岂之先生在其主编的《五千年血脉》一书中，对黄帝的生卒年代提出了自己的看法，将其生年确定为大约公元前 2708 年，将其卒年确定为大约公元前 2598 年。这一基本看法，不但与通行的认为黄帝距今已有5000 年左右的说法比较一致，而且也与多年考古发现中的历史遗存基本相符。如果这一判断成立，那么，黄帝所处的时代，应是我国新石器后期仰韶文化向龙山文化过渡的多重转向时期。

这里所谓多重转向，主要是从三个层面来剖析黄帝时代的过渡性质，并将黄帝东迁这一重大事件置于这三重文化转向的交汇点上，去加以认识，加以考察。

其一，是原始野蛮时代向人类文明时代的转向。美国人类学家摩尔根将人类社会的演进，分为蒙昧、野蛮、文明三个时代，蒙昧、野蛮又各有初、中、高三个时期。他认为，高级野蛮社会，"始于铁器的制造，终于标音字母的发明和使用文字来写文章。到这个时候，文明也就开始了"。黄帝时代，虽然还未发现直接的文字表述，但简单的语言表达和沟通却是完全可能的。因为早在距今约 3 万年的北京周口店山顶洞人，其脑容量的进化已经达到1300—1500 毫升，与现代人的脑容量不相上下，"无疑也有了语言"①。所以，黄帝时代，曾令仓颉造字的说法，似有一定的道理。至于制铁制铜，在距今约 4000 年的甘肃齐家文化遗址中，发现铜刀、铜凿、钻头等铜制工具和铜渣，说明在关中仰韶文化和陕西龙山文化的临近区域，已经出现了铜器的制作，因而文明的曙光已经喷薄而出了。

其二，是原始部落联盟向人类文明族体的转向。从人类族体的形成来看，原始的部落联盟，仅是一种松散的部落组合，并不具有完全意义上的民族含义，但在黄帝东迁以后，这种情况却有了根本性的改变。不但在阪泉大战之前，"诸侯咸归轩辕。轩辕乃修德振兵，治五气，艺五种，抚万民，度四方，教熊罴貔貅䝙虎"，以各种图腾为标识的部落联合起来，"与炎帝战于阪泉之野"。而且，在平定中原之后，黄帝又"劳勤心力耳目"，"作教化民"，为华夏族体奠定了坚实的基础。

其三，是原始酋长制向人类文明国家的转向。黄帝时代，虽然尚无国家，完全意义上的国家到了夏禹的时代才算正式产生，而"黄帝至禹，为世三十"，这就是说，黄帝之后几百年才产生了国家。但从史料记载中可以看出，国家的雏形在黄帝时代已经出现，这说明氏族制度向文明国家的过渡，是一个极其复杂而又十分漫长的过程。

从上述三重文化转向中可以看出，黄帝的时代，既是一个社会大动荡、大变革的时代，也是一个文化大转向的时代。人们渴望走出原始的野蛮时代，进入人类文明的新时代，建立起一种协调一致的新的生活秩序。黄帝东迁，正好适应了这种需要和愿望，为在多元地域文化的基础上整合形成一种新型统一的华夏文化，提供了有利的条件。因此，黄帝东迁，不但是新的文化整合的契机，而且也是华夏文化内部各种文化特质相互吸纳的契机，其多方面的文化指向更是显而易见的。

---

① 墨菲. 文化与社会人类学引论 [M]. 王卓君，译. 北京：商务印书馆，2009：7.

其一，推进地域文化。如果说，我国旧石器时期是人体和人脑缓慢进化的时代，那么，距今约1万年的新石器时期，则是文化进化的时代。因为"从此人类把握自然的进程已不再涉及完全发达的大脑的进化，而变成了文化进化的问题"。我国新石器时期，随着人类智力的完善和提高，文化创造能力也就泉涌而来，于是，出现了"加速度"增长的文化积累现象，不但形成了独具特色的地域文化，而且也出现了相互融合会通的文化中心。黄帝氏族曾经生活过的西部关中地区，就是仰韶文化分布的中心区域，在黄帝和炎帝氏族部落及部落联盟的共同努力下，西部关中等地不但是仰韶文化的典型代表，而且经过与邻近地区的交流和沟通，又使其提升到龙山文化的水平。后来黄帝东迁，又将龙山文化传播扩散到河南、山东等地，出现了陕西、河南、山东等地三种龙山文化并存的局面。这是文化多元性的具体表现。

其二，促成族体文化。华夏文化作为一种族体文化，即中华民族共有的文化形态的雏形，实际上是黄帝东迁这一伟大举措的直接结果，它是在黄帝东迁的过程及以后的各种实践活动中逐步形成的。

其三，发展器物文化。器物文化是社会发展的基础。据史料记载，黄帝时代在器物文化的发明创造方面，已经取得了显著的成就，诸如井、火食（熟食）、衣裳、冠冕、釜甑、陶器、舟楫、车、杵臼、旃（毡子）、宫室、棺椁、伞、镜、货币、几案等。战车、华盖、弓箭等有关军用器物及其他生活日用品，均系东迁时所制。史书记载："黄帝与蚩尤战于涿鹿之野，蚩尤作大雾，兵士皆迷，于是作指南车以示四方，遂擒蚩尤而即帝位。"

其四，提炼制度文化。制度是文化的核心，它直接影响着文化的发展方向。虽然黄帝时代并无完全意义上的国家制度，但由于生产力的发展和两极分化的出现，"以强胜弱，以众暴寡"的现象也时有发生，因此，军队、刑罚等暴力手段相继产生，类似于政府的管理机构也逐步形成。黄帝东迁以后，管理工作的加强，实质上是一个提炼制度文化、为向正式的国家过渡做好充分准备的过程。

其五，升华精神文化。中国传统文化的人文精神源远流长，其不断升华积淀的漫长过程也自不待言。黄帝时代这种精神文化的不断升华，即已露出了种种端倪。人们常讲的"天人相依""天人相长"的观念，"自强不息""厚德载物"的观念，在黄帝时代已像艺术加工前的素材一样，存在于当时的人民群众之中，经过后人的总结概括，才形成比较系统的思想，并升华积淀为传统的精神文化。比如，《史记·封禅书》中记载："黄帝作宝鼎三，象天地人。"可见，那时的人们已经看出了天、地、人之间的相依关系。又如，《竹书纪年》中说黄帝"生而能言，龙颜"，后又以"应龙攻蚩尤，战虎豹熊罴四兽之力"，这里似说黄帝生有龙象，且让他的下属举着画有"飞龙"图腾的旗子，直向蚩尤的部落冲杀过去。还说"黄帝以土气胜，遂以土德王"。这两条材料，后来在《周易》中，被演绎为象征天、地的乾、坤二卦，《周易大传》又从中提炼出"飞龙在天""天行健，君子以自强不息""万物资生""地势坤，君子以厚德载物"等思想。"自强不息""厚德载物"就由此而成为中国传统文化中最基本的人文精神。

总之，黄帝东迁这一重大历史事件，对社会整体的不断演进、华夏族体的逐渐形成、中国文化的发祥创新，都有着重要的意义和作用。

附录四　《诗经》乃周公礼仪文化的艺术再现

宋元之际的著名大学者王应麟，在《三字经》中说过："我周公，作周礼。著六官，存治体。"先秦的历史文献也说周公"制礼作乐"，是西周留给后世重要的政治和文化遗产之一。春秋的大思想家、儒家学说的创始人孔子，非常推崇周公和周礼，在他所处的那个"礼崩乐坏"的时代里，他力主"克己复礼"，以作为实现其道德最高理想和思想最高范畴"仁"的手段和方法。而且，他还极其认真地修订了西周的经典名著《诗经》，以诗歌形式集中反映了周代的社会生活与周公践行创新"五礼之制"的实际状况。那么，什么叫"周制五礼"？《诗经》又是如何体现周公的礼乐思想文化的？

一、周公践行创新以吉礼为首的"五礼之制"

礼的起源非常早。据东汉许慎《说文解字》解释："礼，履也。所以事神致福也。"所谓"履"就是行，就是做侍奉神明而致福的事情。据说周礼为周公所制，即周公"制礼作乐"。那么周公就是把过去"敬鬼神"的那一套隆重、庄严的仪式，加工改造成了一套用来处理等级社会人际关系的伦理道德和行为规范体系。孔子曾点评过三代之礼，他说："夏道尊命，事鬼敬神而远之……；殷人尊神，率民以事神……；周人尊礼尚施，事鬼敬神而远之"，说的就是这个意思。根据先秦的礼书，当时的重要礼仪大体可分为吉、凶、军、宾、嘉"五礼"，而周公所践行和创新的也正好是以吉礼即祭祀礼仪为首的"五礼"。吉礼，即祭祀天地人祇、鬼神祖先，以祈求国泰民安、吉祥幸福之礼；凶礼，主要包括灾害丧葬在内的一系列仪式和礼节；军礼，即在内部发生叛乱或外敌侵扰时军队征讨使用之礼；宾礼，指诸侯邦国之间往来交际之礼；嘉礼，则是和谐上下联系、密切君臣和军民关系，以增进友谊、联络感情之礼。可以看出，周礼即"五礼之制"，这一整套规范性的要求是相当烦琐细碎的，所以《礼记·礼器》说：周礼有"经礼三百，曲礼三千"，比如嘉礼就包括了饮食礼、昏冠礼、宾射礼、燕飨礼、贺庆礼、分封礼等，吉礼则包括了封禅礼（即祭祀天地）、郊祀礼、社稷礼、宗庙礼等。

周礼尽管甚为烦琐细碎，但其最根本的原则却是"亲亲""尊尊"四个字。所谓"亲亲"，就是亲其所亲，强调宗法血缘关系；所谓"尊尊"，则是尊其所尊，强调社会政治关系。但无论是"亲亲"还是"尊尊"，"等级制度"均是其中的基本原则。如果说血缘关系中强调的是宗子地位（即嫡长子继承王位）、大宗和小宗的不同，那么政治关系中强调的就是君主与臣下、长官与属吏、上级与下级的严格秩序。这种严格的"等级制度"直接贯彻到周礼的各个方面，比如丧葬礼中有关丧服质地、服丧期限，就是根据血缘关系远近来进行规定，有所谓斩衰（即穿最粗的生麻布制成且不缝边的丧服）、齐衰（即由粗熟麻布制成且缝边整齐的丧服）、大功、小功、缌麻等五类丧服。从社会政治关系来说，等级规定在礼的各个方面表现得更充分。如都城建筑规模、宗庙设置大小多少、死后墓葬规模等都因身份的高低贵贱，有着不同的规定。

那么标志人的身份地位的礼，到底有何作用？《诗经·鄘风·相鼠》中给出很好的回答："人而无礼，胡不遄死？""人而无仪，不死何为？"《管子·五辅》中也说："上下有义，贵贱有分，长幼有等，贫富有度，凡此八者，礼之经也。"这都表明礼是标记每个人等级关系的安身立命之本，是维护、巩固、发展社会联系和社会秩序的重要保障。周公和周人有关礼的文化，其实就是对"以德立政"和"礼治纲常"秩序的极端重视。

"乐"也是周礼的重要组成部分。贵族行礼，必定用乐。无论是庙堂之上的祭祀、朝聘，还是饮酒行射礼，莫不有乐相配合。所以一般贵族都要学习"乐德"（中、和、祇、庸、孝、友）、"乐语"（兴、道、讽、诵、言、语）、"乐舞"和"乐仪"，前三者可能类似于今天的音乐理论，后者可能就是与乐舞相配合的程式。总之，如《礼记·乐记》所说："乐者，天地之和也；礼者，天地之序也。"故荀子也有"礼有三本""乐有三和"的说法。他在《礼论》中说："礼有三本：天地者，生之本也；先祖者，类（族类）之本也；君师者，治之本也。……故礼，上事天下事地，尊先祖而隆君师。"他在《乐论》中又说：乐有三和，"故乐在宗庙之中，君臣上下同听之，则莫不和敬；

闺门之内，父子兄弟同听之，则莫不和亲；乡里族长之中，长少同听之，则莫不和顺。故乐者，审一以定和者也"。

从以上所述中我们可以看出，不但周公的礼乐思想是华夏文化的老根，而且中华文明和中华文化的基调和底色也是"三代之英"周公奠定的，他所创制的"崇德尚礼"的"以德立政，以礼兴邦"的"礼乐文明"制度从西周起步，一走就是 3000 年，可谓世界奇观。周人和周公提出的两条治国举措：一是以小农经济为基础的宗法制度，二是以纲常伦理为核心的礼乐制度，就像两条巨轮拉着中华民族的车子奋力前行，奠定了中华民族的基本精神气质。周公就是中华文明的奠基者和领跑者。周公凭借着他的聪明才智，以封建宗法制与伦理礼乐制来治理国家、安定天下，从而形成中华历史上"郁郁乎文哉"的周公时代，正是这个时代上承文武之世，下启孔孟之说，成就了一脉相承的儒家之道，并最终塑造了中华优秀传统文化的核心价值和思想品德。

二、周公是《诗经》前期重要的策划者或作者之一

《礼记·乐记》说："王者功成作乐，治定制礼。其功大者其乐备，其治辩者其礼具。"在西周夺取全国政权之后，作为武王与成王的辅佐大臣，周公为了周王室的长治久安，便自觉将制礼作乐作为一项重要任务来完成，其中《诗经》就是周公制礼作乐的一个重要组成部分。因为周代的诗歌本身就属于礼乐的范畴，而且周公是《诗经》前期重要的作者或策划者之一。

据《礼记·王制》记载，上古有王公贵胄定期到四方巡察的制度，所到之处，地方官员要展示当地流行的民歌作为述职的重要内容之一。王公通过考察民歌，即可了解地方官员是否为政以德，当地民风是否淳朴。并将这些民歌与诗作由政府"大司乐"属下的专职采诗官员记录下来，带回去加以整理，这就是所谓"采风"。《诗经》中的十五"国风"大多是这样得来的。有学者认为《周南》与《豳风》的部分内容，就是周公亲自采风所得，或者是经周公考订完善而成，这样的诗作在《诗经》中约有 20 首，其作者就是周公。下面我们加以简要叙述。

《周南》是《诗经》十五"国风"之一。据李沛生、杨慧敏《〈诗经〉

与岐山》一书考证：由于岐周是周太王成功后确定的周室大本营和都城之地，所以在西周获取政权之后，周武王的儿子——周成王便决定继续将这一重镇交由最堪托付的周之重臣、王之叔父周公姬旦、召公姬奭管理。而岐地东部又是周先祖最先落脚之地，便成了周公的采邑，西部则为召公的采邑。《诗经》中的《周南》与《召南》就是在这两个兄弟辖地上产生的。又因周公是《周南》的作者或参与修订润色者，故孔子在修订《诗经》时，特将《周南》列在首位。《周南》一组诗歌包括《关雎》《葛覃》《卷耳》《樛木》《螽斯》《桃夭》《兔罝》《芣苢》等 11 篇。《诗序》的作者认为，《周南》多深含教化百姓之意；《关雎》是咏叹"后妃之德"，宋代大儒程颐认为它的作者就是周公；《葛覃》是赞美"后妃之本"或"后妃勤俭之风"，清人高侪鹤绘有一幅《后妃采葛图》，描绘了周初后妃在岐地的勤俭生活，说明清代一些学者赞同周南在岐山的观点；《卷耳》是写后妃"辅佐君子"之志；《樛木》是君对臣的赞颂；《螽斯》是喻后妃子孙众多；《桃夭》是赞美后妃的贤惠；《兔罝》是写后妃之化；《汉广》是赞美"文王之道被于南国，美化行乎江汉之域"；《麟之趾》是赞美文王子孙繁衍而多贤；《汝坟》是写文王南国之化。《诗序》的上述看法，后人多认为有拔高之嫌。但汉人距周公时代较近，其看法值得后人尊重和信任，不失为一重要参考。

《豳风》是西周政府机构采风官员到豳地——周人重要根据地之一、西周核心区域，采集到的优秀诗作，共计 7 首，分别为《七月》《鸱鸮》《东山》《破斧》《伐柯》《九罭》《狼跋》。《诗序》认为，《七月》是周公"陈王业"之作，今文三家和朱熹《诗集传》均持此种观点。朱熹曰："武王崩，成王立，年幼不能莅阼。周公旦以冢宰摄政，乃述后稷、公刘之化，作诗一篇以戒成王，谓之《豳风》。"也有人认为此诗系豳人旧作，周公或修改润色，用以说教成王。《诗序》还认为，《鸱鸮》是"周公救乱也"。《史记》认为，《鸱鸮》是周公东征归来后所作。《尚书·金縢》则明确表示《鸱鸮》为周公所作。其余 5 篇主要叙述与周公东征有关的事迹。《唐风·蟋蟀》叙述周公希望"良士"不要贪图安逸享乐，要"好乐无荒"，兢兢业业搞好本职工作。

《小雅·棠棣》是一篇宴请兄弟的诗。周公以其作喻，提醒宗族内部要相互关怀，搞好关系，团结一致，避免再出现类似"管蔡"之事。《大雅》中的部分先周作品，不少学者认为作者是周公。主要有《文王》《既醉》等。《文王》主要记述与称颂文王受"天命"而创立周朝的英雄事迹。《既醉》先写宴饮，继而赞美"君子"威仪，并颂其长寿多福，子孙繁盛。

"颂"中包括《周颂》在内的"三颂"，学者多认为其主题宏大，结构单一，音韵板滞、沉重，相当一部分不大押韵，多是歌咏和朗诵的祝词，反映了先周时期诗歌的特色，纪实性较强，对周王朝来说意义非凡。其中《周颂》在庆典、祭祀、外交、宴乐等活动中是上演频率最高的乐诗，也为当政者所重视，因而其作者绝非一般人。以周公当时的地位和影响力，他应亲自参与此项重大工程，不是亲自创作，就是经他修改加工和润色。比较一致的观点认为，《清庙》《天作》《时迈》《思文》《酌》等为周公的作品。《诗序》谓："《清庙》，祀文王也。周公既成洛邑，朝诸侯，率以祀文王焉。"还有人认为，《清庙》《维天之命》《维清》本出自一篇，相连为义，这些歌颂文王美好德行之诗歌，其作者必是周公。《诗序》谓《天作》"祭先王先公"之乐歌；《诗集传》谓其重点在祭岐山。还有人认为，《天作》与《武》《赉》《般》《酌》《桓》组成了《大武》乐章，其气势磅礴、豪迈壮烈，为周公所作。

三、《诗经》是中国最早反映西周社会生活之诗歌总集

周公不但在周代初期直接参与了《诗经》的收集整理和前期的编纂工作，而且从《诗经》的主题和整个思想内容来看，也基本反映和体现了周公的礼乐思想，或者说周公的礼乐思想像一条红线一样，贯穿于《诗经》的全篇。

众所周知，《诗经》是中国最早的一部诗歌总集，收入自西周初年至春秋中叶（前 11 世纪至前 6 世纪）约 500 年的诗歌 305 篇，其中有西周盛世之宗庙诗《周颂》，大小雅之宫廷诗、宴猎诗、郊祭诗、祀农诗，也有厉王以后的种种社会讽谕诗与婚姻爱情诗等。《诗经》又称《诗三百》，先秦称其为《诗》，西汉时期被尊为儒家经典，始称《诗经》，并沿用至今。这里，需要特别提出的是，在我国古代书面文学与美学发展史上，为巫术服务的卜辞、

卦爻辞演变为宗教性的颂歌。这类颂歌以《周颂》为代表，"雅"中的祭祀诗，也属于这一类。《周颂》是《诗经》中最古老的一部分，它在艺术的形态上，还没有脱离歌辞音乐舞蹈的混合形式；在艺术的功能上，正履行着宗教性质的使命。所以郑樵在《通志乐略》中说："陈三颂之音，所以侑祭也"，称这类宗庙之音为"颂"。又由于《周颂》出现的年代，正好是在武、成、康、昭的西周盛世，前后约100年。所以郑樵又说："《周颂》者，其作在周公摄政，成王即位之初，非也。《颂》有在武王时作者，有在昭王时作者。必以此拘诗，所以多滞也。"这话是对的。最早的如《清庙》《维清》等，作于武王时，最迟者如《执竞》，为昭王时作。《诗经》作为中国最早的一部诗歌总集，又几乎完全是现实人间世界和日常生活、日常经验的反映。在这里，不存在凭借幻想而虚构出来的超越人间世界的神话世界，也不存在诸神和英雄之特异形象和特异经历，有的是关于社会生活、政治风波、悲壮历史、春种秋获、男女爱情的悲欢哀乐。它在中国文学史上有着极其重要的地位，对古代诗歌的发展起了巨大作用；同时，它又是一部先秦时期的重要历史文献，对研究我国上古三代史特别是西周史，有着重要的史料价值。

《诗经》全书共分为"风、雅、颂"三个部分。其中"风"有160篇；"雅"有《小雅》74篇，《大雅》31篇，共105篇；"颂"分《周颂》《鲁颂》《商颂》，共40篇。这些诗当初都是配乐而歌的歌辞，保留着古代诗歌、音乐、舞蹈相结合的形式。这里所说的"风"，顾颉刚先生认为"风就是声调"（《论〈诗经〉所录全为乐歌》），多数是民间歌谣。"雅"是西周王畿境内的诗歌。梁任公说："风雅之雅，其本字当作'夏'无疑。"是说西周的国域和王畿之地曾是夏人居住的地方，所以西周人自称本国为夏，亦即华夏。《尚书·康诰》曾云："义土……用肇造我区夏。"就是周人自称本国为夏的意思。"雅"多为士大夫们的作品。"颂"则是西周朝廷的祭歌，多在宗庙中演奏。后来特别是战国时期，由于"礼崩乐坏"，大量乐谱和舞蹈失传，仅存的歌辞则编入《诗经》，就成为我们现在所看到的《诗经》了。所以，孔子在《论语·子罕》中说："吾自卫反鲁，然后乐正，雅颂各得其所。"墨子在《墨子·公孟》中也说："儒者诵诗三百，弦诗三百，歌诗三百，舞诗三百。"

郑樵在《乐府总序》中又清楚明白地说："古之达礼三：一曰燕，二曰享，三曰祀。所谓吉、凶、军、宾、嘉（即西周推行的'五礼之制'），皆主此三者以成礼。古之达乐三：一曰风，二曰雅，三曰颂。所谓金、石、丝、竹、匏、土、革、木，皆主此三者以成乐。礼乐相须以为用，礼非乐不行，乐非礼不举。"所有这些都再次说明，不但《诗经》与乐舞在当时是紧密结合的，即"礼乐文化"与"礼乐文明"并行不悖，而且它又发挥着享、燕、祭祀（即"五礼之制"）的重要功能。

四、《诗经》 旨在凸显周公礼仪文化的无穷魅力

其一，从《诗经》的主题思想及其主要内容来看，极其突出地彰显了周公的礼乐思想文化。它将周代初期的颂词、大小雅乐、赞歌与宗庙祭祀礼仪相结合，歌颂了周族充满艰辛和苦难的光辉历史及其先祖业绩。比如《生民》《公刘》《绵》《皇矣》《大明》等叙事诗，以史实为依据，叙述了周族发展壮大的历史足迹，讴歌了其英雄人物和开国创业的先祖，可以看出，《诗经》就像古希腊《荷马史诗》一样，是一部以周人为核心的华夏氏族发展壮大与创业开国的史诗。据史诗、史料记载：周人的始祖后稷，长于稼穑，发明了谷物种植，是舜时的农业部长。传至第四代公刘，因东方部族侵扰而迁徙至豳地。传至第十三代古公亶父，由于受戎狄威胁，又只好迁徙定居于岐山周原，并在此建立奴隶制国家，逐步进入文明时代。经古公亶父、季历、文王姬昌祖孙三代的经营，在殷商末期已发展为西方大国。文王死后，武王姬发在周公的大力协助下，联合众多诸侯国一举推翻了殷商王朝，建立了西周政权。

周人不但创造了历史，而且也创造了物质财富和精神财富。后稷时就有农业生产和各种谷物，如祀农诗《七月》所说："黍（小米）稷（高粱）重（晚熟的谷子）穋（早熟的谷子），禾麻菽麦""七月食瓜，……九月叔苴（麻子）"等。公刘以后又有了建筑手工、皮革陶工，可以建造京邑、都城、宫室、宗庙，训练军队，成立国家机构。文、武、周公时代，则建立了与奴隶制度相应的上层建筑和意识形态，包括以礼乐文化为主的"敬天保民""道德天命""重农重民""明德尚俭"等文化理念。所有这些在诗歌中都有不同

程度的反映。

其二，把雅乐、颂词、赞歌、宫廷、宴猎乐舞与嘉礼、宾礼相结合，褒扬和讴歌了君臣上下、兄弟诸侯邦国之间的团结友爱、和睦相处，并齐心协力以保卫周王室的长治久安。如《小雅》的首篇《鹿鸣》，就是西周国君宴会群臣嘉宾时演奏的乐歌。"人之好我，示我周行"，充分表达了国君礼敬群臣、群臣效力国君的思想感情。《鹿鸣》一诗流传时间很久。直到后来的科举时代，在乡试发榜第二日，必宴请主考、同考、执事各民及乡贡士，还叫作"鹿鸣宴"，也还要歌《鹿鸣》。再如《湛露》为天子宴会诸侯时演奏之乐，或者由乐师朗诵。"厌厌夜饮，不醉无归"，如果不醉而归那才是不亲不宗的一种表现。再如《伐木》《鱼丽》《南有嘉鱼》《彤弓》《四牡》《常棣》等，虽对象有所不同，但均为宴请嘉宾之作。

另外，有关男女婚姻爱情的诗歌，也应在嘉礼之中。因为婚姻爱情是人伦之始，而成家立业、生儿育女、传宗接代，甚至修齐治平，才是士人的终身大事。所以，孔子在修订《诗经》时，特意将《关雎》《葛覃》《菁菁者莪》这样表现男欢女乐的脍炙人口的诗篇佳作，排在书的篇首。

其三，把颂歌雅词、宫廷乐舞与军礼凯歌相结合，歌颂了西周建国前后文、武、周公以及后来的周宣王偕同多位封疆大吏、重要功臣，率军征战，平定叛乱，讨伐猃狁的丰功伟绩和赫赫战功。除前边所述《生民》《公刘》等歌颂周人民族英雄后稷、公刘、古公亶父及文王之外，对于周公亲自率军东征三年，取得平定东方奄、徐、淮夷等四国叛乱的胜利，则另有赞歌雅词。如《破斧》《鸱鸮》《狼跋》等诗所云："周公东征，四国是皇（胆战心惊）。哀我人斯（怜我平民），亦孔之将（这是多么仁慈贤良）。"这既是平民百姓对周公"救乱"的热情歌颂，也表达了人民群众对和平生活的追求和向往。

《小雅》里的《出车》《六月》《采薇》等诗，则热情讴歌了周宣王在周室衰微而实行"新政中兴"的历史前提下，领军北伐，抵御猃狁与西戎的侵扰，并取得胜利。"戎车既驾，四牡业业。岂敢定居？一月三捷。"可见战事之惨烈与戍边征人之凄苦。在北伐的同时，周宣王又派遣大将方叔远征战荆蛮，《采芑》一诗即是南征荆蛮的写照。周宣王还亲率大军远征徐国，《江汉》《常武》《鸿雁》等诗，就是对征战徐国、再次平定淮夷之战的真实反映。

其四，把悲歌哀词与凶礼怨愤相结合，除对因西周末年厉王、幽王时期出现的"四国无政，不用其良"、人道无常、天道反常的凶异现象而死伤的国人民众致以哀悼之外，还对厉王、幽王的暴虐无道、背德弃礼、倒行逆施的种种行为，进行了辛辣的讽刺与严厉的挞伐。幽王时期，连续发生月食、日食与地震等自然灾异。据《国语·周语上》记载："幽王二年，西周三川（泾、渭、洛）皆震。……是岁也，三川竭，岐山崩。"与此同时，又先有厉王暴虐无道，逞凶害民，后有幽王昏庸无能，喜听谗言，宠信褒姒，遂被犬戎杀死在骊山之下，以致西周灭亡，平王东迁洛邑成周，随之历史便进入春秋时代。

《诗经》中的政治讽谕诗大多出于厉王、幽王时期。由于厉王、幽王的残暴统治，造成严重的阶级对立，遂发生国人驱逐厉王的大起义。加之天灾不断，外患重重，"戎成不退，饥成不遂"，西周王朝终于在幽王时期彻底崩塌。正如郑玄在《诗谱序》中所说："厉也，幽也，政教尤衰，周室大坏。《十月之交》《民劳》《板》《荡》，勃而俱作，众国纷然，刺怨相寻。"《毛诗序》也说："乱世之音怨以怒，其政乖。"又说："至于王道衰，礼义废，政教失，国异政，家殊俗，而变风、变雅作矣。"这说明西周衰败时期，约占雅诗八分之一的风雅之作，大都是讥讽厉王、幽王有悖于周公礼乐思想文化的乱世之音罢了！

附录五　中华文化发展复兴助推世界文明"多元互融"

中华文化源远流长，博大精深，有着 5000 多年的悠久历史，产生过无数可歌可泣、豪迈壮烈的动人故事。对其发展演变、整合形成乃至历史转换、伟大复兴的整个过程，进行全面而又深入的剖析，不但有着重要的历史和现实意义，而且也是一项重大的研究课题与系统工程。本文仅从以下四个方面加以简要论述：一是中华文化"三教九流"的源流论；二是中华文化"三教合一"的通变论；三是中华文化"大智若愚"的智慧论；四是中华文化"和而不同"的价值论。

一、中华文化"三教九流"的源流论

中国传统文化，是由早期多元分立而又相互联系的多种文化因素，经过较长时间的相互汲取和整合发展，逐步凝聚成一种具有中华民族共同心理特征的文化结构。早在数千年以前的新石器时期，我国就有南方以稻种为主、北方以黍种为主的不同文化区域之别。又据现代考古发现和多位学者的一致看法，认为我国古代史前曾经存在着三个比较强大的民族集团，即河洛地区的华夏民族集团、海岱地区的东夷民族集团和江汉地区的苗蛮民族集团，从而形成由这三个民族集团所在地区的氏族文化共同组合的多源头、多根系的汉文化。到了春秋战国时期，经过百家争鸣的文化繁荣发展，在中华大地上不但有着文化内涵完全不同的地域文化，如丰镐文化、邹鲁文化、荆楚文化、三晋文化、吴越文化、巴蜀文化、燕齐文化等，而且还有着不同主张、不同观点的派系文化，如儒家文化、墨家文化、道家文化、法家文化等所谓"三教九流"，即阴阳五行、儒、墨、道、法、名、兵、农、医等多种文化汇流发展的宏大格局。正是在这种宏大格局的基础上，形成中华文明"自强不息，厚德载物"的基本文化精神。

秦统一六国之后，思想文化方面的相互汲取融合，更加有所加强。有些因时代条件的变化而不为人们所看好的派系文化，如墨家与名家，它们的思

想观念被儒家和道家所汲取融合，但自身却渐渐销声匿迹。到了两汉时期，由于建设新的政治制度与生活秩序的需要，汉王朝的统治者在提出并实施所谓"罢黜百家，独尊儒术"文化政策的同时，又推崇以"无为而治"为其政治理想的道家思想，并以此作为其文化政策的必要补充。这样，儒家和道家的互黜互补，便成为一种新的文化常态。虽然由于外来印度佛教文化的传入，中华文化出现了新的格局，但儒道互黜互补的文化发展格局，却始终绵延不断而弥久不衰。

任继愈先生在其《儒道两家思想在中国何以影响深远长久不衰》一文中这样说："秦汉到鸦片战争，二千年间中国贯穿着一对基本矛盾：政治的高度集中与经济的极端分散。强化集中，是中央政府的职能；要求自给自足，不要政府过多干预，是自然经济的本性。政府要权力集中，农民要分散，正是在这样一对矛盾中，儒道两家充分发挥了他们的作用。"① 西汉初期，儒家虽处于受压制的地位，但在汉武帝当政之后，重用董仲舒，以行政手段推动儒家思想，使儒家得到前所未有的发展。董仲舒作为汉代儒学大师，将孔子的仁学思想同阴阳五行之说相结合，创立了天人感应、君权神授的神学经学思想体系，并以此来解释人们所关心的天时、地利、历法、农耕、行政、战争等自然与社会现象，基本满足了社会各方面的实际需要。董仲舒的儒学配合西汉大一统政权，对促进中华民族的思想统一，增强民族凝聚力，做出了极为重要的历史贡献。

虽然总体来看，道家思想在汉代扬儒抑道的文化氛围中，不大可能得到大的发展，但因道家崇尚"自然无为"，倡导"守柔不争"，否定等级界限，追求辩证发展，在调和社会阶级矛盾与缓解人们之间不断增长的不满情绪方面，有着不可替代的巨大作用。因此，在汉末儒学日渐走向衰落的情况下，道家学说却得到发展，并形成以《淮南子》与《论衡》为代表的，在批判汉儒虚伪浮夸之风的同时，宣扬"无为政治"的新道家思想。产生于东汉时期的道教，也把道家思想作为他们响应农民起义的思想旗帜。由此可见，汉代

---

① 任继愈. 天人之际 [M]. 上海：上海文艺出版社，1998：57.

道家的命运始终是同它"无为而治"的政治主张的实际实现与得到满足的程度紧密地联系在一起的。这也说明，道家思想学说乃是中国传统文化不可或缺的一个重要组成部分。儒、道两家虽有差别，但也存在共同之处，两家都主张以家长为中心的自然经济制度，都认为父慈、子孝、君仁、臣忠是人伦之道的应有之义。这样，在儒道互补的文化发展格局与文化相融氛围中，培育形成的仁者爱人、以人为本、重视人伦人道的人文主义精神，乃是中华文明的优势与长处之所在。

二、中华文化"三教合一"的通变论

魏晋时期，随着东汉末年经济基础、阶级关系、政治制度和社会矛盾的发展变化，独尊儒术与儒道互补的文化格局已远远不能适应新的形势发展的需要。因为这种文化格局具有一定的封闭性和禁锢性，势必造成冷清沉默的气氛。同时，魏晋时期出现了我国历史上又一个百家争鸣、百花齐放、学术繁荣、文化复兴的新高潮，这种冷清沉默的气氛也被打破。于是，随着魏晋文化复兴的蓬勃高涨，魏晋三大思潮也先后勃然兴起，并为此后隋唐期间"三教合一"即三种教化世人的思想理念，于相互竞争、相互激荡中逐渐趋于合一的发展格局，奠定了坚实的思想基础。这里所谓三大思潮，即魏晋时期先后兴起的儒家的名理学、道家的玄理学、佛家的佛理学等。

首先是名理学，即名理思潮的崛起，不但昭示了名法思想在匡正汉代儒学弊端方面的重要作用，而且以其批判否定的形式肯定了儒家强调"正名"的必要，以及儒学在中国传统文化发展中的重要地位。魏晋初期，随着魏武名法之治的推行，以讨论才性问题与鉴识人物的抽象标准和抽象原则为主要内容的名理之学，便成为当时的一种新思潮而迅速兴起。它把名家细密严谨的名辨方法和法家"循名责实"的思想原则相结合，在讨论名实问题的基础上，对汉儒推行的"以名立教"即以儒家的政治观点、道德规范为标准设立的各种所谓教化的名分、名目和名节，在实际生活中出现的"名不副实"的种种弊端，进行了尖锐批判，指出汉时的用人制度未能达到"官无废职，位无非人"的理想境界。但这种批判只是针对"名实不符"，而对儒家的"名教"制度本身却持肯定态度。在名理学家内部出现的"四本才性"之辨，即是对儒家创始人孔子有关"生而知之"与"学而知之"言论的深入探讨。魏晋时期关中著名儒家学者傅玄，也在反对虚无放诞之风、提倡求真务实之学的基础上，主张"经纶政体，存重儒教，足以塞杨墨之流遁，齐孙（荀）孟于往代"，即"复兴儒学，回归孟荀"，并在其《傅子》《傅玄集》中，针对当时上层社会严重的奢靡浮华之风，明确提出"明法息欲""赏刑递用"等多种主张。应该说，他的政治思想已开了关中地区复兴儒学的先河。

其次是玄理学，即玄理思潮的崛起，更是从哲学角度对儒家推行"名教"制度的合理性所进行的一次尝试性的理论论证。玄理学是儒道相融或援道入儒的产物，是在儒学处于衰落的情况下，以"自然无为"的道家思想来为儒家"以名立教"的政治主张提供理论依据，并使之走向玄学化。在玄学家内部，"贵无派"领袖王弼，首先提出"名教出于自然"的哲学命题，认为儒家"名教"制度是从宇宙本体中产生出来的，即"有生于无""以无为本""以有为末"；"旷达派"代表人物嵇康、阮籍，则提出"越名教而任自然"的政治主张，用以反对司马氏集团推行假仁假义的所谓虚伪名教；"独化派"主帅郭象，其思想学说具有调和色彩，认为名教即是自然、自然即是名教；唯有"崇有派"裴頠，认为"物自生"而并"有之所须，所谓资也"，即事物是相互联系而不是彼此分割的，名教也是一定社会制度的产物。

最后是佛理学，即佛理思潮的崛起。佛教和佛学作为外来文化自东汉传入中国以来，一直受到种种冷遇和误解，为了实现佛教的中国化发展，其表现出极大的灵活性与适应性，它先是依附于方士道术，后又依附于魏晋玄学与老庄哲学，一直到了隋唐时期才真正形成中国化的佛教与佛学。因此，魏晋佛理思潮就是佛学与玄学的结合，用玄学与老庄哲学"无"的概念，来解释佛教与佛学"空"的思想，从而使其玄学化。这就是所谓"格义"或"合本"的方法，即用中国本土思想来解释外来佛教。后来西域高僧罗什大师译出《般若经》中的《大智度论》《中论》《百论》和《十二门论》等经卷之后，他的高足僧肇才据此（印度佛教原意）创立了"不真空义"佛学，但他的基本概念如"非有非无"等，仍来自玄学家的"本末""有无"之说。这说明，不但佛教的义理理念深受儒家"忠孝仁义"之说的影响，而且它的学理理念也无不渗透着道家的思想。

综上所述，我们可以看出，魏晋三大思潮的崛起，实际上就是儒释道三家在相互汲取、相互交融的基础上，对自身的丰富发展和充实提高。应该说，这是中华文明内部各主要文化要素之间的一种半整合状态或半整合过程，为隋唐时期"三教合一"的全面整合做好了准备、提供了必要的前提条件。这里，我们必须强调，如果没有魏晋时期三大思潮的融合发展，"三教合一"的互动格局也就很难形成。

隋唐时期，既是佛教走向成熟兴盛和中国化的重要时期，又是"三教合一"发展趋势愈加明显的关键时期。任继愈先生在其《唐宋以后的三教合一思潮》一文中说："三教合一，则是中国思想史、中国宗教史的发展过程和最终归宿。"① 正是在魏晋三大思潮勃然崛起的基础上，儒释道三家才能既相互激荡又相互融合，而后形成"三教合一"即三元互动的发展格局。这里，所谓"三教"已如前所述，是指三种教化世人的不同思想理念，并非三者都是宗教。比如，其中之一的"儒教"，汉代的儒学大师董仲舒将其称为"儒术"，而把"儒术"改称为"儒教"，并以之为三家排列次序，即"儒教为先，道教为次，佛教为后"的，则是北周武帝宇文邕。他在周武帝建德三年（574）灭佛毁道、深化礼治改革时，即将儒学作为汉化改革的思想武器，并大力推进"儒学教化"的重要作用。为此，他向群臣亲自讲解《礼记》，还一再提出"凡礼典所不载者，尽除之"。由此可见，他并不是把儒学当成宗教来看待的，而是着重强调儒学的教化意义和重要作用。

心性学说或心性思潮，乃是隋唐时期中国化佛教与佛学的一大文化特征。它是佛性理论，即众生觉悟之因与众生成佛的可能性因素，与儒家的心性思想相结合的产物。隋唐时期的佛教，除三论宗、唯识宗一味恪守印度佛教经典教条，无所创新之外，多数宗派，诸如天台宗、华严宗、禅宗等，都是结合中国传统文化和儒家心性思想而创立的，其心性理念虽然各具风格，但中

---

① 任继愈. 唐宋以后的三教合一思潮［J］. 世界宗教研究，1984（1）：1-6.

国化的色彩都甚为浓厚。比如，天台宗的"三因佛性"之"性具"说，以及通过"三智三观""三谛圆融"的心性修养，而后达到成佛境界的心性理念。再如，华严宗的"性起"说，认为"一真法界"世间，乃一切之本原，唯有"真如""佛心""佛性"修成正果者，始得觉悟。但"一真法界"之"总相"又分而为二，一是精神方面，称为"理""心"，二是物质方面，称为"事""尘"，而前者为本体，后者为现象。这样，包括理、心在内的"理法界"就是产生一切的"真空"之理；而包括事、尘在内的"事法界"则是待缘而起的"妙有"之象。这里，华严宗的基本范畴即"理法界"与"事法界"、"理事无碍法界"与"事事无碍法界"，就是华严宗打破佛教常规而首倡的佛学"四法界"。在华严宗人看来，世间一切皆是称性或待缘而起，而一切众生本来就不具有如来智慧，只要修养心性、离妄见真、尽心知性、称性而起，就能透过"俗谛"的"事"与"尘"，看到"真谛"的"理"与"心"。正是"理"与"心"，对宋明理学的形成有着重要作用。禅宗的心性学说更具中国化特征，认为众生的本性本来就是完满的、自足的、无所不有、无所不包，这即是"心生万法""本性是佛"，无论愚智，只要明亮其心，顿悟本性而无迷障，就能"立地成佛"。

我们再来看看道教是如何由烧炼金丹而转换为修炼内丹的。隋唐五代乃至宋元时期，道教的内丹道逐渐兴起并盛极一时。这是因为烧炼金丹的黄白之道即外丹道的弊端充分暴露，造成唐代诸如太宗、宪宗等六位皇帝及多位大臣，因服食金丹而中毒身亡的严重后果。于是，那些鼓吹炼丹的方术之士，不得不另觅求仙之术，转而在人体小天地中效法自然，且以存思、静功、气法为术，进行所谓内丹道的修炼。这遂成为丹鼎派教义的核心。金元之际，全真道崛起，在内丹之学的基础上，又融入禅宗"明心见性"之说，其以"三教圆融""识心见性""独全其真"为宗旨，故命其为"全真"。

对于儒家而言，心性说乃是孔孟儒学首先提出来的。孔子以仁者爱人为本，孟子则将其与"心""性"联系起来，以心中之"善"来解释"仁"，又把"善"看成是人的天赋本性。《中庸》又将心性理论系统化。但汉唐诸儒却重天道而罕言人性，只是在佛家汲取心性说以酿成佛教时代性的心性思潮反弹下，才再度重建自己的心性理论。中唐时期李翱的《复性书》，正是在韩愈《原性》之所谓"性三品"与"情三品"互动的基础上，提出"人之所以为圣人者，性也。人之所以惑其性者，情也"是"性情互动"的结果，以情欲"循环而交来"，致使"性惑""性匿""不能充"，而这并非性之过也。但是，要通过种种灭除邪情的方法，方能"复其性""归其源"。

综上所述，由于唐代佛教心性思潮的影响，也由于三教之间包容互动、互通互融，遂使道教至全真而转向、儒学至中唐而重建，其中的变革转化之思想理念，无非是"心性"二字，即心性的归向所指。儒曰"存心养性"，道云"修心炼性"，释言"明心见性"，亦即儒家教人顺从性命以成造化，道家教人修炼性命以得长生，佛家教人幻化性命以超大觉。三家虽殊，其道一也。此乃中国文化"三教合一"之必然发展趋势。

三、中华文化"大智若愚"的智慧论

"三教合一"的突出表现，则是"宋明理学"尤其是程朱理学这一中国传统文化的集大成者，在包容汲取中逐渐成为接续孔孟、发展孔孟的一种新的儒学形态。其实，从宏观的文化视野来看，宋明时期形成的三种基本理学思想文化形态，即以理为主的儒学形态、以气为主的儒学形态、以心为主的儒学形态，虽各有其不同特色，但都是中国优秀传统文化的智慧结晶。老子在《老子》中这样说："大智若愚，大巧若拙""大音希声，大象无形"，是说那些有智慧、有思想的人与事，看起来往往是大智慧得像大愚笨、大灵巧得像大笨拙、大声音却总是言论很少、大物象却总是没有形体，他们虽有丰富充裕的思想道德内涵，但却总是显得朴实无华而平凡木讷。用老子的这些话来形容中国优秀传统义化，特别是上述三种不同形态的新儒学，内在包含的大格局、大视野、大智慧、大气度，是非常恰当合适的。

首先，是以朱熹、二程（程颢、程颐）为代表的程朱理学的演变形成。程颢说："吾学虽有所授受，'天理'二字却是自家体贴出来。"（《外书》卷十二）又说："上天之载，无声无臭。其体则谓之易，其理则谓之道，其用则谓之神。"（《遗书》卷一）是说易、道的神奇变化，就是"天理"。但这里的

"理""道"却是形而上者，而与之对应的"器""气"（即阴阳二气）却是形而下者。天理若不配之以良心，那就无法落到实处。这样，也就引出了人性的善恶及其修养的方法问题。尽管说法不同，但二程都以人的气禀的不同来解释善恶，都认为必须通过"识仁"或"与理为一"的修养方法以"变化气质"。这里，二程在理学重要范畴"理"的基础上，确立了理学的思想框架。但需指出的是，程颢反对关中理学家张载在建构其以气为主的理学时，竟以"清虚一大"之"气"为"道"的哲学命题。

朱熹正是在二程确立的理学思想框架下，建构起他的"致广大，尽精微，综罗百代"的儒学思想体系。他远承孔孟（指仁义礼智），近接周（敦颐）程（二程）（指天理、太极），改铸老释（指道佛心性思想），吸纳张载（指阴阳之气），遂构筑起他的"理本气末"（包括"理一分殊""性即理也""心统性情"及"居敬穷理"修养功夫）的新的儒学形态，使儒学成为汲取佛学、超越佛学，具有哲理性、思辨性、层次性的一种主流意识形态与官方哲学。朱熹在构建以理为主的儒学思想体系过程中，始终采取了对内的开放性和对外的包容性态度，尤其是对来自印度的佛教文化的宽厚包容，更是充分说明中华文明对一切外来优秀文化遗产，总是善于汲取包容，为我所用。应该说，这既是中华文明的优良传统，也是中华文明的显著特色。但是，我们也应当看到，朱熹的儒学思想体系由于受佛家"性空"思想的影响，其哲学倾向与修持方法都有一些"空谈性命"，视"礼乐兵农，执射执御，鼓瑟会计"等经世致用之学为"末务"而置诸脑后的空灵色彩，尤其是"存天理，灭人欲"这一理学所要反复论证的核心命题，更是要求人们摒弃物欲，否定其与生俱来的自然欲求，使之生活在准宗教式的道德伦常"牢笼"之中。这不但与二程所说的"唯理为实""理者，实也，本也"的理学本体相悖，而且造成极其严重的后果，致使明代末期"朝庙无一可倚之臣，天下无复办事之官"。由此可见，当时的官场已腐败至极，无能至极。

其次，关中一代宗师张载，依据《易传》《周礼》中的义理与北方儒学经学求真务实的优良文化传统，构筑起他的以气为主的元气本体儒学思想体系。张载认为，气未聚而无形的状态，就是"太虚"，而"太虚"亦谓之气：

"知太虚即气，则无无。"（《正蒙·太和》）"太虚"是气的原初形态，聚散变化方成为万物："太虚无形，气之本体；其聚其散，变化之客形尔。"（同上）"太虚不能无气，气不能不聚而为万物，万物不能不散而为太虚。"（同上）这种聚散变化、升降沉浮、动静相感的气，又内在表现为"一物两体"："一物两体，气也。一，故神（自注，两在故不测）；两，故化（自注，推行于一）。"（《正蒙·参两》）其虚实动静、神秘离奇、运动变化的根本原因，是阴阳二气相互制约、运行不息而形成一定规律的"天秩""天序"，此即谓之"理"。所以，他说："万物皆有理，若不知穷理，如梦过一生。"（《张子语录》）

张载对《易》理的深入探索，其落脚点在于通过"穷理尽性"的修持功夫，以使人性本身能够达到"诚"与"圣"的境界。人性有与生俱来的"气质之性"与纯善本然的"天地之性"，前者有善有恶，后者则至善至诚。而要由前者达到后者，就要"穷理尽性"以"变化气质"。为此，要"大其心""养其气"，将依靠感官经验得来的"见闻之知"，提升为符合天道善性的"德性之知"。这样，张载的气本论儒学也就超越传统经学而向着心性、义理、道德修养领域深入发展，呈现出崭新的面貌。

这里，需要特别提出的是，张载的气本论儒学除了以气本论哲学反对佛教的"性空"思想之外，还强调施行"礼"教、以"礼"治国、经世致用，将北方儒学经学的务实传统与务实精神贯彻其中。应当说，这是张载关学的一大显著特征。

由于张载身处宋初战乱年代，又徙居陕西关中眉县，目睹关中经济衰落、百姓背井离乡的种种悲惨场景，便慨然上书主持西北军务的范仲淹，欲邀集豪士，夺回西夏侵地。但在一代名儒范仲淹的劝解指点下，张载又转而着力于充实自身，他不但读完《中庸》，还广泛涉猎释典、道藏及儒家经典，并以进士名义在京城讲《周易》，因言"法三代"之礼以治国理政，深得宋神宗赞许而被授以崇文院校书。所有这些，都为其构筑务实性的理学思想体系奠定了基础。

张载对宋明理学最高范畴"天理"的解释，就集中反映了他所要尽力弘扬的务实传统与务实精神。他在《经学理窟·诗书》中说："万事只一天理""天无心，心都在人之心。一人私见固不足尽，至于众人之心同一则却是义理，总之则却是天"。在《经学理窟·礼乐》中对礼（理）做出解释："礼即天地之德也。……盖礼之原在心，礼者圣人之成法也，除了礼天下更无道矣。欲养民当自井田始，治民则教化刑罚俱不出于礼外。"张载主张实行井田制固然是一种倒退，但他认为"礼即天地之德"，将"理"解释为"礼"，却甚有新意，也符合关中儒学的务实精神。在《经学理窟·学大原上》中，张载又说："学者且须观礼，盖礼者滋养人德性，又使人有常业，守得定，又可学便可行，又可集得义。"又说："学得《周礼》，他日有为却做得些实事。"这说明张载的务实精神是承自周公礼学的务实传统。

最可贵的是，张载在其"横渠四句"即"为天地立心，为生民立命，为往圣继绝学，为万世开太平"的思想基础上，提出了一个既讲"立孝""立德""立礼"，又富有"天人合一，民胞物与"思想的理想社会。他在《西铭》中说："乾称父，坤称母；予兹藐焉，乃浑然中处。故天地之塞，吾其体；天地之帅，吾其性。民，吾同胞；物，吾与也。"天下是一个和睦的大家庭，民众都是我的同胞，万物都是我的朋友。要尊老爱幼、关怀残疾、不悖惇德、讲求仁爱、知化善事、穷神继志。在这样的社会里，我活着，顺天道之自然；我死去，也宁静而坦然。这在当时来说，虽是一种空想，但张载那宽广的胸怀却鼓舞着一代有识之士去为实现自己的高远志向而努力奋斗。

最后，王阳明以心为主的心本论儒学，是经过多次论战后构筑起来的。宋朝的陆九渊是心学的开创者，朱陆之争乃南宋学术领域的一件大事，他们先后经过四次重大争论，陆九渊"心即理"的心本论儒学与朱熹"析心与理为二"的理本论儒学形成鲜明的对照，"发明本心"而不是"即物穷理"，乃陆九渊的核心思想。心学派别的集大成者王阳明，继陆九渊之后，将心本论儒学加以发展完善，方使其在宋明理学阵营中成为独树一帜的心本论儒学。

王阳明心学思想体系，主要由"心即理""知行合一""致良知"等三个核心命题组成。"心即理"是其心学思想的基础，他对"心"进行界说："身之主宰便是心，心之所发便是意，意之本体便是知，意之所在便是物。"（《传习录》）又说："心不是一块血肉，凡知觉处便是心"，由此反对朱熹将心与理析而为二。"知行合一"的命题则是针对时弊所下的一服良药，当时有人将知、行分为两件事，以为先知了，然后再行，但却是终身不行。而知行合一所强调的正是对"天理"的实践。"致良知"则是王阳明心学思想体系的核心，他说生平讲学只是"致良知"三个字。在他看来，"良知"是人心所固有的善性，因此人人都应该是善良的。但现实并非如此。这是由于除圣人外，一般人易被物欲所蔽，所以，"须学以去其昏蔽"，即须下一番"省察克治""致知格物"的修持功夫。

对于上述王阳明"心外无物，心外无事，心外无理，心外无义，心外无善"的心学思想体系，应当如何把握认识？这只能从他构筑其心学理论前后的言行来加以判断。而其关键是，34 岁的王阳明因疏救弹劾刘瑾的戴铣，被谪贵州龙场，与囚徒为伍。这种"居夷处困，动心忍性"的逆境条件，给予这位有志作为的年轻人以很大刺激，使其不得不求之于心，而自认为"道在是矣"。这即是"龙场悟道"，由此开始其构筑心本论理学体系的历程。

可以看出，"龙场悟道"乃是把握和认识王阳明心学实质的一把钥匙。其实，"龙场悟道"只不过是一个契机，背后有着深刻的社会根源：连年的战乱，民生的乏困，天下的不治，道德的沦丧等，所有这些归根结底乃"学术不明"是矣，致使"文盛实衰，人出己见，……使天下靡然争务修饰文词，以求知于世，而不复知有敦本尚实，反朴还淳之行"（《传习录》）。所以，要明亮学术，就要破除包括士大夫以及君主在内的所有人等心中之"贼"。那么，什么是王阳明所说的"敦本尚实，反朴还淳之行"呢？王阳明在《传习录·答顾东桥书》与《阳明全书·大学问》中，做出了明确的回答：实施唐虞三代的"仁政"，追求礼治二代的"土道"，像周公那样"明德""亲民"以治国，像圣人那样"以天地万物为一体""视天下为一家，中国犹一人"，建立"民，吾同胞；物，吾与也"的"大同"世界、"小康"社会。这才是王阳明"心"中所仰慕的，"注重实践，知行合一"的"天理"。

综观宋明时期正统理学家们，倾注其智慧之全力，尽心构筑起来的以理为主、以气为主、以心为主的三大派别新儒学思想体系，我们从其宏大的理论规模中可以看出，他们是在隋唐以来一直是佛教心性思潮独领风骚、高高居上的情况下，奋力推动以宗孔孟、卫道统、辟佛老、重建伦理、重建纲常为其理论旗帜的儒学复兴运动，并且取得了显著成绩。不仅彻底改变了"仁义不行，礼乐不作，儒者之辱"与早期儒学"长于伦理而疏于哲理，详于人道而略于天道"的致命弱点，使"仁义礼乐，治世之本也；王道之所由兴，人伦之所由正"这一儒者之道，重新成为治世之规、王道之本。而且，其理论思想的哲理化、思辨化、层次化及其逻辑结构模型的精密化程度，都有很大的提升。

尤其是整体新儒学范畴体系的形成，似乎具有某种现代性的色彩。像理、气、心三个范畴，各家各派都极为重视"理"的范畴，这样，就使宇宙本体论成为整个范畴体系的思想基础。而在宇宙本体与伦理的关系方面，新儒学又以逻辑推衍方法，从宇宙本体中引申出人性与人道，提出"性即理"、"天地之性"、人心的"良知良能"等，遂使人道（主体）成为整个范畴体系的中心环节。新儒学确立宇宙本体的目的，在于论证伦理纲常的合理性与"以理制欲、以理节欲"修持方法的必要性，这样，各家各派的不同修养功夫范畴体系，就成为上述两个逻辑环节的中介环节，同时，也是新儒学（理学）的最终归宿和逻辑终点。

上述儒学（理学）思维逻辑的层层推衍与范畴体系的精密内涵，以及儒学（气学）"务实求是，安心立命"的传统精神，儒学（心学）"知行合一，注重实践"的优良学风，二者"天人合一，民胞物与""天下为一家，中国犹一人"的人生社会理想，不但是中华优秀传统文化的智慧结晶，也为中华文化应对各种新的挑战（包括内外两方面）做好了准备。

四、中华文化"和而不同"的价值论

诚然，明清之际的二三百年间，由于中国文化透露出一种极为脆弱的启蒙熹微，遂使其出现最后一个高峰，并对欧洲 18 世纪的启蒙运动产生了一定的推动作用和影响，在其理性主义时代思潮的旗帜上留下了深刻的印记。但是，明清之际毕竟是横亘在传统与近代交界之处的一个特殊阶段，就其文化本质而言，仍属于农业文明的传统文化范畴，与欧洲启蒙运动新兴的工业文明不在一个等级上。所以，后来 1840 年发生的鸦片战争，由于西方列强的入侵，封建统治的腐败，中国不但败下阵来，而且逐渐成为半殖民地半封建社会，山河破碎，生灵涂炭，中华民族遭受了前所未有的苦难和屈辱。这使中华文化不但从顶峰跌入深谷，而且彻底改变了中华文化的发展格局，即由原来的东学西渐转变为近代的西学东渐与中学为体、西学为用的发展格局。从此，中华民族在屈辱的记忆中开启了近现代工业文明与近现代工业文化的伟大历程。

1840 年以来，中国近代文化的发展，虽然道路崎岖，步履艰难，但却始终是在告别中世纪、追赶世界文化潮流、逐步实现现代化的道路上前进。总体来看，随着中国社会内部变革求进的新生力量的增长，旧的封建传统势力的逐步被突破，以及西方文化的冲击刺激，中国近代文化的转型重建，实际上走着一条由器而道，即由物质层面到精神层面的渐进变革的路径。其间，在各种不同的阶级力量、政治势力和思想观点的新旧交锋嬗变中，洋务派、改良派和革命派的文化构建主张，具有一定的代表性和典型性，形成守旧、改良和革命三足鼎立的文化发展态势，反映了中国近代史上不同阶级的代表人物，在回应西方文化的挑战中所做出的努力。"睁眼看世界的第一人"林则徐、魏源等，为挽救时局，抵御外敌，先后提出"师夷长技以制夷""船坚炮利"等主张，接着洋务派也在内本外末的原则下，提出洋务自强运动的基本精神，因而"中体西用"即"中学为体，西学为用"，乃是中国近代史上第一个自觉回应西方挑战的文化命题。其态度明确，旗帜鲜明，有着深远影响。但正当洋务派忙于引进西方"坚船利炮"以强固中国传统文化之"体"时，改良派的维新变法却恰恰要触及此"体"。

1895 年，中日甲午战争遭受失败，民族危机空前严重。康有为等人上书光绪皇帝，反对签订《马关条约》，掀起变法维新的改良运动。改良派的变法维新运动虽与洋务派的洋务运动有所不同，但他们在政治上只是提出改革封建君主专制制度，实行君主立宪制，这实际上是一种请求开放政权的微弱要求。这种以妥协退让为特征的变法改良，必然彻底失败。

　　正当康有为、梁启超等人极力为君主立宪进行辩护，依旧做着保皇复辟的美梦之时，以孙中山为首的兴中会，于 1905 年 8 月在日本东京联合黄兴、陈天华在长沙成立的华兴会，以及蔡元培等在上海成立的光复会，成立了全国性的革命政党中国同盟会，提出"驱除鞑虏，恢复中华，建立民主，平均地权"的革命纲领。从此，资产阶级的民主革命派代替改良派走上历史舞台，时代的主流思潮与文化构建主张，也随之由缓进的改良主义转变为激进的革命行动。而革命派的激进行动及其所要建立的民主共和纲领，都集中体现在孙中山的三民主义之中。

　　孙中山以"民族、民权、民生"为主要内容的三民主义，是从物质、制度、思想等三个层面构建新文化形态的一种文化重建主张。所以，毛泽东曾经指出："旧三民主义在旧时期内是革命的，它反映了旧时期的特点。"作为帝国主义和封建专制主义欺压统治中国人民的必然产物，它以革命的手段推翻了满清政府，建立了民主共和。但是，由于中国资产阶级的软弱性，以及其所领导的民主革命的不彻底性，辛亥革命以出人意料的速度取得全国胜利，"然而实际上是悲惨地失败了"[①]。

　　中华民国成立之年，即是复辟与反复辟斗争更加激烈之时，中华民族仍旧处于危难之中。1919 年五四运动的爆发，则是中国反帝反封建的资产阶级民主革命出现的一种新形式，是民主共和后帝制复辟与军阀混战迫使人们回过头来对封建专制主义思想体系及其造成的严重危害，进行深入批判的同时，探索出的一种新的文化建设模式。所以，五四新文化运动以科学、民主为旗帜，以"救治中国政治上、道德上、学术上、思想上一切的黑暗"为目的，竭尽全力宣传民主主义新思想和新文化。特别是 1915 年 9 月创办的《青年杂志》（后改为《新青年》），以陈独秀、李大钊、鲁迅等人为领导者之后，新文化运动不断深入发展，出现种种文化重建的思想派别与政治主张，诸如"东方文化优越"论、"全盘西化"论、"科学民主救国"论等，在文化战线

---

　　① 李泽厚. 中国近代思想史论［M］. 北京：生活·读书·新知三联书店，2008：316.

和思想意识形态领域形成新的三足鼎立之势。

从文化转型重建的历史角度来看,民主与科学正是五四新文化运动的基本精神。这种希冀以民主来取代封建专制,以科学来扫除封建迷信,对统治中国社会几千年的封建专制思想体系进行批判清理,实质上是对我国明末清初启蒙熹微精神的一种继承与发扬,有着积极的现实意义。当然我们也不能否认,其中出现了一些形式主义的做法,伤及中国优秀传统思想文化,造成不良影响。但总体而论,五四新文化运动的启蒙熹微精神,也为中国近现代文化的发展指明了方向。

特别需要提出的是,自1921年中国共产党成立以来,中国民主革命不但有了新的领导力量,而且也逐步形成新的思想理论基础,即马克思主义与中国革命具体实践相结合的产物——毛泽东思想,从而根本改变了中国民主革命的整体面貌和发展前景。正是在毛泽东思想的直接指引下,中国人民经过14年的浴血奋战,不但取得了抗日战争和民主革命的伟大胜利,而且还迎来了中华人民共和国的成立。

1949年,中华人民共和国的成立,标志着中国文化自近代以来的转型重建已经进入一个新的历史时期,即全面建设社会主义的伟大时期。但"文化大革命"不但使党、国家和人民遭受严重的挫折与损失,而且也使社会主义新型文化体系的建设工作非但没有进展,反而使此前所取得的成就遭到彻底否定。正如《关于建国以来党的若干历史问题的决议》所说:"历史已经判明,'文化大革命'是一场由领导者错误发动,被反革命集团利用,给党、国家和各族人民带来严重灾难的内乱。"实际上,"文化大革命"对社会主义文化事业更是一次大规模的摧残,造成的后果是极为严重的。

1978年12月召开的中国共产党第十一届三中全会,重新确立了马克思主义的思想路线、政治路线和组织路线,将工作重点转移到社会主义现代化建设上来,从而为社会主义新型文化体系的创建开辟了新的航道,提供了极为优良的社会条件。20世纪80年代初期和中期,随着改革开放和商品经济的深入发展,出现了规模宏大的文化讨论热潮,对社会主义现代化文化体系的建构起了一定的推动作用。1982年召开的党的十二大提出"建设有中国特色的社会主义"的伟大思想，使新时期的文化建设工作在物质、制度、思想等三个层面，循序渐进地展开，并实现全方位的变革，为铸造有中国特色的社会主义理论和新文化，奠定了坚实的思想基础。改革开放以来，正是在具有中国特色的社会主义理论、道路的指引下，取得了社会主义建设的伟大成就，使中国的综合国力和人民的物质文化生活水平都有显著提高。

特别是党的十八大以来，以习近平同志为核心的党中央，更加自觉地以人的解放和全面发展作为远大目标，将具有鲜明真理性、深刻历史感与强大实践力量的马克思主义，和中国社会主义现代化建设与改革开放的具体实际，以及5000年来积累沉淀的中华优秀传统文化，紧密有机地结合起来，形成一种强大而战无不胜、攻无不克的精神力量。而这种科学社会主义思想理论，之所以能够深深扎根于中国的实践土壤，并取得伟大成就，根本在于中国优秀传统文化本身包含着社会主义理念的原始基因。我国古代的儒家圣人，早在2000多年前就于《礼记·礼运》中提出"大道之行也，天下为公；选贤与能，讲信修睦。故人不独亲其亲，不独子其子，使老有所终，壮有所用，幼有所长，矜、寡、孤、独、废、疾者皆有所养"的美好理想，追求小康社会和大同世界。

中华文化5000年的传承是相当丰富的，也是相当有大智慧和大格局的。中国传统文化中的"礼"、"义"、"仁"、"和"、以德服人等理念，"有容乃大""厚德载物"等文化胸襟和气度，都是人类文明的瑰宝。中国先贤在社会实践中所凝聚形成的独具特色的价值思想体系，至今仍焕发出强大的生命力。在这个价值思想体系的魅力链条中，集结凝聚着应对多种挑战、战胜多重困难的价值理念：仁者爱人、以人为本，天人合一、顺天应人，道法自然、执中贵和，自强不息、厚德载物，见利思义、义利结合，正心修身、追慕圣贤，贫贱不移、威武不屈，以和为贵、谐和相处，亲仁睦邻、协和万邦，修身齐家、志存高远，慎终追远、家国同构，华夷一家、国家统一。这种人文、人道、人伦、人本主义的价值理念和思想精神，一直是我们中华民族生存繁衍、永立于不败之地的根本，也是我们走向世界、走向未来的强大精神支柱和精神力量。

新时期以来，中国共产党一直高举中国特色社会主义理论旗帜，坚持中国特色社会主义道路实践，继承优秀传统文化精神和思想基因，以实现中华民族和中华文化伟大复兴的中国梦为动力，提出"两个一百年"的奋斗目标和远大愿景，带领全国各族人民苦干实干，一步一个脚印，从胜利走向胜利，取得辉煌成就，令世人瞩目，令世人赞叹！

2013年，习近平总书记提出"一带一路"的构想，将复兴我国古代丝绸之路的理念，变为推动全球经济复苏发展的伟大壮举，从而给彷徨中的世界提供了一个全新的经济全球化思路和发展模式，使参与的国家和国际组织在共商、共建、共享和政策沟通、设施联通、贸易畅通、资金融通、民心相通的基础上，通过互利共赢、区域合作、基础设施先行，实现可持续、平衡、包容增长。

2017年1月，在达沃斯世界经济论坛年会上，习近平总书记向济济一堂的世界精英说道："困扰世界的很多问题，并不是经济全球化造成的……导致这一问题的原因，是战乱、冲突、地区动荡。"并对新型全球化发展模式做出了简洁明了的解释：让不同国家、不同阶层、不同人群共享经济全球化的好处。

2017年5月14—15日，在北京举行的"一带一路"国际合作高峰论坛上，习近平总书记又在《携手推进"一带一路"建设》的演讲中，提出要将"一带一路"建成和平之路、繁荣之路、开放之路、创新之路、文明之路，推动"一带一路"建设行稳致远，迈向更加美好的未来。这是一个重新定义的全球化发展思路和模式，也是中国向全世界提供的公共产品。说明中国不但在经贸领域已经逐步引领世界走向共同繁荣，而且也将在思想文化领域引领世界走向和平和谐"多元互融互通"的人类文明之路。

可以看出，这里不仅将中华民族和中华文化复兴大业与经济全球化和世界文明多元融合发展结合在一起，使之相辅相成，相得益彰；而且也使中华民族与中华文化的伟大复兴，成为助推经济全球化和世界文明多元融合发展的强大精神力量。

附录六　20世纪中国文化传播中的文化自信

在近代中西文化交流史上，曾经出现过两次高潮：第一次是16—18世纪的明末清初时期；第二次是19—20世纪的后鸦片战争时期。在这两次中西文化交流中，虽然都是以早期西方殖民主义不断向东方扩张为目的，以贸易往来为文化交流传播的重要渠道和桥梁，但与此同时，大批西方传教士蜂拥而来，成为中西文化相互联系的先锋人物和中国文化的西方传播者。由于时代背景和文化势能的不同，其文化交流的内涵、态势、规模、结果也就完全不同。

一、明末清初时期的中西文化交流与传播

16—18世纪的明末清初时期，即从我国明朝末年万历年间西方传教士利玛窦、方济各、汤若望等人先后来华，至清朝中叶雍正、乾隆年间因"礼仪之争"即西方传教士不愿跪拜中国皇帝而禁止西教传入这段历史时期，大约两个世纪。

在这段历史时期，博大精深、历史悠久的中国优秀传统文化，已经走向它的最后一个高峰，达到积淀深厚、灿烂辉煌、绵延不断、全面成熟的历史阶段。资本主义萌芽在东南沿海、长江中下游和江西部分地区的缓慢发展，社会结构和社会风气的渐变，以及西学传入的刺激，在思想文化领域引起相应的发展变化。出现一批对封建君主专制制度和思想文化进行总结性、历史性分析批判的思想家，诸如王艮、李贽、黄宗羲、王夫子等。在他们对旧制度、旧文化的批判中，也透露出了中国启蒙思想的熹微。在科技领域，明清之际也是一个群星灿烂、人才辈出的时代，涌现出李时珍、徐光启、宋应星、李之藻、王徵等众多的科技巨匠。这确是一个"山雨欲来风满楼"的临近变革的时代。

但总体来看，我国明清之际是横亘在传统与近代交替之处的重要阶段。此前的中国传统文化已经发展到全部烂熟之境，并呈现出沉暮气象；此后的

中国和中国传统文化，由于受到列强殖民主义的舰炮轰击，则无可挽回地走向崩溃与解体，从而使中国历史和中国文化在极其悲惨壮烈的氛围中，开始走向近代的结构性的大转变。这样明清之际的文化，既有烂熟沉暮的一面，又有近代开新的一面；既有旧世纪"夕阳无限好"的一面，又有新时代"前头万木春"的一面。中国文化正是在明清之际由传统艰难地、一步一步地走向近代和现代。

这个时期的欧洲文化，则从十四五世纪开始，冲破中世纪神权与封建制度的黑暗统治，逐步"恢复"其古代的文化传统。一切皆得力、得益于资本主义经济的新的发展和宗教改革的大力推进，整个西方社会先后进入文艺复兴和启蒙运动，以及近代意义上的科学技术发展时期。这是西方世界正在经历的历史性大变动，也是包括经济、政治、社会、文化等在内的一次结构性的大演变。其实质就是西方世界正在由传统社会向现代社会全面过渡、由传统文明向现代文明全面过渡。

这个时期，先后东来的西方传教士，包括最早于1583年来华的利玛窦，都是受西方耶稣会或基督教会的派遣来中国进行传教活动，他们从一开始就与西方殖民主义的海外扩张有着密切的联系，意在把中国纳入西方罗马教会的势力范围。但宗教本身就是一种文化，宗教传播也就是一种文化的交流和传播。传教士们在中国发展教会，培植信徒，使西方基督教文化浸染中国大地，正如法国传教士白晋所说：要使中国人从感情和理智上倾向于我们神圣的宗教。

二、传教士采用"合儒"策略以儒典附会基督教义

西方传教士为了取得在华传教活动的良好效果，除了向中国介绍西方近代科学知识，诸如天文学、地理学、数学、力学、光学、实验仪器和水利、测量、机械等之外，采取的另一个重要策略，就是利用中国文化典籍特别是儒家经典来论证基督教义。因为儒家思想在中国特别是士大夫阶层中具有深厚的社会基础和巨大的神圣权威。为了成功地传播基督教义，传教士们无论如何是不能与儒家思想发生冲突的。所以，他们采取"合儒"的方法，即利

用儒家经典来附会、论证基督教义，如宣称儒家经典的"上帝"和"天"即基督教的"天主"是一样的，认为基督教的敬天爱人等同于儒家的忠孝廉节，基督教的"爱"即是儒家的"仁"等。

另外，西方传教士还不断投其所好，想方设法迎合中国人的儒家思想，允许入教者维持中国传统的祭祖祀孔习俗，认为这些礼仪与基督教的宗教仪式不相妨碍。与此同时，西方传教士还身着儒服，头戴儒冠，甚至在服饰装束上也处处学习和模仿中国士大夫阶层。其目的是要通过一系列"合儒"的方式，逐渐破除文化和心理上的传教障碍，以争取中国人特别是上层和士大夫阶层对他们的好感和信任。

为了达到"合儒"的目的，许多西方传教士还非常认真地学习汉语，研究儒家经典和有关中国学术思想等。但他们在学习中国文化的过程中，却被儒家经典所深深吸引、打动和感化。正如法国学者伊莎白尔·拉瑟拉在《欧洲人眼中的儒学教育》中所说："耶稣会的传教士们原想以外来者的身份、凭借其优势影响并进而改造一些人，但他们一旦接近宫廷，就改变了初衷，甚至反其道而行之。……然而，在读他们的作品时（指介绍中国情况的书信）会清楚地感到，……在他们满怀敬意的称颂中，都可明显地感到一种兴趣盎然的态度。"不仅如此，不少西方有名的科学家、哲学家和文学家，对传教士们寄回的有关中国情况和中国文化的诸多书籍和通信，感觉如获至宝，并将其作为他们构建西方哲学思想文化体系的一种宝贵借鉴和不可多得的思想资料。

这是因为明清之际的中国文化与刚刚走出中世纪的西方文化相比，正如费正清在《东亚文明：传统与变革》中所说："在总体上，中国文化由于它的悠久、它的成熟、它的特质优异、它的文化品位上的高层次，它的文化势能是强于欧洲和西方的；也还由于它的在总体精神上、在文化原型上，是迥异于西方的，所以存在很大的互补性，也存在能够激发西方文化在发展中的灵感和启发文化精英们的思路的能量的。"这就是说，明清之际，中国文化的高品位和高势能，即其内在蕴含的"文化自信"与文化类型的差异，在中西文化交流中具有互补性与借鉴意义。

三、朱熹"理学"对笛卡尔们"理性主义"之启示影响

明清之际，中华文化海外交流传播的一个突出特点，就是中国传统文化大规模、多渠道、多层次地传播到遥远的西方世界，并对那里的社会思潮、文学艺术、日常生活以及政治经济都产生了重大影响，促使中西这两大文化系统进行接触和交流传播，为世界文明的发展创造了新的契机和可能。比如在哲学思想文化交流方面，中国的儒家伦理及朱熹的以理为主的理学玄想，就曾对西方理性思潮的形成发展起到巨大的促进作用。

笛卡尔（1596—1650），是近代西方理性主义哲学思潮的开创者。他认为中国人和法国人与德国人一样聪明，一样具有"理性"和"靠得住的判断"。他还说他所致力宣扬的 reason 和中国文化中的"理"是一致的，这两个范畴都是两种文明的最高范畴。由此，笛卡尔认为，中国就是一个理性之国，在生活中、历史中、人们的心中、社会的各个方面都充满了理性。

马勒伯朗士（1638—1715），是笛卡尔哲学的后继者，是 17 世纪末 18 世纪初法国最有影响的哲学家之一。他在当时发生的中国士大夫与西方传教士之间的"礼仪之争"中，为了替西方传教士辩护，曾写过《一位基督教哲学家与一位中国哲学家的对话：关于上帝的存在和本性》一书。此书出版于 1708 年，并直接卷入"礼仪之争"。但耶稣会的人却撰文反驳，说他不该把无神论算在中国人的账上，并认为他在论述上帝的存在与本性上带有斯宾诺莎主义的无神论色彩。马勒伯朗士当年又发表了《奥拉托利故士马勒伯朗士所著〈一位基督教哲学家与一位中国哲学家的对话〉告读者书》，对他们的批评予以反驳。他认为中国人的"天下未有无理之气，亦未有无气之理"，即朱熹的"理本气末"之说，恰恰是斯宾诺莎的尤神论。总之，马勒伯朗士认为中国人是无神论者，因为中国人不相信有无限完美的存在体存在。从方法论上来讲，这种中西思想的比较研究，具有重要意义。它把着眼点放在对中国文化的定性和判断上，对后来西方思想家的中国文化与世界文化观念的产生形成，有很大影响。

哲学家培尔（1647—1706），是法国启蒙运动的先驱，主张对一切宗教采

取怀疑态度。他在《历史批判辞典》一书中，通过传教士提供的资料，明确指出了中国儒家伦理思想的无神论倾向，并认为中国的无神论比斯宾诺莎的无神论更为彻底。培尔又进一步指出，尽管中国人是无神论者，但他们却是一个可敬的民族。他还说，如果要在一个偶像崇拜者与一个无神论者之间做出选择，他宁愿选择后者而不要前者，因为无神论者（如在中国）能容忍不同的信仰，而偶像崇拜者则是狂热分子。

德国哲学家莱布尼茨（1646—1716）的"单子论"哲学的辩证思维，也与中国宋明理学家的理学思想有一定关系，正如他所说："中国人的理就是我们在上帝的名称之下所崇拜的至上实体。"李约瑟在《中国科学技术史》中也说："中国的世界图式经过朱熹和理学家们加以系统化之后，它的有机论的性质就通过莱布尼茨的媒介传入西方的哲学思潮。"莱布尼茨还十分亲切地说："中国使我们觉醒了""发现中国→欧洲觉醒"。这是多么令中国人感到兴奋的文化交流传播！由此可见，中国理学家的理学玄思，对西方启蒙运动思想家的理性思潮即理性主义的产生形成，有着重要的启示意义和作用。

四、《赵氏孤儿》对伏尔泰"道德理性"之启示影响

在文学美学领域，早在 1692 年，欧洲人就把"中国故事"搬上舞台，法国巴黎还建有一座中国娱乐剧院，演出《中国人》《法国的斯文华人》《中国公主》等。但中国文学在欧洲产生重大影响的事件，却首推《赵氏孤儿》的西译和流传。

《赵氏孤儿》是元代纪天祥所作的元曲。它是第一个传入欧洲，并在 18 世纪唯一于欧洲广泛传播的中国戏剧。全剧的法文译本是由来华传教士马若瑟于 1735 年翻译的，当时取名为《中国悲剧：赵氏孤儿》，其传入欧洲之后，不但引起评论家和戏剧家们极大的兴趣，也引起法国启蒙运动思想家与领袖人物伏尔泰（1694—1778）的殷切关注。伏尔泰曾把《赵氏孤儿》改编为五幕道德剧《中国孤儿》，并在巴黎上演，进一步刺激了戏剧家们对这部中国戏剧的兴趣。1759 年，英国演员和剧作家墨菲（1727—1805）依据伏尔泰的改编本再进行改编，也叫《中国孤儿》，并在伦敦德如瑞兰剧院上演，连演 8

场，颇获成功。

和伏尔泰一样，墨菲也把这部中国戏剧首先看作是一种道德剧，其序幕开头有一段出自思想家怀海德之手的开场白："今天晚上，我们诗人附着老鹰的翅膀，为了搜求新颖的品德，飞向日出的地方，从中国的东海之滨给咱们英伦之士勇敢地带回了一些孔子的道理。"伏尔泰和墨菲之所以改编《中国孤儿》，正是看中和赞赏该剧的"理性与智慧"，想以此来唤起英法国民对理性和献身精神的热情。

伏尔泰改编的《中国孤儿》有战争、有爱情、有道德，但主要是道德。所以伏尔泰在该剧名下又加了一个副题：五幕孔子的伦理。他着重于描绘臧棣（即原剧中以亲生儿子掩护赵家孤儿的程婴）这一角色，他说："臧棣应当像是孔子的后裔，他的仪表应当跟孔子一个模样。"实际上，伏尔泰以《中国孤儿》来表达他对中国文化的赞美和颂扬，他认为中国文化最合乎理性和人道，其力量与价值也令人甚为推崇与向往。这也是当时许多启蒙思想家共同的文化趣味和理性激情。

伏尔泰对孔子称赞备至。他在《哲学辞典》中说："我钻研过他的著作；我还作了摘要；我在书中只发现他最纯朴的道德思想，丝毫不染江湖色彩。"他还在《路易十四时代》中说："这位孔夫子，我们称为 Confucius，是一位在基督教创立之前约六百年教导后辈谨守美德的先贤古哲"，认为孔子"是第一批贤人之一。他推崇德行，不宣扬神秘主义"。在他看来，中国人的道德源于中国文化的理性原则。伏尔泰还称赞孔子的"己所不欲，勿施于人"的说法，是"纯粹道德"的最好体现。

伏尔泰之所以推崇中国人的道德，其目的在于论证一种独立于宗教启示的普遍道德的存在。他就是以中国宋明理学"理气关系"来论证其理性道德原则的实践意义，证明他的理性和道德都是"以自然法则为基础的"。

五、中国文学对歌德"世界文化"理念之启示影响

歌德（1749—1832），是中西文化交流史上的一位文化巨人，他生活在 18世纪后半期和 19 世纪前期。他生活的这个时代，洛可可风格已开始退潮，但

中国趣味和中国风格却渗透到欧洲大地的各个角落，成为欧洲人日常生活方式的组成部分。总体来说，歌德时代的欧洲仍然处于中国强势文化的影响之下。

歌德的父辈曾受过"中国热"的影响。德国法兰克福的歌德故居二楼主厅就名为"北京厅"，厅中陈设着中国式的描金红漆家具，墙上挂着印有中国图案的蜡染壁帔。歌德谈到少年时学画，"临摹那些中国的、富于幻想但又自然的花卉画"，说明歌德少年时代已经受到中国文化的濡染。当他在斯特拉斯堡求学时，还通过卢梭接触到了中国哲学，曾读过《大学》《中庸》《论语》《孟子》《孝经》等西方传教士传回的中国经典拉丁文译本。

1775 年，歌德到了魏玛，开始接触并研读了大量有关中国的文献。1777年，他在《伤感主义的胜利》一剧中，表达了对"中国风味的、以黄色为基色的五彩身段"的喜爱，并把"赏心悦目的中国式花园"与"哥特式的洞府、水榭和庭院"这样两种迥然不同的风景联系和并列起来。杜赫德的《中华帝国全志》在当时魏玛宫廷颇为流行。歌德于 1781 年时已读过此书，并在这年 1 月 10 日的日记中写到"……读关于神学之通信。啊，文王！"一句话，这是他在读该书关于中国西周文王的论述时发出的感叹，表达了他对周文王是"以德化民"之"理想君主"的羡慕惊叹。

同年 8 月，歌德又将《赵氏孤儿》改编成悲剧《哀兰伯诺》，这是一部被他的朋友席勒（1759—1805）称为可以"引导或敦促人通过作品本身而直探作家心灵的作品之一"。1796 年，歌德在与席勒的通信中，讨论了继《赵氏孤儿》之后中国又一部在当时欧洲影响较大的小说《好逑传》。《好逑传》是最早翻译成德文的中国长篇小说。席勒以它为蓝本，改编创作了一个哑谜式的中国神话剧本，取名为《图朗多》。歌德则评论说："阿尔托姆，神话般的中国皇帝！图朗多，爱打哑谜的公主！"认为此剧描写"奇异的北京"及"爱好和平、生活随便而幽郁的皇帝"，对德国舞台有很大价值。

1813 年，拿破仑在莱比锡大会战中失败，欧洲进入封建复辟的黑暗时期。此时歌德已 64 岁，对历史的倒退感到失望与厌倦，遂把目光转向东方。仅据魏玛公爵图书馆借书登记统计，歌德在此期间涉猎的有关中国的图书不下 44

种，内容包括历史、地理、文学、哲学等。其中如《马可·波罗游记》还多次借阅。

1827年，是当时已被人们称为"魏玛的孔夫子""魏玛的中国人"的歌德一生创作中最后一个兴旺时期的开端。这一年他接触中国文学作品最多。歌德不仅再次阅读《好逑传》，而且认为"诗是人类的共同财富"，预言"世界文学的时代已快到来"。他还阅读了中国诗体小说《花笺记》，并将附在后面的英译《百美新咏》中的《薛瑶英》和《梅妃》等转译为德文，发表于杂志上。歌德在晚年大量阅读与研究中国文学作品，获得不少启示与灵感，之后的创作深受中国文化的影响。例如歌德通过阅读元杂剧《散家财天赐老生儿》等，对儒家伦理与儒家提倡的孝道文化特别推崇，正如传教士卫礼贤所说："中国道德底出发点和他（歌德）的人类教育底出发点的相同。"

《中德四季晨昏杂咏》是歌德晚年诗歌创作的重要成果。该诗中有这样一句："视线所窥，永是东方。"杨武能在其《歌德与中国》一书中这样解读："它是歌德多年来孜孜不倦地学习中国文化的结晶，反映出了中国文学给予歌德的启迪和影响，反映出了歌德对于中国精神的理解、共鸣和接受。"可以看出，歌德是一位以全人类为同胞、以世界为祖国的胸怀博大的人道主义者。他不但熟悉阿拉伯文学、研读过波斯诗人的诗集，还阅读过古印度梵文诗人迦梨陀娑的诗剧《沙恭达罗》。60岁以后，他又倾心于中国文学，遂使整个世界文学都在他的视野之中。1819年，他完成了西方诗人写的东方诗集《西东合集》，诗中写道："东西两大洲/不能再分离了/谁是多识的人们呀/应明白这些吧/两世界互相研究/即是我的希望/东西互相联络/也是我的希望。"

诗人海涅说，歌德的《西东合集》是"西方寄给东方的一件礼物"。这里，歌德明确表达了一种文化比较和世界文化融汇发展的思想理念。他在不同场合多次谈到"世界文学"，他说："我坚信一种具有普遍意义的世界文学正在形成，而在未来的世界文学中，将为我们德国人保留一个十分光荣的席位。"歌德清楚地看到，一个世界性文化交流的新时代已经开始。20多年后，马克思·恩格斯在《共产党宣言》中也使用了"世界文学"这个词，并表达了同样的看法。也许这正是歌德这位文化巨人的最可贵之处。

六、后鸦片战争时期的中西文化交流与传播

19 世纪，西方列强加快了向东方殖民侵略的步伐。特别是 1840 年鸦片战争以后，作为"西学东渐"的一个组成部分，西方基督教在华传教事业再度发展起来，出现基督教第四次进入中国的高潮。这个时期，由于西方工业文明迅速崛起，世界文化的总体发展格局已发生根本性的变化，文化交流的态势也随之发生根本逆转，由原来东方文化大量向西传播变为西方文化大量向东输出。而这种变化的深刻意义，不仅仅是文化发展格局中地位的置换，而是反映了现代性的科学技术已经取代了传统的科学理念，人类历史的发展已经由农业文明进入工业文明。

诚然，19 世纪中华文化海外传播的规模、态势、力度和广泛性，都远远不如以前，特别是与明末清初相比，不如那时浩大强劲，而是走向式微与衰落。但是，中华文化毕竟是有着巨大潜力和生命力的一种不曾中断的古老文化，有着很强的文化自信，而且文化交流也有自己运作的特殊规律。所以，即使在 19 世纪西方霸权和西方文化中心主义的主导下，中华文化不但没有终止向海外传播，反而在世界各地尤其是西方世界，抛洒其多彩的余晖。

19 世纪来华的传教士与明清之际来华的传教士完全不同，他们大多认为可以凭借殖民者的大炮和不平等条约，用西方的上帝来"开导这个半开化的异教国家"，来征讨这个"自古以来被魔鬼占领的在地球上最顽固的堡垒"。"孔子或耶稣"，要么是孔子，要么是耶稣，两者必居其一。但是，他们却忘记了明清之际传教士利玛窦等人的"合儒"策略，即只有以儒家思想诠释、介绍基督教教义，才能在中国传播基督教思想文化，才能获取较好的成效。这就需要以认真学习、研究儒家思想，翻译介绍儒家经典为代价。为此，19 世纪不少来华的传教士，本意是为传播基督教而学习研究儒家思想，但却被儒家经典所吸引，成为中国传统儒家思想文化的西方传播者和赞赏者。就像德国传教士卫礼贤在中国传教 25 年，没有发展一个教徒，最后自己却成了法兰克福大学新设的"中国学"讲座教授。

七、西方传教士成为中国在欧美的精神使者

在 19 世纪来华的传教士中，对传播中华文化贡献最大、影响最大的是德国传教士卫礼贤。他本名叫理查德·威廉（Richard Wilhelm, 1873—1930），卫礼贤是他自取的汉名。他早年曾在图宾根大学学习神学和哲学。1899 年，作为传教士来到中国青岛，那时青岛还只是一个荒芜的小渔村。卫礼贤虽不会说一句汉语，但他很快发现："中国人乃是世界上最友善、最诚实、最可爱的人民。"他还发现，中国根本不存在需要他人去感化或惩戒的异教徒，相反，中国人倒是有着悠久而发达的值得尊敬的精神文化。这使他更加同情中国人民，更加热爱中国文化。因此，在中国生活的 25 年间，他对传教并不热心，却把主要精力放在办医院、办学校和学习钻研中国文化上。

辛亥革命胜利初期，不少清朝遗老避居青岛，卫礼贤与他们多有往来，其中包括康有为、辜鸿铭、劳乃宣等名流。后来，他被任命为德国公使馆学术顾问，又受蔡元培之聘，任北大德文教授。其间，他结识了梁启超、胡适等人，并与罗振玉、王国维、辜鸿铭等筹建了"东方学社"，以促进东西方之间的文化交流。1924 年底，他回国任法兰克福大学"中国学"讲座教授。1925 年，该校建成"中国学院"，由他本人担任院长。他表示中国学院"将成为沟通东西精神思想的桥梁"。中国学院为传播中国文化做了大量工作，例如举行年会，举办主题为"东方和西方"的文学艺术讨论会，举办中国书画展等。该院编辑出版的《中国学刊》很快成为德国乃至整个欧洲的中国学权威刊物。

卫礼贤对传播中国文化最突出的贡献，则是他对中国古代典籍尤其是儒家典籍的翻译介绍和对中国文化历史的研究。在中国生沽的 20 多年间，他先后翻译出版了《论语》《道德经》《列子》《庄子》《孟子》《大学》《易经》《吕氏春秋》《礼记》《家语》等。卫氏还翻译了辜鸿铭的《中国对欧洲思想的抵抗》《中德四季四时歌》《假新郎》以及《金花之谜——中国的生命之书》。正如德国作家黑塞在一篇纪念文章中所说："是卫译的中国经典，给我和其他许多人打开了一个新世界；没有这个世界，我们真不愿再活下去。"

《易经》是卫译中最享盛誉、"具有特别大影响力"的译著，是在清末名儒劳乃宣（1843—1921）的指导下研读翻译的。卫氏穷十年之功，钻研并翻译《易经》，他在译《易经》论文中说："中国思想学说的基础在于《易经》，老子的道教和孔子的儒教一样均源于此。……三千年最成熟的生活的智慧渐渐集中在围绕着本文的注解和诠释上。而其对东方思想生活的影响一直存在到今天。"卫译《易经》还先后转译为英文、荷兰文、法文、西班牙文等，在欧美流传甚广。

卫礼贤还是一位著述宏富的中国学家。他潜心学习研究中国文化，出版十余种专著，有《孔夫子在人类杰出代表中的地位》《中国人的生活智慧》《中国：国土与自然》《孔子的生平及著作》《老子与道家》《中国之魂》《孔子与儒家》《中国文学史》《东亚，中华文化圈的变迁》《中国文化史》《中国哲学》《中国经济心理》等。其中《中国之魂》一书，不但揭示了"中国精神"，而且提出"东方与西方不可分离，应当携起手来，相互取长补短"，即通过中西合璧以形成世界文化。这是卫礼贤所追求的自莱布尼茨和歌德以来德国哲人大力提倡的"世界文化"的文化理想。

19 世纪西方传教士中，英国的马礼逊（Robert Morrison，1782—1834）在中西文化交流上最重要的贡献是编译中西文字典。1807 年，25 岁的马礼逊从神学院毕业，被伦敦教会派遣来华。他以十多年的艰辛劳动，于 1822 年出版了《英汉字典》，合计 4595 页，仅从《康熙字典》中收进的汉字并加以英译的就达 4 万余字，开了近代传教士编译中西文字典之先河。

另一位英国传教士理雅各（James Legge，1815—1897），在翻译介绍儒家经典和研究儒家思想方面，成绩最为显著。他在《中国经典》中说："孔子是古代著作事迹的保存者，中国黄金时代箴言的诠注者、解释者。"他翻译有《论语》《大学》《中庸》《孟子》《春秋》《礼记》《书经》《孝经》《易经》《诗经》《道德经》《庄子》等，合成 28 卷的《中国经典》。他的翻译工作得到中国学者王韬很大的帮助。王韬在《送西儒理雅各回国序》中说："嘉庆年间，……理君雅各先生……笔东游，注全力于十三经，……书出，西儒见之，咸叹其详明该洽，奉为南针。"回国后，理雅各于 1876 年受聘为牛津大学

"中国学"讲座教授。讲授"中国学"20 年，培养不少"中国学"专家。

美国的卫三畏曾担任《中国丛报》的印刷者、发行者和编辑工作，费正清称其为"一个天才的业余历史学家"。他在担负《中国丛报》的工作之外，还致力于对中国历史和现实文化进行研究。1848 年，他的主要著作《中国总论》问世。此书系美国人写的第一部介绍中国历史文化的学术性著作。卫三畏在该书中，对孔子及儒家学说进行了热情赞美："孔子的著作同希腊和罗马哲人的训言相比，它的总旨趣是良好的，在应用到它所处的社会和它优越的实用性质，则超出了西方的哲人。……四书五经的实质与其他著作相比，……除了《圣经》以外，是任何别种书都无法与之匹敌的。"卫三畏在中国生活了 40 多年，于 1876 年回到美国。回国后，他在耶鲁大学执教，成为美国第一位主持"中国学"的讲座教授。在他的主持下，该校创办了美国第一个汉语教研室和东方学图书馆，对"中国学"的形成发展有着重要作用。

附录七　德国哲人莱布尼茨与中国文化的不解之缘

　　悠悠两千年的古老丝绸之路，曾经盛开着一枝艳丽多彩的中欧与中德友谊之花，令人赏心悦目，感叹不已，久久难以忘怀。这就是德国哲人莱布尼茨与中国文化结下的深厚情缘，并在中国文化的深刻影响下，使之成就了科技创造发明的学术伟业。所以，利奇温在《十八世纪中国与欧洲文化的接触》一书中说："认识中国文化对于西方文化发展的重要性，莱布尼茨实为第一人。"

　　莱布尼茨（1646—1716），是 17 世纪末 18 世纪初德国最重要的哲学家，历史上少有的渊博学者和科学巨匠。他是微积分发明人之一，曾提出建立一种"普遍符号语言"的设想，并在这方面做过许多工作，为数理逻辑的建立开辟了道路。在物理学、法学、史学、比较语言学、图书分类学等多门学科方面，都做过研究，并有不同程度的贡献。他的"单子论"哲学为其在西方近代哲学史上确立了一代宗师的地位。

　　莱布尼茨年轻时就与中国文化有所接触，此后他似乎与中国文化结下了不解之缘。20 岁时，他就阅读了施皮策尔的《中国文学评注》，书中提到阴阳、五行、《易经》、算盘和炼丹术。后来又读了克察的《中国文物图志》。1666 年，莱布尼茨出版了《论组合的艺术》一书，使之成为数理逻辑或符号逻辑的开创者，这一观念的刺激因素是汉字的会意特征。1669 年，他写了《关于奖励艺术及科学——德国应设立学士院制度论》一文。在文中，他建议把中国和中国文化研究，列入德国学士院中，这是欧洲学术界第一次提出把"中国学"列为研究学科，纳入国家研究院中。1676 年，他在汉诺威图书馆任职时，开始研究孔子学说。1687 年，柏应理的《中国哲学家孔子》出版不久，莱布尼茨便仔细阅读。

　　1689 年，莱布尼茨访问罗马时，遇见刚从中国回来休假的耶稣会士闵明我，进一步加深了他对中国文化的兴趣与研究。此后，两人交往甚密，书信往来频繁。从交往和通信中，莱布尼茨获得了许多有关中国和中国文化的知识。莱布尼茨非常珍惜与闵明我的学术友谊，说这"对于一个求知好学的人来说，没有其他任何事情能够比拜望并且亲耳聆听一个人向我们讲述埋藏于远东已经长达许多世纪的珍宝和奥秘更加令人渴望的了"。

莱布尼茨对中国和中国文化有着极其广泛的兴趣。他曾在写给闵明我的信中，附了一份问题目录，这份目录包括他提出的 30 个问题，足见其求知热情之高和对中国兴趣之大。这同当时欧洲思想界普遍存在的情况一样，莱布尼茨主要想通过耶稣会士们发回的通讯材料，获得更多有关中国和中国文化的信息。1679 年，莱布尼茨编纂出版《中国近事》一书，收录了在华传教士关于中国与俄罗斯关系的报告和信件，是当时欧洲人了解中国很有参考价值的文献资料。莱布尼茨还将西方传教士白晋的《康熙大帝》，亲手译成拉丁文，同康熙帝像一起收入 1699 年出版的《中国近事》第二版中，并写了长篇序言，表达中国文化对激励和促进欧洲文化发展的重要意义。

直到晚年，莱布尼茨对中国和中国文化仍是情有独钟。1715 年 4 月 1 日，即他去世的前一年，他还给当时法国摄政顾问德雷蒙写了一封《论中国哲学》的长信，全面阐述了对中国哲学的看法，批评一些人指责中国人是偶像崇拜者与中国哲学的无神论倾向。

莱布尼茨与中国文化的接触，使他体悟到中华文化的博大精深与无尽意蕴，并在其哲学思考与哲学建树的历程中，留下了受中国思想影响的痕迹。他以理性主义者的眼光和视野，审视世界文化大局，敏锐地洞察到中华文化的冲击和影响，将对欧洲文化的革新和发展起到不可低估的重要作用。因此，他作为一位百科全书式的伟大科学家，大力推动和促进中欧文化交流，希望遥远的东方文化智慧，给欧洲大陆注入新鲜空气、刺激力量和启发心智的灵气。

一、称赞儒家德治思想与"礼乐"文明秩序

莱布尼茨有关中国的评论，充满着激情的赞誉和仰慕。他在中国发现了一片崭新的文化天地，漫游其中而流连忘返，情不自禁。他在《致雷德蒙先生的信：论中国哲学》中，这样介绍中国和中国文化："中国是一个大国，它

在版图上不次于文明的欧洲，并且在人数上和国家的治理上远远胜于文明的欧洲。在中国，在某种意义上，有一个极其令人赞佩的道德，再加上有一个哲学学说，或者有一个自然神论，因其古老而受到尊敬。这种哲学学说或自然神论是从约三千年以来建立的，并且富有权威，远在希腊人的哲学很久很久以前。"

他说在日常生活以及经验地应对自然的技能方面，中国人与欧洲人是不分伯仲的；在思考的缜密与理性的思辨方面，虽欧洲人略胜一筹，在数学方面亦比中国人出色，但中国人的天文学可以和欧洲人比美。然而，在道德修养方面，中国人则远远高于欧洲人。他在《中国近事》中说："谁人过去曾经想到，地球上还存在着这么一个民族，它比我们这个自以为在所有方面都教养有素的民族更加具有道德修养？……在实践哲学方面，即在生活与人类实际的伦理以及治国学说方面，我们实在相形见绌了。"

莱布尼茨指出，中国人较之其他国民是具有良好规范的民族，可以对其他民族起到典范作用。因此他认为，应把裁定哪个民族最杰出的"金苹果"交给中国人。在他看来，中国的道德和政治，是以儒家为中心的仁政德治模式和以"礼"为调和剂的社会关系原则。在他的理性主义眼光审视中，中国社会正是一个由"理性"创造的和谐王国。他认为中国的儒学仁政德治模式，为欧洲社会的现实带来理想之光，他说："我担心，如果长期这样下去，我们很快就将在所有值得称道的方面落后于中国人。……我想首先应当学习他们的实用哲学以及合乎理性的生活方式。"

由此，他主张大力加强与中国和中国文化的交流，以"交流我们各自的才能，共同点燃我们智慧之光"。莱布尼茨在《中国近事》中还说，位于欧亚大陆两端的欧洲和中国，拥有最伟大的文化和最发达的文明，应当携起手来，使它们之间的各个民族都过上更为符合理性的生活。因为"东方和西方的关系是具有统一世界的重要性的媒介"，所以，莱布尼茨说，我们发现了中华民族、儒家伦理与仁政德治模式，以及他们那种独特的"礼乐"文明秩序，它使我们觉醒了。

二、莱氏"单子论"哲学与中国"理学"玄思

中国文化对莱布尼茨哲学思想的形成发展，也产生了一定的积极影响。利奇温在其《十八世纪的中国与欧洲文化的接触》一书中说："他（指莱布尼茨）的单子学说，在许多方面和代表中国生活的三大派——老子、孔子及中国佛学所表示的'道'的概念，有很可惊异的一致的地方。所谓'先定的和谐'，在中国则有所谓天道。莱布尼茨亦如中国圣人一样，相信实体的世界是一个整体，是精神实体的不断继续充实提高。两者对于先定的和谐的信仰和对于天道的信仰，产生了无限的乐观精神。莱布尼茨与孔子都认为宗教的精义（包括基督教），在于实际生活中。……宗教的目的，在于教育群众，使他们的举动符合社会的利益。它与孔子所谓'道也者，入德之门'，意思十分相近。两者都是认为品德就表示快乐，为善最乐，亦即一切思想的崇高目的。"这说明莱氏的"单子"哲学，是在深受中国"三教合一"思想和儒家"中道和谐"理念的影响后形成发展起来的。

莱布尼茨的哲学思想体系，通常就叫作"单子论"或"前定和谐系统"，亦即"单子"哲学。莱氏认为，宇宙间"单子"的数目是无限的，但每个单子都是一个"不可分的点"，全部单子构成一个连续的整体，它们之间的关系是自然和谐的，虽各自独立发展，但始终保持着一致性与连续性。莱氏的"单子论"是针对欧洲笛卡尔和其他机械唯物论提出来的。他认为世界是一个庞大的活的有机整体，而这种有机体的"单子是有机主义在西方哲学舞台上的第一次露面"，有打破机械唯物主义而进入辩证的、有机的、综合的辩证思维的重大意义。

莱氏的这种"单子论"或"前定和谐"的有机哲学，其辩证思维的基本观点也与中国宋明理学家的思想有着一定的关系。李约瑟在《中国科学技术史》中说：他的单子思想确实受到"具有中国特色的有机论世界观的激发"。莱氏自己也说："我看不见有什么能阻止我们来赞成中国人的经典学说"，因为"中国人的理（指朱熹所讲的理）就是我们在上帝的名称之下所崇拜的至上实体"。在分析朱熹关于"理"与"气"的论述时，莱氏提出朱熹的"理"

是万物的精华、精力、力量和主体，一般意味着精神实体。他还说，"理"被称为天的自然规律，这个天的规律就叫作"天道"。莱氏似乎已经意识到他的单子说有机主义世界观与中国理学家朱熹的理学思想有许多吻合之处。

正由于此，李约瑟认为，由于受到中国理学家思想的启发，莱布尼茨对欧洲思想做出了独创性的崭新贡献，而"中国的世界图式经过朱熹和理学家们加以系统化之后，它的有机论的性质就通过莱布尼茨的媒介传入西方的哲学思潮"。李约瑟又说："自 17 世纪开始了克服欧洲神学活力论与机械唯物论之间的二律背反而作的综合努力中，欧洲至少有负于中国的有机自然主义的是一种非常重要的刺激。……也许，最现代化的'欧洲的'自然科学理论基础应该归功于庄周、周敦颐和朱熹等人，要比世人至今所认识到的更多。"

对此，日本学者五来欣造在其《儒教对于德国政治思想的影响》一书中也说："（莱布尼茨）对于儒教的赞美，有时竟超过了赞美的领域，而到了狂热之境。"他"借助于儒教，以实行其学说，所以儒教是莱布尼茨学说的一部分，在这一点上，我们也可以说儒教不仅使莱布尼茨蒙受了影响，也使德意志蒙受了影响"。

三、莱氏"二进制"系统与《易经》"六十四卦"

莱布尼茨与来华传教士白晋的通信中关于《易经》的研究，"是中国与欧洲的学术交流中最引人注目的例子"，因为莱氏作为一位伟大的数学家，在他的数学成就中，最主要的发现之一就是"二进制"算术或"二进制"系统。

"二进制"系统是最简便的数字记数法。它只用两个符号，即空位用 0 表示，实位用 1 表示，运算方法是逢 2 进 1，而非"十进制"的逢 10 进 1。莱布尼茨于 1679 年写了一篇《论二进制算术》的文章，是对二进制的最早描述。此后长达 6 年时间，他一直与当时还远在中国的传教士白晋相互通信，谈到了《易经》中的六十四卦等问题。而且，正是白晋建议他将《易经》六十四卦原理，用到数或代数的证明中去。以阴爻（— —）表二进制中的 0，以阳爻（—）表二进制中的 1，如此，从第一卦到第六十四卦，正好与从 0 到 63 的二进制相吻合。由此便引进了"位"的概念，以增大两个符号的容量，表示成二倍递增。这样莱布尼茨就自称是能读懂《易经》的德国人了。

1715 年，莱氏在他致德雷蒙的那封有关中国哲学的长信的第四部分，以《论中华帝国创始者伏羲氏在其著作中使用的字与二进制算术》为标题，回忆了他和白晋传教士发现《易经》与二进制关系的详细过程。莱布尼茨说：

> 《易经》也就是变异之书。在伏羲氏之后的许多世纪，文王和他的儿子周公，以及之后著名的孔子，都曾在 64 个图形中寻找过哲学的秘密……这恰恰是二进制算术。这种算术是这位伟大的创造者所掌握而在几千年之后由我发现的。在这个算术中，只有两个符号：0和 1……当我把这个算术告诉尊敬的白晋神父时，他一下子就认出来伏羲的符号，因为二者恰恰相符：阴爻"－－"就是 0，阳爻"—"就是 1。这个算术提供了计算千变万化数目的最简便的方式，因为只有两个。

莱氏的这一发现，也充分说明《易经》的变异之道，实际已经蕴含着中国人在远古时代就对零和位置有某种程度的理解。但莱氏除了发展二进制算术之外，他也是现代数理逻辑的创始人和计算机制造的先驱。

罗素曾经说过，莱布尼茨是"一个千古绝伦的大智者"，这位百科全书式的人物在世界文化史上有着重要地位。经他的理解和宣传介绍，中国文化的影响必然会延伸到历史之中。如前所述，他对中国社会礼治秩序和道德生活充满激情的赞誉，直接影响到法国启蒙思想家对中国文化的理解，并引申为对欧洲中世纪封建专制主义和宗教神学的批判；他对西方机械论世界观的批判和他所提出的有机主义哲学，也是从朱熹思想"理"与"气"的相互转化关系中得到启示的，而这一有机主义哲学，又成为德国古典哲学辩证法思想的起源，并从此开创了西方现代哲学的有机自然主义的优良传统；他的二进制算术，则直接启发了现代的电子计算机和数理逻辑。

在莱布尼茨的同代人中，还有两位很有名的人物直接接受了他受中国文化影响这一事实，而这两位都是他的学生。一位叫佛朗克（A. H. Francke），他因读莱布尼茨的《中国近事》而受感动，并与他经常通信，讨论中国文化，还在哈雷大学讲东方语言、开汉语课等。

另一位是沃尔夫（Wolff Christian，1679—1754），他是莱氏理性主义哲学的继承者，将其思想系统化，建立起彻底的形而上学体系。1721年，沃尔夫发表了《关于中国人道德学的演讲》，盛赞孔子的道德学说，认为孔子的学说与基督教的道德并无冲突。但哈雷大学是新教势力范围，不能接受他这样的观点，学校报告普鲁士国王，下令解除他的职务，反而使其名声大振。1740年，腓特烈帝王只好召回沃尔夫，并恢复其哈雷大学教授职务。

其实，在沃尔夫的哲学思想体系中，孔子所说的道德问题是其主要内容之一，他从理性主义出发，主张人生的目的在于奋勉精进，成为完人，并以此讨论中国的道德问题。为了充实他的演讲内容，他曾仔细阅读过传教士卫方济1711年在布拉格出版的《中国六经》一书，此书全译《四书》《孝经》《幼学》，注释也较详细。所以，沃尔夫在其演讲中说："在这本书里，我们可以发现中国哲学的真正基础。"

当今的"一带一路"倡议和正在大力推进的沿线基础设施建设，已完全不同于2000年前张骞"凿空"的古丝绸之路，它是经济全球化、人类"命运共同体"时代背景下的必然产物，是古丝路精神的传承和弘扬，也是中华民族和中华文化伟大复兴的一个重要组成部分。作为欧亚大陆两端的德国与中国，拥有最伟大的文化和最发达的文明，在当今全球化的宏大历程中，顶住"反全球化"逆流和贸易保护主义，又一次于经贸、人文等领域，携手合作，并肩前进，互学互鉴，互联互通，必将取得经济、贸易、金融、科技、人文等诸多方面的更大成绩和更多收获，也必将为"多元互融"的世界文明新发展做出更大更突出的贡献。

附录八 传承弘扬周公礼学思想的历史与现实意义

西周建国初期，面对殷族在人口与文化方面的优势力量，为了巩固西周王朝，强化地方政治势力，稳定社会秩序，周公除了采取分封同姓与异姓诸侯，营造洛邑成周，形成政治重心东移，并着手"制礼作乐"建立典章制度之外，曾先后于成周、宋、卫等地，对殷商贵族与殷商遗民集中进行治理，持续而又大规模地实施"德政礼治""敬天惠民""道德天命论"的思想教化举措，用以彻底改变殷商时期长期形成的"神鬼崇拜"与"敬神远人"的文化恶习与政治生态。

据《洛诰》《君陈》《毕命》诸篇记载，这一实践教化举措，从周武王执政时期即已开始，"既历三纪"，贯穿于"成康之世"，并由周公、君陈（周公的二儿）、毕公（四朝元老）"三君协心"先后居洛治洛，采取"引养引恬""式化厥训"，即一边教养、一边安抚，一边感化、一边训导的方法，经过"周公克慎厥始，君陈克和厥中，毕公克成厥终"这样三个发展阶段，始达"世变风移，四方无虞""政由俗革，不臧厥臧"，即善政随着风俗的转移而得到改变，百姓中的好人好事也不断得到表彰鼓励。这一宏大而又持久的社会实践和礼乐教化活动，在中国文化史上产生了深远的影响。

首先，它冲破殷商时期"神鬼崇拜"的神权束缚，开启了人的精神，拓展了人的德行与智慧，把对人事与世俗的关注置于重要位置，这为先秦诸子特别是儒家思想的形成发展提供了重要的实践与理论依据。孔子正是由此出发，开始对人的精神，对人的德行与智慧，对人的社会伦理关系，做出了深刻的阐发，以全形成他的"仁者爱人""泛爱众"的"仁学"思想。孟子则从周公的德政礼治社会实践中，提升、概括出"民本"思想、"仁政"思想与先王之道的"王道"精神。孟子说："文王之德，……武王、周公继之，然后大行"，遂使道德与礼仪成为统一天下的重要力量。荀子则从周公的"礼治"思想中，提炼出"隆礼明法"的治国理念。此外，道家的自然人性思想，墨家的"尚贤"思想，法家的"法治"思想，无一不是从周公的礼学中得到启迪而后发展起来的。汉唐时期的明君贤臣，也大多汲取周公礼学思想与礼乐教化的治国理念，并在新的形势下重组重建符合时代需要的新的汉唐文化。

其次，在中国文化史上，周公的道德天命论首先提出并理性回答了有关"天人哲学"这一中国传统文化的基本命题。在周公看来，"皇天无亲，惟德是辅；民心无常，惟惠之怀。为善不同，同归于治；为恶不同，同归于乱"（《尚书·蔡仲之命》）。是说上天不亲近谁，也不疏远谁，只辅佐那些贤德之人；老百姓的心中也没有常主，只归向他们所爱戴的君主。人们行善的方法不同，但都同归于天下大治；人们为恶的方法不同，但也同归于国家大乱。

为什么民心所向与天辅贤德有着同样的价值取向？因为"天视自我民视，天听自我民听"，而"民之所欲，天必从之"（《尚书·泰誓》）。上天只听从民之所言所行，喜民之所喜，恶民之所恶。所以，君主只有勤奋于人事，尽心于世俗，施善政于百姓，以此来认识天命，把握天命，体察天命，方能获取天命的眷顾与保佑。这里，周公不但提出了天人哲学的基本命题，而且在天人共生、天人共存、天人互动与天人合作的基础上，合理地回答了"天人合一"这一中国传统文化的核心问题。

周公的"道德天命"思想，在中国文化史上开了有关深入探讨天人问题的先河。首先，楚国诗人屈原在其长诗《天问》中，"援天命以发问"，提出170多个问题，包括自然现象、神话传说和历史人物，反映了作者对天人关系极为深刻的探索精神。战国末年的赵人荀子，也在其《天论》中提出"制天命而用之"的人定胜天的思想，对破除所谓"星坠木鸣"之说，有着积极意义。唐人柳宗元的《天说》与刘禹锡的《天论》，也针对韩愈的"天命说"提出了"天人交相胜"的基本观点。

再次，从周礼的起源与功能来看，孔子虽然说过"周因于殷礼，所损益，可知也"，但在几千年后的今天，由于资料的缺失，我们仍然所知甚少。郭沫若在其《十批判书·孔墨批判》中这样说："大概礼之起源于祀神，故其字后来从示，其后扩展而为对人，更其后扩展而为吉、凶、军、宾、嘉的各种仪制。"这种礼有三变的功能之说，即祀神祈福功能、敬重人事功能、和谐社会功能，与《周官》中将"掌邦礼"之"宗伯"的职责概述为"治神人，和上下"，即祭祀天帝、敬重人事、和谐尊卑贵贱等级差别之间的关系、协调天人之间的关系的说法基本一致。由此可知，周礼虽然继承了礼祀神的传统，但却"忠人事而远鬼神"，将敬重社会人事、和谐官民上下作为礼仪制度的主要功能，这大概正是中国文化史上未曾发生像西方那样大规模宗教狂热的政治思想根源。

另一方面，周礼保留了祀神祈福的吉祥之礼，并将其置于"五礼"之冠，这也为后人的宗教信仰自由保留了存在与发展的空间。汉唐时期，人们之所以能够传承土生土长的道教，接纳外来内融的佛教，不能说与此无关。

最后，在今天经济全球化的条件下，对我们来说，周公礼学仍然有着重要的借鉴意义。无论在对内方面端正"执政为民"的执政理念，改进"服务于民"的执政方法，反对贪污腐败，关注民生大计，也无论在对外方面坚持和平发展，坚持王道思维，弘扬王道精神，凝聚东方普世价值，反对西方霸权思维，反对穷兵黩武，都有着重要的现实意义。

为此，特提出以下几点建议：①从建设文化大省与复兴民族文化的需要出发，应加大对周公思想与西周礼乐文明的研究与宣传力度；②建议在省历史博物馆前设立周公铜像；③将宝鸡周公庙打造为省内最重要的旅游景点之一，并由西安市统一管理，形成周秦汉唐源头文化、源头思想的管理体系与旅游秩序。

跋

本书力求对华夏文化之根基、儒道思想之源头、中华优秀传统文化之生成，以及其双线纽结整合模式之结构特征，有一个全面清晰的认识和概括，为我们坚持文化自信提供必要的思想理论依据。

首先，本书力求阐明《诗》《易》《书》是华夏文化之根基的道理。周公在《尚书·周书·康诰》中说："用肇造我区夏，越我一、二邦以修我西土。"意思是说，我们要到中原华夏地区开创我们的活动区域，和我们的几个友邦共同治理我们的西部国土，肇造我们的西部文化。

后来，周公又在《尚书·周书·蔡仲之命》中说："皇天无亲，惟德是辅；民心无常，惟惠之怀。为善不同，同归于治；为恶不同，同归于乱。"意思是说，上天不亲近谁，也不疏远谁，只辅佐那些一心思念百姓并为百姓办实事的贤德之人；老百姓的心目中也没有常主，只归向他们所爱戴的君主。这说明人们心中的是非善恶标准，都是相同的，所以，民心所向与天辅贤德有着同样的价值取向，这是因为"天视自我民视，天听自我民听""民之所欲，天必从之"。意思是说，上天只听从民之所言所行，喜民之所喜，恶民之所恶。所以，贤德的君主只有勤奋于人事，尽心于世俗，行善事于人间，施德政于百姓，并以自己的道德实践力量，率领百姓去认识自然天命、体察自然天命、在天人互动与天人合一的基础上把握自然天命，方能获取上天的眷顾与保佑。这就是周公所说的"天人合一"的"道德天命"学说。

而周公的这一"道德天命"思想学说，几乎贯穿于《诗经》《周易》全书。这从《诗经》中有关古公、文王创建周原小邦的诗歌中可以看出，因为那是文王等周族先辈用自己的勤奋努力和厚德实践的力量，获取自然天命的眷顾与保佑的必然结果。

《周易》虽是算卦之书，但同样受"天人合一"即天人哲学的支配，即在天时、地利、人和三个条件的相互密切配合下，才能取得成功。这里仍然有"道德天命论"的思想在发挥着重要作用。由此可见，周公"道德天命"的思想学说，在西周建国初期就已经比较普遍地为人们所接受与认可，从而成为西周统治者夺取全国政权，进而建国立政、肇造与建设华夏文化的重要思想理论武器。

所以，周公在《尚书·周书》中又以"道德天命"思想为核心命题，构建了"崇德尚礼""祀德纯礼""敬天保民""明德慎刑""以德立政""德政化民""周虽旧邦""其命惟新"等十大文德礼仪思想体系。这是他继承和发展从三皇五帝以来我华夏族群长期形成的"玄德①立德"与"崇德厚德②"的传统美德，并将其与奴隶社会的礼仪制度紧密结合起来的必然产物，同时也是周公制礼作乐的重要思想依据。因此，我们称周公是"文德礼仪之父"，又可以说《诗》《易》《书》是华夏文化之根基与基石。为了缅怀和纪念周公的伟大业绩和人格，并使其肇造华夏文化的无量功德铭记史册彪炳世代，笔者于2016年出版《周公评传》一书时，曾经撰写了一篇个人"建议文稿"，即《传承弘扬周公礼学思想的历史与现实意义》，也一并放在本书"附录"，供读者诸公参阅。

其次，本书也在力求说明《诗》《易》《书》开启儒道思想之源的道理。《周易》有"三才"之说，即天、地、人，就是指"天人哲学"的"天道"与"人道"，而人世间的一切事情，只有"天道"与"人道"很好地结合或配合起来，方能取得良好的效果，这就是人们常说的"谋事在人，成事在天"

---

① "玄德"即修养自己的德行。《尚书·舜典》曰："玄德升闻，乃命以位。"是说舜帝重华很注重自身的道德修养，对此朝廷中的人没有不知道的，所以，他被授予相当的职位。

② "厚德"即宽厚之德。《周易大传》云："厚德载物"是也。《尚书·皋陶谟》曰：禹问何谓"行有九德"？皋陶谟曰："宽而栗，柔而立，愿而恭，乱而敬，扰而毅，直而温，简而廉，刚而塞，强而义。彰厥有常吉哉！"这里所说的九德，即是宽宏大量又谨小慎微，性格温和又独立不移，老实忠厚又严肃庄重，富有才干又办事认真，柔和驯服又刚毅果断，为人正直又待人和气，志向远大又注意小节，刚正不阿又实事求是，坚强不屈又符合道义。应当明显地提拔任用具有这九个方面厚德的贤德之人啊！周公在《尚书·周书·立政》中，也有"任用那些诚信于九德之行的俊民"即贤德之人的说法。

的道理。荀子在《儒效》中曰："先王之道，……非天之道，非地之道，人之所以道也，君子之所道也。"是说儒家讲的是人道，而非天道与地道。《淮南子》曰："知天而不知人，则无以与俗交；知人而不知天，则无以与道游。"这即是说儒家长于人而疏于天，道家长于天而疏于人。儒家正是从发挥"人道"的长处出发，将社会人伦道德思想做出了很好的发挥，并提出"仁者爱人"的思想理念，将其作为儒学的最高范畴。而道家正是从发挥"天道"的长处出发，将天道自然无为思想做出了有效的发挥，并将"道法自然""上善若水"作为道家的主要思想范畴。产生于《易经》的华夏文化的长处，在于将"人道"与"天道"很好地结合起来，对人与自然的关系做出了很好的阐释，这就是华夏文化的优势力量之所在。

再次，中华优秀传统文化的生成也有其历史发展过程。它肇造于西周，创新于春秋，形成于汉唐，完善于宋明，直到清代末年，方逐渐走向衰落，但五四新文化运动的出现与中国共产党的成立，又使中华优秀传统文化不断新生，并为其促进民族复兴与再次走向世界，提供了强大的动力。

最后，中华传统文化具有双线纽结整合模式的结构特征。即以两汉时期形成的"儒道互补"为生命主线，以唐宋时期形成的"三教合一"为生命副线，以主副双线相互纽结整合模式为其结构特征，集中凸现了中华文化"和合思想"的文化特色。

本书的出版，得到多方的帮助。陕西师范大学社科处提供了优秀科研成果资助基金，陕西师范大学出版总社为本书的出版做了大量工作，冯新宏编辑为本书的资料搜集整理和考证修订付出了辛劳，这里对上述有关单位与诸位同仁表示由衷的感谢！